María Luisa Femenías

Simone de Beauvoir

¿Madre del feminismo?

SIMONE DE BEAUVOIR
MADRE DEL FEMINISMO
es editado por
EDICIONES LEA S.A.

Av. Dorrego 330 C1414CJQ
Ciudad de Buenos Aires, Argentina.
E–mail: info@edicioneslea.com
Web: www.edicioneslea.com

ISBN 978-987-718-728-1

Primera edición. Impreso en Argentina.
Esta edición se terminó de imprimir en
diciembre de 2021 en Talleres Gráficos Elias Porter

Femenias, María Luisa
   Simone de Beauvoir ¿madre del feminismo? / María Luisa Femenias ; editado por Azul
Salgado. - 1a ed. - Ciudad Autónoma de Buenos Aires : Ediciones Lea, 2021.
   288 p. ; 23 x 15 cm. - (Espiritualidad & pensamiento)

   ISBN 978-987-718-728-1

   1. Feminismo. 2. Literatura Feminista. 3. Ensayo Sociológico. I. Salgado, Azul, ed. II. Título.
   CDD 305.4201

A Celia Amorós
A las amigas del Seminario Feminismo e Ilustración

Introducción

De la mujer dependerá en adelante demostrar si, desafiando toda una opinión ancestral acerca de sus limitaciones, puede afrontar de modo creador la difícil empresa de la libertad del pensar...

Lucía Piossek Prebisch.

La mujer y la filosofía *(1971).*

Recuerda Jean-Louis Hue que en *La ceremonia del adiós,*[1] Simone de Beauvoir (1908-1986) anota que en noviembre de 1976, en *Le Magazine Litteraire*, se publicó una entrevista a Jean Paul Sartre con Michel Sicard sobre *El idiota de la familia.* Ella lo

---

[1] Beauvoir, Simone de *La cérémonie des adieux suivi d'Entretiens avec Jean Paul Sartre (Août - septembre 1974)*, Paris, Gallimard, 1981. Traducción castellana *La ceremonia del adiós seguido de "Conversaciones con Jean-Paul Sartre, agosto-septiembre de 1974"*, Buenos Aires, Sudamericana, 1983.

felicitó por este "regreso" a la prensa escrita por lo que ácidamente Sartre le respondió que se trataba de "un regreso funerario", ¿estamos ahora ante el de Simone de Beauvoir? .[2] ¿Asistimos a un "un regreso funerario"?[3]

En las últimas décadas, la obra de Simone de Beauvoir ha sido objeto de numerosas relecturas modernas y postmodernas, críticas y obsecuentes, producto del pensamiento hegemónico y del periférico, declamatorias de matricidio o instituyentes de un pivote ineludible para el feminismo actual. Incluso, podemos enumerar tres circunstancias fortuitas, que reintrodujeron su lectura en el ámbito académico luego del *impasse* que se produjo tras su fuerte influencia en el feminismo estadounidense de los sesenta y principios de los setenta, y su área de influencia.

La primera circunstancia, en 1986, fue la publicación de Judith Butler —autora audaz, tan difundida como controversial— de un artículo en el que examina y critica la posición filosófica y feminista de la francesa.[4] Butler reconoce que llega tardíamente a su obra, no obstante lo cual la convierte, como veremos, en su referente polémico.

Más significativa, la segunda circunstancia corresponde a 1999, año del cincuentenario de la publicación de *El segundo sexo* (1949), la obra "más relevante" de la teoría feminista del siglo XX, y "un

---

2   J. L. Hue "Un come-back" *Le Magazine Litteraire*, 471, enero de 2008, p. 3.

3   Algunos aspectos de esta introducción fueron considerados en: "El desafío de seguir pensando a Beauvoir" en *Concordia (Internationale Zeitschrift für Philosophie-Revista Internacional de Filosofía)*, Aachen-Paris-Avila, 2008, 54, pp. 57-77, artículo en colaboración con María Marta Herrera; también en el capítulo 10 de mi libro *Ellas lo pensaron antes*, Buenos Aires, Lea, 2019, pp. 221-237.

4   Femenías, M. L. *Dossier* "Butler lee a Beauvoir: fragmentos para una polémica en torno del 'sujeto'", *Mora*, 4, F. F. y L. (UBA), 1998, pp. 3-44. También, *Sobre sujeto y género* (2013) y la "Introducción" de mi libro *Judith Butler: una introducción a su lectura* (2003). En la bibliografía final figuran los datos completos de las obras citadas.

hito clave de una tradición", como gusta afirmarlo Cèlia Amorós.[5] En esa obra, en una operación desnaturalizadora, Beauvoir procedió a desmontar y denunciar la lógica del poder de la opresión sexual. Con parámetros filosóficos de lectura, estableció —como nunca se había hecho antes— el carácter de construcción cultural del concepto de "eterno femenino", alineándose no sólo con los existencialistas en la deconstrucción de las esencias, sino también instalándose en una línea genealógica (no muy densa, pero sí muy rica) de mujeres que denunciaron la situación de exclusión y de discriminación de su sexo.

La tercera y última circunstancia que me interesa señalar ahora es la que todavía estamos atravesando. Marcada por los numerosos trabajos en homenaje al centenario de su nacimiento, cuyas derivas aún perduran, *El segundo sexo* de Beauvoir se reinstala así para una generación joven, no solo como una renovación de públicos lectores, sino como una *reelaboración* de los interrogantes y los análisis que guían el horizonte del debate actual. Por eso, la pregunta que dejo abierta es ¿Por qué leer a Simone de Beauvoir, hoy? ¿Por qué leer a esta mujer que se definía como de *"profession d'ecrivain"*.[6]

En 2008, cuando se cumplían poco más de veinte años del fallecimiento de Beauvoir, Elizabeth Badinter proclamaba "las mujeres le debemos todo".[7] No coincido plenamente con tan contundente afirmación; la construcción de los derechos de las mujeres y de su historia es una obra colectiva por demás compleja. Sin embargo, sí es cierto que antes de que *El segundo sexo* se publicara, no existía

---

5 Amorós, Celia, "Simone de Beauvoir: un hito clave de una tradición", *Arenal*, 6.1, 1999, pp.113-134.

6 Beauvoir, Simone de, *Brigitte Bardot e a síndrome de Lolita & outros escritos*, Belo Horizonte, Quixote+Editorias Associadas, 2018, p. 33.

7 Badinter, Elizabeth "Mujeres, le deben todo" en *Pág./12*, Suplemento RADAR, 6 de enero de 2008.

un libro filosófico que planteara la "cuestión de la mujer", como se decía en el siglo XIX, de forma tan clara en términos de opresión, haciendo estallar los argumentos que sustentaban tal opresión sobre la base de una supuesta "naturaleza femenina". En ese sentido, sí le debemos a Simone de Beauvoir un punto de quiebre teórico del que todas las elaboraciones disciplinares subsiguientes deberían hacerse cargo.

Sin embargo, más allá de su participación política y su presencia pública como novelista y ensayista, ante los ojos de la crítica filosófica y del público en general, Beauvoir era "la compañera de Sartre"; la seguidora fiel de las enseñanzas de su compañero-maestro y una suerte de epígono de su filosofía. Tal es la visión de Michelle Le Doeuff o Moril Toi, por ejemplo. Esa relación *qua* varón y mujer, independientemente de cómo fuera en realidad, es decir, de cómo la percibieran mutuamente sus protagonistas, inscripta en las tramas de la sociedad de la época, fue percibida como de dependencia y subsidiariedad sin más de la mujer (Beauvoir) respecto del varón (Sartre).

Iris Marion Young definió como "ideología de la dominación" esas hipótesis *a priori* sobre la subsidiariedad del pensamiento de una mujer respecto del de un varón. Young construye una explicación estructural, la "teoría de la dominación", ya esbozada por Kate Millett en la década de los sesenta, apelando a la noción marxista de supra-estructura.[8] Para nuestro caso, se trata de la convicción social de que Beauvoir era subsidiaria de Sartre, y así también Mme de Chatelet respecto Voltaire en lo concerniente a las matemáticas, o de Siri Hustvedt respecto de Paul Auster, solo

---

8   Young, Iris M. "Is Male Gender Domination the Cause of Male Domination?" en Joyce Trabilcot (comp), *Mothering: Essays in Feminist Theory,* New Jersey, Rowman & Allenheld, 1983, pp. 129-147.

por poner un par de ejemplos bien conocidos. Es decir, este tipo de lectura *a priori* no se limita a nuestra emblemática pareja, sino que es mucho más profunda; de ahí que Young efectuara un examen cuidadoso conjeturando las causas por las que Simone de Beauvoir fuera siempre considerada una "seguidora" del sartrismo, sin originalidad propia en el desarrollo de su pensamiento. Según Young, una estructura de poder sexista, previa a la inscripción misma de los individuos en esa trama, determina las líneas interpretativas dominantes más allá de los "datos". Por eso, concluye Young, la mirada estereotipada de la sociedad tiende a interpretar como jerárquica la relación intelectual-profesional varón/mujer, en beneficio del primero. Alertó además que, más allá del sistema de ideas, símbolos, modos de concienciación y variables singulares de las mujeres y de los varones involucrados, siempre es necesario indagar y explicar los modos en que los varones concretos se apropian de los beneficios concretos, que toman, supra-estructuralmente de las mujeres, de modo real, económico o simbólico. El análisis de Young pone de manifiesto la densidad del problema y muestra cómo más allá de los rasgos individuales de carácter psicológico, las estructuras sociales jerárquicas se sostienen por lo que denomina "ideología metafísica dominante", la que produce un anisomorfismo; es decir, una relación no-isomórfica valorativa a la hora de juzgar aspectos socioculturales de la realidad y de los "lugares de inscripción social" que ocupan varones y mujeres. Esos lugares, muchas veces, son entendidos como "naturales".

De modo que, la independencia actual de Beauvoir, se fue construyendo a lo largo de varias décadas, gracias a la creciente conciencia feminista y a relecturas enriquecidas de su obra. Poco a poco, la figura de Simone de Beauvoir se distinguió de un subtexto sexista y comenzó a investigarse por su propio peso y mérito filosófico. Sólo entonces pudo verse la singularidad de sus aportes y la influencia conceptual que ella misma ejerció sobre el pensamiento de Sartre, los puntos de sutura y las disidencias que existieron entre ambos, tal como este libro expondrá.

En nuestra lengua, los estudios pioneros de Lucía Piossek Prebich, Cèlia Amorós, Cristina Molina Petit y Teresa López Pardina, entre otras, dieron una voz de alerta: la filosofía de Simone de Beauvoir no era un mero apéndice del sartrismo. Junto con el grupo más amplio de existencialistas, Beauvoir y Sartre compartieron clases teóricas, fuentes filosóficas y amigos, en un continuo y fecundo intercambio de ideas, del que el legendario Café de Flore fue el escenario privilegiado de los encuentros.[9] La peculiaridad filosófica de cada uno se muestra en cómo entendieron algunos conceptos clave del existencialismo: situación, libertad, cuerpo, por ejemplo, nudos que analizaremos a lo largo de este texto. De modo que, el flujo filosófico no circuló en un sólo sentido, siguiendo la ruta del "maestro" a la "discípula", como quieren hacernos creer las interpretaciones tradicionales, sino de forma mucho más imbricada y fecunda. Por eso, a pesar de las dificultades que conlleva examinar las aportaciones de cada uno en ese denso diálogo de influencias mutuas, produciéndose un constante y sostenido intercambio filosófico, donde la autonomía de ambos y, paradójicamente, su fuerte influencia recíproca, mereció para Simons el nombre de "diálogo sin fin".[10]

Porque la situación y el peso de la supraestructura sexista se ha modificado mucho en los últimos treinta años –por supuesto

---

9   *Café de Flore* es un *café-brasserie* situado en el Boulevard Saint-Germain, n° 172, en Saint-Germain des Prés, distrito IV de Paris.

10   Simons, Margret, *Beauvoir and The Second Sex,* New York-London, Rowman & Littelefield, 1999, cap. 3.

dependiendo del país, la educación y la zona–, es mucho más sencillo ahora identificar a Beauvoir como una pensadora por sí misma, independiente de Sartre y del conjunto de amigos existencialistas que compartieron. De ahí que podamos valorar mejor la originalidad y la independencia de ambos filósofos y, a la vez, sus complejas relaciones teórico-conceptuales.

Preguntémonos entonces si se trata efectivamente de "un regreso funerario" de Beauvoir, como en el ácido comentario con el que iniciamos esta introducción. Yo creo que no. En principio, la polémica vigente entorno a *El segundo sexo* obliga a una nueva relectura, contrastada con otros ejes de interés y otra "situación". Por eso también, la polémica entre las defensoras de la "igualdad" y de la "diferencia", por un lado, y de las "modernas", las "postmodernas", las "postcoloniales", y las "decoloniales", por otro, muestra la imperiosa necesidad de reactualizar el examen de los aportes beauvoirianos y de los términos en los que se inscriben los límites y las posibilidades de una teoría feminista, como la que propuso, trayendo nuevamente a primer plano una noción como la de "sujeto".

En lengua castellana, más allá de los numerosos artículos sobre Beauvoir, que se abocan especialmente a su obra literaria, encontramos un primer libro completo que examina sus concepciones filosóficas y la sitúa como interlocutora en el contexto de los debates existencialistas de su época. Se trata del libro de Teresa López Pardina *Simone de Beauvoir: una filósofa del siglo XX*, publicado en 1988, en Málaga. Esa obra –única en la lengua castellana y (lamentablemente) escasamente difundida más allá de los límites de nuestro idioma– analiza cuidadosamente los textos de la francesa para concluir que si bien no creó un sistema filosófico como Sartre, fue la filósofa moral más genuina del pensamiento existencialista. Asimismo, fue la única existencialista francesa que expuso la moral de esta corriente de pensamiento de forma sistemática y la primera también en aplicarla a temas que, como la condición de las mujeres y la de los viejos en la sociedad del siglo XX, no eran frecuentes.

No es mi intención superar esa obra. La mía es una lectura parcial, organizada no sobre el eje del existencialismo, sino sobre el de las contribuciones de Beauvoir al feminismo del siglo XX, y de ahí en más. Las cuestiones teóricas que abordaré –el existencialismo, por ejemplo– quedan limitadas al marco filosófico que le permitió a Beauvoir elaborar sus propias concepciones, como nudos teórico-filosóficos, pero no en sí mismos. De ese modo, bordearé algunas cuestiones de la metafísica sartreana del *Ser y la nada,* pero solo para examinar sus derivas *situadas* en Beauvoir y señalar sus distanciamientos. Sin embargo, huelga decir, que no podré evitar las referencias a su obra, ya que la de Beauvoir se halla fuertemente anclada en las concepciones filosóficas existencialistas tanto de Sartre como de Merleau-Ponty.

Nuestro país cuenta con el privilegio de haber promovido la obra filosófica de Simone de Beauvoir, sobre todo gracias al impulso de Victoria Ocampo, quien desde la revista *Sur* propagó su obra literaria, propiciando un suelo fértil para la recepción de *El segundo sexo.* También impulsó su traducción posiblemente pensando en la importancia de su lectura en un círculo más amplio que el de la revista, ya que los y las lectores de *Sur* seguramente dominaban francés, la lengua culta o segunda lengua obligada de la elite argentina y uruguaya. *El segundo sexo* se publicó –como veremos extensamente– al castellano en traducción de Pablo Palant, versión que se distribuyó a todos los países hispanohablantes, incluida la España franquista a la que entró muy probablemente "camuflado". El libro ya había sido reseñado en *Sur* (nº 185, 1950) y, en principio, no despertó las airadas controversias de que fue objeto en la Francia de postguerra. Sólo unos pocos artículos, "La Mujer" o "Sus Derechos", lo recogen en su bibliografía, sin alusión ni a su densidad teórica ni a su propuesta innovadora. Tanto por ese entonces como en el trascurso de la década siguiente, quedó en un opaco segundo plano respecto de las obras literarias de Beauvoir.

En nuestro medio, desde un punto de mira filosófico, en la década de los sesenta y principios de los setenta, *El segundo sexo* recibió la lectura atenta de Lucía Piosek Prebisch, aguda y oportuna.[11] Luego nuevamente enfrentamos el silencio, muy probablemente marcado por la ruptura democrática. La militancia feminista lo conocía y lo leía,[12] pero la Academia se resistía al existencialismo en general y a la obra de Beauvoir en particular. No fue sino hasta la década de los ochenta que, reinstalada la democracia y la renovación de planes de estudio y corpus bibliográficos, que a raíz de algunos seminarios optativos, Marcela Nari retoma la obra de Beauvoir, parafraseando su afirmación "no se nace mujer, se llega a serlo".[13] De ahí en más, la difusión de la obra de Beauvoir, tanto literaria como filosófica, fue *in crescendo,* rápidamente adoptada por la incipiente militancia feminista como "madre simbólica" de la generación.

En este libro, trazaré el perfil de sus contribuciones más significativas y, en especial, rastrearé cómo han sido recogidas y

---

11   Femenías, María Luisa *Ellas lo pensaron antes*, Buenos Aires, Lea, 2019, pp. 279-293.

12   Tarducci, Mónica, "¿Pero lo leíste en los cincuentas, o mas adelante?: Memorias de la primera edición argentina de *El Segundo Sexo*" en *Doxa. Cuadernos de Ciencias Sociales*, Año X, N° 20. 1999, artículo que puede compararse con, de la misma autora, "Todas queríamos ser como Simone: Las primeras lecturas de *El Segundo Sexo* en Argentina" en *Cadernos de Pagu* (56), 2019, e195608.

13   Nari, M.A. "No se nace feminista, se llega a serlo: Lecturas y recuerdos de Simone de Beauvoir en la Argentina (1950-1990)", *Mora*, 8, 2002, pp. 59-72.

resignificadas por el mundo feminista americano reciente, cuyo pensamiento goza de una fuerte impronta en nuestro medio. Me centraré sólo en algunos aspectos nodales de su trabajo; fundamentalmente en *El segundo sexo*, como modo de honrar también que fue la primera obra no literaria de Beauvoir traducida en nuestro país y –como afirma Beatriz Cagnolati– se propagó de Buenos Aires a todo el mundo hispanohablante. Me interesa asimismo apuntar el modo en que esa obra ha marcado la reflexión posterior de algunas pensadoras –por continuidad o por oposición– abonando fértiles debates y elocuentes silencios.

Además de esta presentación, dedicaremos el capítulo uno "Las múltiples aristas del problema", a esbozar un planteo general de la obra de Beauvoir y sus nudos conceptuales más determinantes. El capítulo dos *"Tratado, ensayo o ¿qué?"* rastrea los orígenes del género "ensayo filosófico" que hace de *El segundo sexo* uno de los ensayos más extensos que se conocen. A continuación, en el capítulo tres, nos centraremos en el problema de la traducción. Lo hemos titulado *"Buenos Aires traduce para hispanoamérica"* donde seguiremos de cerca trabajos previos elaborados bajo la dirección de la Dra. Beatriz Cagnolati, entonces directora del Centro de traductología de Francés de la Facultad de Humanidades y Ciencias de la Educación de la Universidad Nacional de La Plata. El capítulo cuatro se aboca a examinar las relaciones entre *"Existencialismo y feminismo: una teoría para las mujeres"*, a los efectos de ponderar la importancia de contar con una teoría explicativa que de cuenta de los "casos", no en su aislamiento experiencial singular, sino en términos de emergentes de una estructura que los sustenta. A continuación, analizaremos algunas cuestiones nodales del existencialismo beauvoriano: el capítulo cinco trata de *"Cuerpos* en situación", y el siguiente se decanta *"Por una filosofía de la ambigüedad"*, examinando el significativo planteo moral de la filósofa francesa. Luego, en el capítulo siete, siguiendo las lecturas heterodoxas de Beauvoir, en breve comparación con las Simone Weil, revisaremos cómo desmonta algunos presupuestos del marxismo en *"Mujer, clase y trabajo: las derivas materialistas"*. Imposible desconocer la importancia de la contribución beauvoiriana a la noción de libertad. El capítulo ocho *"Libertad y compromiso: el rescate del sujeto"* se compromete con esa cuestión, mostrando su distancia conceptual respecto de Sartre. En el siguiente –capítulo nueve–, bosquejamos algunos recorridos teóricos deudores de la obra de Beauvoir, bajo el título de *"Los matices de un matricidio"*, línea que se continúa en el capítulo siguiente titulado *"La lectura girotrópica de Butler"*, que incorporamos debido a la importancia que la filósofa estadounidense alcanzó en nuestro medio, constituyendo una mirada ineludible. Luego de este recorrido, más filosófico que literario, haremos una suerte de balance del esfuerzo de Beauvoir por instalar una mirada en clave de feminismo filosófico, como tarea inconclusa que debe continuarse en el tiempo. Esa será la aspiración del capítulo once. Consignaré finalmente la bibliografía consultada, con el propósito de que quienes quieran profundizar algunas cuestiones que trataré aquí o avocarse a otras, puedan recurrir orientativamente a ella.

Quisiera ahora cerrar esta introducción con unas elocuentes palabras de Elizabeth Badinter:

> ¡Qué paradoja, pero qué victoria también, que esta mujer que nunca quiso tener hijos se haya vuelto efectivamente la madre espiritual de millones de hijas en el mundo! Por eso

mismo, si alguna de esas hijas ha tomado distancia, saben bien que de Beauvoir es una parte esencial de ellas, y la llevan consigo. Fue la tierra fértil que nos ha permitido ser lo que somos.[14]

---

14   Badinter, Elizabeth "Mujeres, le deben todo" en *Pág./12*, Suplemento RADAR, 6 de enero de 2008. Traducción ligeramente modificada.

Capítulo 1

Aportes a las múltiples aristas de un problema

Una joven formal

"Cada vez que releo a Simone de Beauvoir –escribía Cèlia Amorós– y contrasto mi relectura con lecturas recientes de otras teóricas feministas, postmodernas o no, me viene con fuerza a la mente aquel viejo dicho: 'lo que no es tradición es plagio', y resuena con todo su sentido".[15] Así comienza la estudiosa española un artículo en homenaje a la filósofa francesa, reconociendo en ella no sólo la originalidad que caracterizó su obra sino, y como nota destacada, el hecho de haber dado lugar a una nueva genealogía femenina/feminista.

El 8 de enero de 1908, nació en París Simone de Beauvoir y murió en la misma ciudad el 14 de abril de 1986. Un halo polémico rodeó siempre su figura, tensándose entre la admiración incondicional y el rechazo absoluto. Dejó plasmadas su infancia y su

---

15   Amorós (1999) pp. 113-134.

juventud en *Memorias de una joven formal*.[16] Gracias a esa obra, sabemos que a los quince años decidió ser escritora, aunque completó su formación en Matemáticas y, además, en Literatura y Latín. En 1926, ingresó a la universidad para estudiar Filosofía y obtuvo su certificado de Filosofía general al año siguiente. Finalmente se licenció en Letras, con mención en Filosofía, en la primavera de 1928, concluyendo sus estudios en universitarios en 1929, con una tesis sobre la filosofía de Gottfried Leibniz. Ese mismo año, Beauvoir conoció a Sartre, ambos miembros de la "petite bande" de los estudiantes de *l'agregation*.[17] Pareja intelectual legendaria, nunca más se separarían, aunque mantuvieron siempre una relación abierta y libre, lo que les permitió a ambos mantener "amores ocasionales", que Beauvoir relata en sus memorias, *La fuerza de las cosas*.[18] Su relación paralela más duradera fue con el escritor estadounidense Nelson Algren, con quien intercambió alrededor de trescientas cartas, editadas en 1997 por Sylvie Le Bon-de Beauvoir, hija adoptiva de Simone de Beauvoir. También en 1929, completó su *agregation*. En 1943, publicó su primera novela, *La Invitada*, en la que elaboró una reflexión filosófica existencialista de la lucha entre conciencias y la posibilidad y límites de la reciprocidad.[19] Junto a Sartre, Raymond Aron, Maurice Merleau-Ponty y Boris

---

16 Todos los datos de las obras de Beauvoir se encuentran especificados en la bibliografía, confeccionada junto con Beatriz Cagnolati y Jovanka Vukovic, que se consigna al final de este libro.

17 En B. Fouconnier "Sartre et Beauvoir: le dialogue infini", *Le Magazine Litteraire*, 471, 2008, p. 42.

18 Levinton Dolman, Nora, "Llegar a ser Simone de Beauvoir", *Investigaciones Feministas,* 2009, vol 0, pp. 77-97, hace un interesante análisis de aspectos psicológicos de esa relación, a partir de las memorias publicadas de Beauvoir.

19 Agencia EFE, "Se cumplen 70 años de 'La invitada', el debut literario de la humanista Simone de Beauvoir", Disponible en: https://www.20minutos.es/noticia/1887314/0/cumplen-70-aniversario/la-invitada-debut-literario/simon-beauvoir-humanista-francesa/#xtor=AD-15&xts=467263 /

Vian fundó la revista *Les Temps Modernes*, y en 1954 recibió el prestigioso premio Goncourt por *Los mandarines*.

Su preocupación social y política abarcó cuestiones propias de la agenda feminista, donde su participación fue activa. Entre ellas, defendió el derecho al aborto, al que consideraba "un hecho innegable de la existencia humana", en tanto no hay pueblo ni época en la que no se haya practicado. Participó del *Manifeste des 343* o *Manifeste des 343 salopes,* publicado el 5 de abril de 1971, en el número 343 de la revista *Le Nouvel Observateur*. El manifiesto estaba firmado por 343 mujeres que "confesaban" públicamente haber abortado, lo que las exponía a ser procesadas por las leyes francesas, con el riesgo de ir a prisión. El impacto público fue enorme. De ahí, según Beauvoir, la necesidad de legislarlo, no de prohibirlo ni de ocultarlo.[20] Promovió también la incorporación de políticas de igualdad en las universidades y en todos los empleos públicos, la incorporación de una currícula feminista en los planes de estudio, la exigencia al parlamento francés de revisar las leyes sobre el consentimiento sexual y la responsabilidad penal, por su incoherencia en el establecimiento de los límites legales de ambas, entre otros. Además, formó parte del Tribunal Internacional sobre Crímenes de Guerra o "Tribunal Russell", creado en 1966 por el filósofo y matemático inglés Bertrand Russell. El "Tribunal Russell" juzgó los crímenes de la Guerra de Vietnam y, aunque sus fallos no eran vinculantes, éticamente fue el punto de apoyo más sólido de las protestas que

20   Soria Torres, Hilda, "Aborto, ligado a la existencia humana: Simone de Beauvoir" en *Cimanoticias*, México, 2 de junio, 2009. En nuestro país, una experiencia similar hizo en 1997, la revista *Tres Puntos* en su número de diciembre, con entrevistas a mujeres relevantes de la cultura nacional entre las que se encontraban Tununa Mercado, Beatriz Sarlo, Dora Barrancos, entre otras.

bregaban por el fin de la guerra. Otros miembros del Tribunal, además de Beauvoir y de Sartre, fueron Julio Cortázar, James Baldwin y Lázaro Cárdenas. Extendió sus actividades y compromiso a lo largo de toda su vida.

¿Por qué "la cuestión femenina"?

El segundo sexo, publicado en época de postguerra, cuando la mayoría de los países europeos y americanos (del norte y del sur) ya habían concedido a sus mujeres el voto –reivindicación emblemática de las sufragistas– trae a la mesa nuevamente el debate sobre la situación de la mujer. En una doble operación desnaturalizadora y abriendo campos insospechados a futuras líneas de pensamiento, Beauvoir desmontó y denunció la lógica de la opresión sexual para establecer su carácter de constructo cultural. La misma Beauvoir se preguntó por el sentido de traer nuevamente a debate "la cuestión femenina": había acabado una guerra atroz, se había formado la Sociedad de Naciones Unidas para impedir (ahora sabemos que infructuosamente) que en el futuro se orquestaran otros disparates armados, se reivindicaba la ética del compromiso, se tambaleaban las viejas estructuras coloniales, ¿por qué nuevamente "la cuestión femenina"? Sin embargo, a su criterio, el asunto tenía que ser examinado una vez más, porque los logros eran sin duda insuficientes: las mujeres seguían siendo numéricamente más entre los pobres, los analfabetos, los desprotegidos, los dependientes afectiva y emocionalmente. Quizá por ello, Beauvoir sintió la necesidad de indagar qué significaba para ella ser un "ser humano mujer". En otras palabras, ¿cuál era para un "ser humano mujer" el peso de la realidad sobre sí, en todas sus dimensiones?

En rigor de la verdad, *El segundo sexo* (1949) no nace de la inclinación feminista de Simone de Beauvoir. Ella misma confiesa que el cuidadoso examen que llevó a cabo respondió a una pregunta inesperada de Sartre. En su obra autobiográfica, *La Fuerza de las cosas*,[21] Beauvoir recuerda un diálogo con Sartre:

> **¿Qué había significado para mí ser mujer? Nunca había tenido sentimientos de inferioridad. Mi feminidad no me había molestado en nada. Para mí, le dije a Sartre, eso no había sido nunca un problema. Pero, de todas maneras, Castor, tú no has sido criada de la misma manera que un niño. Deberías analizar eso... ¿cómo influyó en ti ser mujer?[22]**

Ahora bien, sugestivamente, en *La crisis de las ciencias europeas y la fenomenología trascendental*, Edmund Husserl (1859-1938) se preguntaba en el ámbito de los problemas trascendentales, por la condición de ser "humano".[23] Por un lado, la pregunta implicaba a todos los seres vivos, en la medida en que tienen algo en común como "vida", que es verificable y que abarca también lo comunitario, en un sentido espiritual. Por otro, esos problemas se presentaban –según Husserl– en diversos grados, primero, como del ser humano, y por último, universalmente. Y, los enumera: problemas de la generatividad, problemas de la historia trascendental,

---

21 *La fuerza de las cosas* (Madrid, Cúspide de Bolsillo, 2011), es el tercer volumen autobiográfico de Beauvoir, donde narra su vida entre 1944 y 1962, sin pretensiones literarias.

22 De Miguel, Ana. "El legado de Simone de Beauvoir en la genealogía feminista: la fuerza de los proyectos frente a *La fuerza de las cosas*" en *Investigaciones Feministas*, 2009, vol 0, pp. 121-136.

23 Husserl, Edmundo, *La crisis de las ciencias europeas y la fenomenología trascendental*, Buenos Aires, Prometeo, 2008, pp. 228-229. Traducción de Julia Iribarne.

preguntas retrospectivamente trascendentales por las formas esenciales del existente humano en comunidad, personalidad, problemas del nacimiento y de la muerte, constitución trascendental en su sentido de acontecimiento mundano, así como también el problema de los sexos y el problema del inconsciente, entre otros.

Retengamos por un instante el "problema de los sexos": Si la filosofía moderna es "la lucha del ser humano por el sentido", la pregunta de Husserl apunta entonces al sentido de la "diferencia de los sexos", que marca ineludiblemente a los seres vivos humanos (y no solamente). Este parece haber sido el marco de interés filosófico de la pregunta sartreana. Incluso, quizá la inquietud haya surgido a partir de los seminarios sobre filosofía alemana y la recepción de Hegel en Francia, dictados por Alexandre Kojève, a los que asistieron ambos. En efecto, entre 1933 y 1939, Kojéve dictó unos cursos sobre la *Fenomenología del Espíritu* de Hegel en la *École Practique de Hautes Études,* a los que asistieron, entre otros, Jacques Lacan, Raymond Aron, Georges Bataille, Jean Paul Sartre, Simone de Beauvoir, Maurice Merleau-Ponty y Jean Hyppolite.

Entonces, nuevamente la pregunta es: "¿Qué significa ser mujer?". Beauvoir no solo la recogió sino que elaboró pormenorizadamente una extensa respuesta: porque los sentidos de "ser humano" se configuran sexualmente, según escribió más tarde en *El segundo sexo.*

Una intelectual francesa

Beauvoir se define fundamentalmente como "una intelectual francesa" lúcida, que posee marcas filosóficas propias, pero que prefiere reconocerse en términos de su literatura. No quiere ser creadora de "ese delirio concertado que es un sistema filosófico", y prefiere la línea ensayística de un Montaigne o de Voltaire.[24] Aún así, Beauvoir es más que su literatura y el extenso ensayo *El segundo sexo*; su feminismo no es un hecho militante aislado de su filosofía y de su literatura, sino que su vida misma es un cuidadoso proceso auto-reflexivo sobre sus experiencias como intelectual *mujer*.

Toril Moi investigó minuciosamente el sistema educativo formal francés en el que se formó Beauvoir, para enfatizar que perteneció a la primera generación de mujeres francesas educadas en pie de igualdad con sus colegas varones.[25] Curiosamente, varios siglos después se probaba la hipótesis de François Poullain de la Barre (1647-1723) –a quien Beauvoir dedicó *El segundo sexo*– de que la educación que se brindaba a las mujeres las hacía vanas y superficiales, no sus capacidades naturales.[26]

Beauvoir produjo esa ruptura con la inscripción de las mujeres en el orden de la naturaleza, para incorporarlas a la historia y a la cultura. Como apunta Amorós, "El sexo biológico se constituía en un enclave de naturalización ante el que se estrellaban los esfuerzos de las mujeres por volver coherentes las abstracciones ilustradas".[27] Beauvoir se hizo cargo de ese vacío teórico, y cuestionó los vestigios de los "privilegios de los varones", que aún regían

---

24   López Pardina, M.T. Introducción a la edición española de *El segundo sexo*, Madrid, Cátedra, 1998; Femenías, 2019, cap. 10. En sus memorias, confiesa que su padre recitaba Voltaire de memoria, ¿Tuvo algo que ver en su elección escritural, esta experiencia infantil? Cf. Levinton Dolman, Nora, "Llegar a ser Simone de Beauvoir", *Investigaciones Feministas*, 2009, vol 0, pp. 77-97; referencia en la p. 83.

25   Moi, Toril, *Feminist theory and Simone de Beauvoir*, Oxford, Basil Blackwell, 1990.

26   Poullain de la Barre, François, *La educación de las damas*, Madrid, Cátedra, [1673] 1993.

27   Amorós, C. (coord.), *Feminismo y filosofía*. Madrid, Editorial Síntesis, 2000, p. 66 y sig.

en la estructura de la sociedad de su tiempo. En esa línea elaboró una "deconstrucción argumentativa", un camino de ingreso de las mujeres al ámbito de todo aquello que se había definido como "lo genéricamente humano", y que ilegítima y tradicionalmente había sido sustraído por el sexo masculino. Esto no significó su desconocimiento de las condiciones biológicas de las mujeres, cuyo eje central era la maternidad; sino un replanteo de la maternidad como elección; o como "un servicio voluntario a la especie", como lo denomina a veces, tema sobre el que volveremos más adelante.

El bagaje teórico de que dispuso la llevó a comprender que, para abordar el problema de la condición de la mujer, se necesitaba un método. De ahí el modo en que Beauvoir implementa su método regresivo-progresivo, que años más tarde Sartre desarrolló en *Cuestiones de método* (1957), por lo general reproducido como capítulo introductorio a su *Crítica de la razón dialéctica* (1960).[28] Tras horas y horas de rastreo histórico en la Biblioteca Nacional, y bajo el desafío conceptual de organizar esa información construyendo datos sólidos, Beauvoir finalmente contó con un *cuantum* de testimonios de diverso orden sobre las condiciones adversas, los siglos de exclusión y las prácticas de opresión –de leyes y de costumbres– con que, en términos generales, los varones en su conjunto habían sometido a las mujeres. Beauvoir dedicó grandes esfuerzos para mostrar con datos y hechos, cómo durante siglos se había construido "la inferioridad" de las mujeres: no hay, pues, tal inferioridad natural, concluyó; era sólo el producto de una situación de opresión, rigurosamente documentable, y por tanto reversible. Opresión que al desplazarla a "la naturaleza" o a "las esencias", eximía de responsabilidades éticas, políticas y jurídicas a la

---

28   Sartre, Jean Paul, *Critique de la raison dialectique*, Paris, Gallimard, 1960.

sociedad que la practicaba. Paralelamente, ese desplazamiento se consolidaba porque en tanto "esencial" o "natural" se la afirmaba como irreversible e inmodificable.

Deudas existencialistas

Para su análisis filosófico, además de haber diseñado un método, Beauvoir aceptó el existencialismo como la filosofía marco de su investigación sobre la condición de la mujer. Tomó de la filosofía existencialista aquellos elementos conceptuales que le fueron útiles, y configuró una teoría feminista consistente, sin escatimar debates y definiciones propias que la distanciaron teóricamente de Sartre, como iremos viendo, y la aproximaron en algunos aspectos a Merleau-Ponty. Distintas estudiosas han rastreado sus aportes para situar su deuda con el existencialismo en su justo punto: ni un epígono de Sartre, como en los análisis de Michelle Le Doeuff, Sylviane Agacinski o Judith Butler, ni la filósofa "excepcional" que se identifica a sí misma como tal. En tanto el existencialismo desmitifica el "culto al héroe" (y paralelamente a la heroína), Beauvoir reivindica la pertenencia de las mujeres al ámbito de "lo humano" y, por tanto, combate toda concepción que implique inferioridad, pero también excelencia y singularidad: pertenecer a "lo humano" es eso, estar a la par con el resto de los seres humanos. Sin duda, Beauvoir se apoyó también en la tradición ilustrada para irracionalizar todos los discursos que describían-prescribían una "esencia" femenina, "el eterno femenino" o que conceptualizaba a las mujeres y "lo femenino" en términos de entidad inmutable, ahistórica, regida mecánicamente por las leyes de la naturaleza; en palabras de Luce Irigaray, conducida por *la lógica de la dominación*.[29]

---

29   Amorós, 1985, p. 184-188.

Beauvoir analiza en detalle, cómo los discursos cotidianos perpetúan ideologías y prácticas sociales propias de un orden masculino, al que benefician. Es decir, si bien su punto de partida fue la filosofía existencialista, en Beauvoir tuvo un sello propio que le permitió iluminar amplias zonas éticas, políticas, psicológicas y, aún más, espacios de reflexión hasta entonces invisibilizados. Para ello su concepto de "experiencia vivida" es clave; la llevó a concluir que las mujeres habitaban un mundo que les era ajeno; un mundo simplemente masculino. Existencialismo y feminismo se aúnan y están presentes tanto en *El segundo sexo* como en el resto de su obra ensayística y literaria. Sin embargo, aunque adopta la grilla conceptual existencialista, se distancia de la mirada sartreana y de su comprensión de algunas nociones clave, tal como "situación" o "libertad" según aparecen en *El ser y la nada*. Estos conceptos tienen en Beauvoir una resolución propia, como veremos más adelante, en el capítulo cuatro.

Presentemos primero el extensísimo "ensayo" de Beauvoir. En su versión original, se trata de una obra en dos tomos (formato que la traducción de Buenos Aires respeta), ambos publicados el mismo año, como ya hemos dicho, 1949. El primer tomo consta de cuatrocientas ocho páginas en letra pequeña, dividido en una Introducción y tres partes.[30] La Primera, lleva por título "*Destino*", la Segunda "*Historia*" y la Tercera, "*Mitos*". A su vez, cada parte, salvo la Segunda, contienen capítulos. "*Destino*" incluye tres capítulos titulados I. Los elementos de la biología; II. El punto de vista psicoanalítico y III. El punto de vista del materialismo histórico.[31]

---

30 Traduciremos los títulos según la edición de Pablo Palant [Buenos Aires, Siglo XX, [1954]1987].

31 Sosa Rossi, Paula V. y Rodríguez Durán, Adriana "Paso a paso con Beauvoir en el debate del materialismo histórico, el psicoanálisis y el feminismo" en Cagnolati, B. y M. L. Femenías (eds.) *Simone de Beauvoir:"Las encrucijadas del otro sexo"*, La Plata, Edulp, 2010, pp. 125-132.

Desde sus títulos, es fácil inferir el contenido crítico de cada capítulo. *"Mitos"* incluye tres capítulos que carecen de nombre, pero que, guiada por la dialéctica Uno/Otro que ha explicado en la Introducción, se ocupan de ilustrar en el primero, en la mitología clásica, en el segundo analiza una figura singular y sincrética del "Eterno Femenino", tal como la han adoptado algunos escritores como Montherlant, Lawrence, Breton, Stendhal, entre otros, que analiza detalladamente. En el último capítulo, se pregunta de qué modo afecta las costumbres de la vida cotidiana de las mujeres, la circulación de estos mitos tanto de manera explícita como subliminal: ¿Qué pasa con la experiencia que no se conceptualiza?

El segundo volumen consta de seiscientas sesenta y tres páginas en el original francés. Consta también de una muy breve Introducción, dividiéndose en cuatro partes: *"Formación"*, integrado por cuatro capítulos. Los dos primeros repasan dos momentos de la vida de la niña –I. Infancia y II. La joven– y los dos segundos están dedicados a la sexualidad –III. La iniciación sexual y IV. La lesbiana–. La Segunda parte, *"Situación"* está conformada por seis capítulos: V. La mujer casada, VI. La madre, VII. La vida de sociedad, VIII. Prostitutas y hetairas, IX. De la madurez a la vejez y, por último, X. Situación y carácter de la mujer. Dedica la Tercera parte a *"Justificaciones"*, que muy bien podríamos denominar también "enmascaramientos" o "fugas". Allí, Beauvoir examina en el capítulo XI. La narcisista, luego XII. La enamorada y, por último, XIII. La mística. La cuarta y última parte de su obra propone, a partir de la concienciación o toma de conciencia de la situación real de cada mujer, un camino *Hacia la liberación* con solo un capítulo, el XIX. La mujer independiente y una Conclusión, que concluye con la exhortación de:

Al **hombre** le corresponde hacer triunfar el reino de la libertad en la entraña del mundo dado. Para lograr esa suprema victoria es preciso entre otras cosas, que por encima de las diferenciaciones naturales, **hombres** y mujeres afirmen sin equívocos su **fraternidad**. (p. 518)

Antes de pasar al tema-problema que encara *El Segundo Sexo* y su relación directa con los debates críticos sobre "la cuestión femenina" de otros pensadores,[32] nos interesa llamar la atención sobre el uso beauvoiriano de tres términos, que hemos subrayado. En el primer caso, "hombre", en singular, remite a "ser humano" o a "género humano"; a veces a "humanidad". El uso plural de "hombres", en cambio, es sinónimo de "varones" y, por último, sobre el término "fraternidad" sabemos que han corrido ríos de tinta; solo alertamos que la raíz "frater/fray" remite a "hermano varón" o a una comunidad de varones; de ahí que más recientemente se haya acuñado el término "sororidad" (sobre "sor", hermana) de connotación meramente religiosa en tiempos de Beauvoir.[33] Claramente, nuestra filósofa-ensayista carecía aún de cierta terminología específica que se ha ido construyendo a partir de la difusión de *El Segundo Sexo*. Ahora sí, avancemos sobre la revisión de su obra.

Aún así, con su propia definición de los conceptos existencialistas como herramienta, Beauvoir analizó la feminidad en las sociedades occidentales. Desde muy pequeñas –sostiene– en sus experiencias

---

32   Esta sección está publicada de modo extenso en mi "Simone de Beauvoir en la tradición ilustrada del ensayo feminista" en Cagnolati, B. y M. L. Femenías *op. cit*. pp. 33-46.

33   Agra, María Xosé, "Fraternidad: un concepto político a debate" en *Revista Internacional de Filosofía Política*, 3, UNED, 1994, pp.143-166; Femenías, M. L. "Sororidad: Un pacto entre mujeres" en *El Atlas de la revolución de las mujeres*, Buenos Aires, Le monde diplomatique - Capital Intelectual, 2018: 14-17.

más fundantes, las niñas se ven expuestas a mensajes, y otras formas de simbolización, que las instalan en un lugar jerárquicamente inferior frente al varón, al tiempo que favorecen las conductas de "deseo de agrado" y de "aprobación masculina". Es lógico, entonces, que el sexo femenino, desde muy temprano, incorpore su condición de "ser sometido" y no logre producir suficientes representaciones positivas que reviertan ese modelo. Una compleja serie de configuraciones, exhibe la sumisión de la mujer y su subordinación al varón –mitos, cuentos, novelas, leyendas e imágenes–, inscribiéndolas discursiva y simbólicamente en la pasividad y en los márgenes. Por eso, las mujeres no pueden plantearse a sí mismas como "sujeto": no han creado (y si lo han hecho, se les ha ocultado) un mito, una religión o un arte que proyecte sus anhelos y sus logros en una imagen positiva de sí. Las mujeres carecen de una religión y de un arte que les pertenezca por derecho propio; y, de modo impostado, "todavía sueñan a través de los sueños de los hombres" (entiéndase, los varones). Esta última idea es sumamente sugerente, y años más tarde la desplegará Luce Irigaray en toda su potencia.

Los "padres" fundadores a debate

Ahora bien, cuando en 1949, Beauvoir finalmente publica *El segundo sexo*, ya a partir de 1947, algunos de sus capítulos ("La lesbiana", "La madre" y "La iniciación sexual") habían aparecido en versiones preliminares en *Les Temps modernes*. No obstante la difusión de esos anticipos, el escándalo que promovió la obra en el círculo de los intelectuales franceses fue significativo. Tanto gaulistas[34] como comunistas la atacaron y –curiosamente– la mayoría

---

34   Seguidores de Charles de Gaulle, héroe de la resistencia y presidente francés.

de las veces con argumentos similares.[35] El Santo Oficio lo incluyó en su *Index* y países de régimen dictatorial, como España, lo prohibieron. Otros prefirieron la indiferencia del silencio. Algunos filósofos, pocos, la defendieron; curiosamente entre ellos, Emmanuel Mounier (1905-1950), del personalismo cristiano y el evangelio de los pobres.[36] En nuestro país —como ya hemos adelantado— las primeras reseñas datan de 1953, en la revista *Sur*. No obstante, Victoria Ocampo, su mentora, no parece haber percibido de inmediato el valor de la obra, a pesar de haber promovido su traducción. Hasta finales de los '50, pasó casi inadvertida.

Desde su punto de mira centrado en una igualdad de tipo ilustrado, Beauvoir formuló importantes críticas a diversas teorías, entre ellos el marxismo y el psicoanálisis freudiano. Respecto del marxismo ortodoxo, siguiendo en parte a Alejandra Kollontai, Beauvoir discrepó sobre algunas de sus interpretaciones clave sobre la cuestión de la mujer.[37] Que los varones tengan "posesión" de las mujeres, sólo cobraba sentido a partir de la noción de "existente". Por tanto, para Beauvoir, era imposible deducir —como intentó Engels— la opresión de las mujeres a partir de la noción de propiedad privada; puesto que, en los países en los que se instauró el marxismo, seguía habiendo "opresión de las mujeres", cuestión de la que también Alejandra Kollontai dejó registro: "en ese período, por primera vez comprendí cuán poco se preocupaba nuestro partido por el destino de las mujeres de la clase obrera y cuán escaso era su interés por la liberación de la mujer". Mucho antes que ella, ya Rosa Luxemburgo y Clara Zetkin, habían hecho comentarios

---

35   Chaperon, Sylvie *"El Segundo Sexo* 1949-1999: Cincuenta años de lecturas feministas" *Travesías*, 8, 2000; pp. 55-64.

36   Sahagun, Lucas, *Antropologías del siglo XX*, Salamanca, Sígueme, 1983, p. 103.

37   Sobre Kollontai, Femenías, 1019, pp. 189-203.

semejantes. Ninguna mujer militante de los partidos de origen marxista –informa Beauvoir– dejó de señalar la resistencia de sus camaradas a su lucha a favor de las mujeres, acusándolas incluso de *boicotear* la revolución.[38]

Ahora bien, si la noción de propiedad no es la clave para comprender la situación de opresión de las mujeres, ¿Cuál es? A esa tarea se avocó Beauvoir. Para nuestra teórica, se trataba de "la propensión original de la conciencia humana a la dominación del Otro".[39] Perfila dos perspectivas sobre el concepto de "opresión": una en la que la alienación de la mujer es *asentida* por ella; y otra en la que le es *forzada*. De modo que, como veremos, opresión y situación van de la mano. Si, como quiere el existencialismo, todo sujeto se afirma concretamente a través de sus proyectos como una trascendencia, "la situación de opresión es aquella en la que la trascendencia se ve condenada a recaer inútilmente sobre sí misma porque está separada de sus fines". He ahí la respuesta clave de Beauvoir: la mujer está oprimida porque no puede vivir de acuerdo con sus propios fines como un ser trascendente que es, y queda reducida a la inmanencia por una construcción cultural modificable.[40]

Respecto de su crítica al psicoanálisis, desde sus primeros ensayos Beauvoir examina tanto el psicoanálisis freudiano como los conceptos del psicoanálisis existencial sartreano. Las páginas que les dedica en *El segundo sexo*, en su ensayo *La vejez*, y en su novela *Los mandarines*, entre otros, contribuyen con resonancias propias y significativas, a la lectura comparada de ambas concepciones. Beauvoir

---

38   Amorós, 1985, pp. 252-272; Femenías, 2019ª, p. 194.
39   Beauvoir, *idem*, p 154. Una denuncia parecida realiza Flora Tristán en *Unión Obrera* (1843).
40   *Idem,* p. 159.

encara así la difícil tarea de confrontar con Freud y con Sartre, negando la irreductibilidad de los complejos, de las pulsiones y de las prohibiciones porque, a su juicio, no lo explican adecuadamente. Instaura, en cambio, una elección originaria previa: la del proyecto fundamental. Beauvoir critica y utiliza, a la vez, el psicoanálisis en función de sus necesidades conceptuales y en relación a la problemática de la mujer, pero no elaboró una teoría psicoanalítica propia. Le interesó señalar, en cambio, que el psicoanálisis abrió la posibilidad de pensar que no es la naturaleza la que define a la mujer sino, por el contrario, el modo en que incorpora su naturaleza a la afectividad.[41]

Respecto de la sexualidad, comparte con Sartre, la concepción de que en el existente hay "una búsqueda constante del ser", que va más allá de la sexualidad, que es uno solo de sus aspectos.[42] Cuestiones como la libertad o las constantes culturales no son incompatibles entre sí, pero libertad y "simbolismo universal" sí lo son, contrariamente a lo que sostiene el psicoanálisis. Además, el psicoanálisis rechaza la noción de elección, en nombre del determinismo del inconsciente individual o del inconsciente colectivo. Para Beauvoir, en cambio, hablar de libertad implica rechazar toda posibilidad de concordancia universal. Por tanto, el psicoanálisis sólo es posible en un cierto contexto histórico.[43] Por último, Beauvoir le critica también las diferentes resoluciones del complejo de Edipo en niños y niñas (complejo de Electra). Considera, en cambio, fundamental la socialización de los niños en el proceso de conformación de su identidad sexual y de los modelos de femineidad al alcance de las niñas. Además, si bien acepta una base biológica del dimorfismo sexual, afirma que puede elegirse legítimamente cualquier otro existente como objeto de deseo, incluso

---

41   *Idem,* p. 78.

42   *Idem,* pp. 87-88; Sartre, IV.II, 1.

43   *Idem,* pp. 88-89. López-Pardina (1998), p. 184-194.

del propio sexo.[44] No adopta, por tanto, una interpretación determinista de la biología. La genitalidad o el sexo son un hecho biológico; la sexualidad, en cambio, es un hecho cultural que forma parte de la historia de los seres humanos.[45] En principio, porque el sexo es ante todo "sexo vivido" y sólo se lo vive culturalmente.[46] En este sentido, el cuerpo es el *locus* de las experiencias vividas; porque el cuerpo no es un mero objeto de la ciencia, sino que el cuerpo-sujeto siempre está en situación.[47] Los feminismos radicalizados de los '60 y de los '70, partieron de esta concepción de cuerpo propio situado, como cuerpo vivido, convirtiendo a Beauvoir en una suerte de guía para el develamiento de la condición de posibilidad de la propia existencia. Profundizaremos estas cuestiones más adelante.

La ceremonia de adopción

Como parte de sus estrategias metodológicas, pero hasta cierto punto ajenas al método progresivo-regresivo de *El segundo sexo*, Beauvoir implementó también lo que Amorós denominó una "ceremonia de adopción".[48] Según recuerda, Aristóteles fue el primer filósofo que asumió con el pasado de la filosofía una relación genealógica, en el sentido de legitimación de su propia tarea, fundando una tradición que articuló como legado, según la cual la

---

44 Degoy, Lucien "Entrevista a la historiadora Sylvie Chaperon: *Simone de Beauvoir, palabra de mujer,*" en *Per Se,* enero 19, 2008. Tradución de Caty R.

45 *Idem,* p. 78.

46 Beauvoir (1976) p. 13, 17, 19, 32. Agacinski parte del mismo principio para elaborar su teoría de la paridad, Cf. Agacinski, S. *Política de sexos*, Madrid, Taurus, 1998.

47 *Idem,* p. 78.

48 Amorós, C. *Hacia una crítica de la razón patriarcal*, Barcelona, Anthropos, 1985, pp.80-87.

historia anterior del pensamiento cumplió el papel de contrastación legitimadora. Según Celia Amorós, una relación genealógica:

> [...] busca en las producciones [...] que le precedieron una legitimación de su propia tarea filosófica. En la misma medida en que Aristóteles se quiere legitimado, se constituye a sí mismo con efectos retrospectivos como legitimador de la serie y como fundador de una tradición filosófica al articularla bajo la forma de un legado.

Las genealogías femeninas que construyeron Christine de Pizán (1405) o Juana Inés de la Cruz (1685), sólo por dar dos ejemplos,[49] remiten —en la línea argumental de Amorós— a la necesidad de adoptar y ser adoptada: adoptar la cultura masculina como humana y propia y ser adoptada por ella como una igual. ¿Es este el camino de Beauvoir? ¿Se trata de la mera aceptación de una estrategia patriarcal? De cómo se interprete esta "ceremonia de adopción" se desprenden las dos líneas mayores del feminismo post-beauvoriano: las defensoras de "la igualdad" sostienen que es necesario adoptar y ser adoptada, formar parte activa de la humanidad y ser reconocida como tal, defendiendo el gesto de que las mujeres se hagan cargo de su propia historia. Deberíamos, en consecuencia, constituirnos como sujetos y disputar el espacio de la legitimación.

Por el contrario, las feministas postmodernas y post-fundacionalistas, defensoras de la "diferencia" sostienen que debemos renunciar a la operación de legitimación genealógica, para escapar de los términos que plantea la dialéctica uno/otra. Las genealogías masculinas remiten sólo —retoman palabras de Nietzsche— a *tumbas blanqueadas*; hay que denunciar, pues, *pudenda origo*.[50] Y, en sus orígenes, las tumbas blanquean

---

49   Femenías, 2019a, capítulo 3.

50   Foucault, M. "Nietzsche, la genealogía, la historia" en: *Microfísica del poder*, Madrid, La Piqueta, 1980, p. 7.

la escena originaria del parricidio; escena que aparece de forma recurrentemente en la cultura occidental. Volveremos sobre esta cuestión.

La pregunta implícita es ¿bajo cual línea teórica las mujeres puedan reflexionar mejor sobre su propia identidad y/o dar cuenta de su propia subjetividad? O, como apuntaba Mary Wollstonecraft, ¿nos movemos paradojalmente en el filo de la igualdad y de la diferencia? ¿O hay que "andar sobre la paradoja" como sugiere Braidotti?[51]

El largo ensayo de Beauvoir da inicio, simultáneamente, a ambas líneas o series, establece una precedencia y deja un legado; y al día de hoy sigue siendo una referencia ineludible.

El difícil límite entre filosofía y literatura

Otra faceta absolutamente interesante de la obra de Beauvoir es su producción literaria, más aún cuando ella se define a sí misma como escritora y no como filósofa. El origen de la relación filosofía-literatura se remonta a los inicios de ambas, como perspectivas de un mismo acontecimiento, de una realidad que se configura a partir de "la confusión entre ser y parecer", que se plantea si se cree que hay una realidad más allá que deba ser develada.[52] Así, la filosofía es "literatura de conocimiento" y, podríamos decir que, viceversa, el conocimiento sólo lo es volcado en algún modo literario, como esfuerzo por esclarecer la realidad, por descubrir la verdad de las cosas y de los hechos, y por hacer comprensible el bagaje conceptual de que se dispone, haciendo uso de la belleza estilística que brinda la literatura.[53]

---

51   Femenías, M. L. *Itinerarios de teoría feminista y de género. Algunas cuestiones histórico-conceptuales*. Bernal, Editorial de la Universidad Nacional de Quilmes, 2019b. eBook, Disponible en:
http://www.unq.edu.ar/advf/documentos/5cf00faf7c05d.pdf

52   Merleau-Ponty, Maurice, *Sentido y Sin Sentido*, Barcelona, Península, 1977.

53   Castro Santiago, Manuela "La filosofía y la literatura como formas de conocimiento" *Diálogo Filosófico*, 60, 2004, p. 491-500.

Las relaciones entre filosofía y literatura pueden derivarse de la escritura misma de Beauvoir, que realiza una reflexión interesante precisamente sobre esa relación. Según Olga Grau, por ejemplo, la propia escritura de Simone de Beauvoir –que califica de "escritura ambigua"– constituye una propuesta y una apuesta para superar o sobrepasar sus límites.[54] En efecto, este sobrepasar los límites en que una y otra, literatura y filosofía, pudieran quedar constreñidas supone desvirtuar determinados rasgos, por lo general indicados como propios de cada uno de tales géneros discursivos. Grau propone el concepto de "género reflexivo" para dar cuenta de la peculiaridad de lo que denomina "la opción Beauvoir", quien tanto simultánea como secuencialmente, en los géneros discursivos de la literatura de ficción, los relatos autobiográficos y la escritura ensayística expresa, de modo sistemático, aunque sin constituir un sistema, sus especulaciones de carácter filosófico, que vuelca en la novela, a la que le otorga preeminencia valorativa.

Ahora bien, en muchas ocasiones, tanto Beauvoir como Sartre parten de esa suerte de difuminación de los límites entre filosofía y literatura. Por una parte, la filosofía se vuelca en discursos cuya forma literaria marca la cadencia de la trasmisión de un saber, un pensamiento, una reflexión, o un argumento. Por la otra, la literatura siempre trasmite un pensamiento de tipo vivencial, sensible, estético o, en sentido amplio, filosófico. Podríamos decir que tema y estilo se determinan mutuamente. En Beauvoir, la literatura ha estado signada por la discusión de problemáticas filosóficas "existenciales". En Sartre, en cambio, a pesar de haber recibido en 1964 el Premio Nobel de Literatura, "por su obra rica en ideas y llena

---

54   Grau Duhart, Olga, "La ambigua escritura de Simone de Beauvoir" en *Revista de Filosofía*, Vol. 69, 2013, pp. 151-167.

del espíritu de libertad y búsqueda de la verdad, que ha ejercido gran influencia en nuestra época",[55] el peso de su obra y la mayor parte de su producción son claramente filosóficos.

Beauvoir –literata, que también estaba "llena del espíritu de libertad"– adopta estilísticamente una descarnada descripción fenomenológica de hechos y cosas, a la que añade una mirada problematizante y radical, que a su juicio, abre paso previa concientización, al camino de la libertad. Para ella, la escritura es un itinerario hacia el yo; un proceso que le permite, en clave literaria, conjeturar modos de la auto-representación, que politiza bajo una mirada que nunca abandona la agudeza filosófica.[56] Hay quienes han considerado híbrida esta experiencia literario-filosófica de Simone de Beauvoir, como parte de su estrategia feminista de (auto)constitución del estilo de sujeto-mujer, como en *El segundo sexo*, y que muestra su compromiso social y político.[57] Lo cierto es que Beauvoir fusiona así experiencia, literatura, reflexión y testimonio, según límites y cantidades difíciles de trazar. Lleva adelante un combate, por otros medios, para instalar los mismos temas que analiza y despliega en sus ensayos teóricos, cuyas condiciones de emergencia discursiva estudió en detalle Toril Moi, y que permitieron que textos, tan provocativos y críticos del *statu quo* cultural, como *La invitada*, vieran la luz en Francia, en la primera mitad del siglo XX. Beauvoir no se conformó con formular críticas;

---

55 Recuérdese que Sartre rechazó el Premio, *The Nobel Prize,* Disponible en: https://www.nobelprize.org/prizes/literature/1964/summary/ Consultado el 11 de febrero de 2021.

56 Ferrero, Adrián "Narrar el feminismo: Teoría feminista y transposición literaria en Simone de Beauvoir" en Cagnolati, B. y Femenías, M. L. *Las encrucijadas del "otro" sexo*. La Plata, Edulp, 2010, pp. 103-123; Leciñana Blanchard, M. (2002) "Simone de Beauvoir: aproximaciones a la (auto)construcción del sujeto mujer" en *Mora*, 8, pp. pp.73-79.

57 Abellón, Pamela (M), "Feminismo, filosofía y literatura. Simone de Beauvoir, una intelectual comprometida" en *Mora*, n° 19, 2013, pp. 29-42.

realizó aportes en torno a la reconstrucción de un sustrato cultural del pasado, específicamente femenino, conformando un nuevo canon literario. También consagró parte de su vida al ejercicio de ficciones que tienden a desautorizar y desestabilizar el discurso literario patriarcal y a postular un sujeto femenino que, ante la angustia del desmoronamiento de su mundo, logra tomar conciencia o al menos atisbar una salida hacia los caminos de la libertad. Así, por ejemplo, en *Las Bellas Imágenes* –novela corta en la que dramatiza el proceso de disolución de una conciencia femenina esclavizada por los mandatos de la sociedad capitalista y patriarcal– combate al mismo tiempo los estereotipos occidentales de la masculinidad. Enfrenta a la protagonista a algunas claves para escapar del hastío y de un estilo de vida que la oprime y la cosifica, temas que aparecen también en *El segundo sexo* teóricamente argumentados. También en *La mujer rota* aborda el proceso de descomposición de una existencia femenina, centrada en la ruptura de un matrimonio de veinte años. ¿Qué hacer ahora? ¿Cómo enfrentar la propia libertad? ¿Cómo construir un proyecto propio en medio de la descomposición de la vida presente?

En su libro testimonial *Una muerte muy dulce,* en el que Beauvoir describe los últimos días de vida de su madre víctima de una enfermedad terminal, a la par que describe el deterioro imparable de ese cuerpo que la gestó, repasa el rol de la maternidad en la sociedad occidental, el lugar simbólico que ocupa, y su propia situación como hija. Al mismo tiempo revisa su compleja relación con su hermana, su padre y un conjunto de fotografías de "ese cuerpo" que apenas se parece ya al de su madre.

Todo parece indicar que hacia la década del sesenta, Beauvoir se centraba en planteos morales, la situación de las mujeres y su actividad como escritora. Ahora bien. ¿Qué lograba Simone de Beauvoir elaborando sus teorías sobre la condición femenina y redactando textos literarios alentados o inspirados por ellas? Pues, como dijimos, dar coherencia interna a un proyecto creador e innovador que, con su trabajo literario, volvió visibles a las mujeres pero, sobre todo, a los elementos de su contexto social que, en términos de Celia Amorós, permanecían invisibilizados. De este modo, al irracionalizar los múltiples marcos de referencia, su discurso se caracterizó por estar altamente politizado, en tanto oponía una poderosa resistencia a la ideología y las prácticas patriarcales occidentales.[58] En definitiva, se trataba de seguir dos sendas paralelas para un mismo fin, esto es, por un lado, lograr la emancipación de la mujer de toda tutela que la cosificara o anulara sus potencialidades y su dignidad de sujeto libre, mediante el predicamento teórico. Por otro, producir textos literarios que dramatizaran ese conflicto, para volverlo más inteligible y asequible a sus contemporáneas y a las generaciones futuras.[59]

Cerrar etapas para abrir caminos

Con el tiempo, *El segundo sexo* se convirtió en el ensayo más influyente del feminismo del siglo XX, tanto por lo que promovió como por lo que su misma autora dijo. Constituye a la vez el balance y el cierre de los logros del sufragismo de preguerra y un replanteo casi programático del futuro del feminismo a partir de la posguerra y de las políticas *back to home* instrumentadas en ese período. En la medida en que Beauvoir adoptó con el pasado una relación genealógica *qua* mujer, examinó y criticó a la ciencia, a la cultura en general y sobre esa base articuló su legado. Ese legado ha sido estudiado exhaustivamente desde diversos

---

58   Amorós, Celia (coord.), *Feminismo y filosofía*. Madrid, Editorial Síntesis, 2000, p. 102.

59   Ferrero (2010).

puntos de mira, en relación a su novelística, sus ensayos, y también en lo que de filosófico tiene el conjunto de todos sus escritos.

Gracias a la ceremonia de adopción, como reconocimiento retro(pros)pectivo, Beauvoir se convirtió en precursora de todos los feminismos de la segunda cincuentena del siglo XX y de los años que van del siglo XXI. Es "madre simbólica" de una genealogía que la reconoce como tal. Afirmar que la socialización tiene un papel preponderante en los modos de ser de mujeres y de varones, dio lugar a un conjunto de utopías feministas que plantearon un ordenamiento diferente del mundo. Entre sus "hijas", también simbólicas, y sus detractoras encontramos las derivas teóricas y las disputas de los últimos años, que vamos a revisar brevemente en el capítulo nueve.

Capítulo 2

En la tradición
del ensayo filosófico

El segundo Sexo guarda aún extensas zonas que no han sido exploradas en profundidad; nuevas relaciones que establecer con el resto de la obra beauvoriana, con la obra de otros existencialistas y, en especial, revisar cómo se produjo ese nudo gordiano del que parten numerosas corrientes feministas actuales. Las zonas de invisibilidad se deben, por un lado, al impacto de su afirmación "no se nace mujer, se llega a serlo", que involuntariamente se convirtió casi en una extrema síntesis de su filosofía y hasta en un lema, que se repite sin casi saber a qué se refiere. Por otro lado, también a que poco se han reconstruido los antecedentes históricos a los que Beauvoir se remite en un juego complejo de complicidades intertextuales. En las pocas páginas de este capítulo, me voy a referir a los antecedentes de *El segundo Sexo*. Es decir, retomo la idea de una ceremonia de adopción, en base a la pregunta de ¿por quiénes Beauvoir quiso ser adoptada y, simultáneamente, a quiénes adoptó? En primer término, claramente quiso ser adoptada por la filosofía de la Ilustración en su modo más característico de expresión: el ensayo.[60]

---

60   López Pardina, T. "Significado de *El segundo Sexo* en la historia de la Teoría Feminista" en *50 aniversario de El Segundo Sexo,* Gijón, Tertulia Feminista de Les Comadres, 2002, pp. 51-73.

¿Qué fue la ilustración?

Precisamente, Emmanuel Kant titula así uno de sus recurridos opúsculos *¿Qué es la Ilustración?* (1784). Y responde:

> La ilustración es la liberación del hombre de su culpable incapacidad.

> La incapacidad significa la imposibilidad de servirse de su inteligencia sin la guía de otro. Esta incapacidad es culpable porque su causa no reside en la falta de inteligencia sino de decisión y valor para servirse por sí mismo de ella sin la tutela de otro. ¡*Sapere aude*!¡Ten el valor de servirte de tu propia razón!: he aquí el lema de la ilustración.[61]

Sin duda encontramos en este párrafo elementos que deben haberle sido útiles a nuestra filósofa: "hombre" en su sentido universal, tal como se lo define en los escritos, por ejemplo, de Condorcet; luego la apelación a la propia "capacidad" de permanecer o intentar salir de una cierta situación; y, por último, el llamamiento de servirse de la propia razón.[62] Poco más adelante Kant agrega:

> Para esta ilustración no se requiere más que una cosa, libertad; y la más inocente entre todas las que llevan ese nombre, a saber: libertad de hacer uso público de su razón íntegramente. Mas oigo exclamar por todas partes: ¡Nada de razones! El

---

61 Kant, Emmanuel. *Filosofía de la Historia*, Madrid, Fondo de Cultura Económica, 2000, pp. 25-37.

62 La lectura de Foucault de "¿Qué es la Ilustración?" (traducción Jorge Dávila), en *Actual*, No. 28, 1994, es bastante negativa.

oficial dice: ¡no razones, y haz la instrucción! El funcionario de Hacienda: ¡nada de razonamientos!, ¡a pagar! El reverendo: ¡no razones y cree! (sólo un señor en el mundo dice: razonad todo lo que queráis y sobre lo que queráis pero ¡obedeced!).

Claramente, a la obediencia se opone la libertad, y Beauvoir parece haber hecho buen uso de esta oposición tanto en *El segundo Sexo* como en sus novelas. Mentalmente, a la lista de Kant, Beauvoir debe haber añadido "¡Mujer! ¡No razones! ¡Obedece al varón!". Hacerse cargo de la propia libertad es, como veremos, un tema beauvoiriano recurrente: nada de obedecer por cobardía, por rutina, por costumbre, por temor...: hay que razonar; y "el uso público de su razón debe estar permitido a todo el mundo, y esto es lo único que puede traer ilustración a los hombres; su uso privado se podrá limitar a menudo ceñidamente, sin que por ello se retrase en gran medida la marcha de la ilustración". Prestemos atención a la idea de "uso público de la razón", como opuesto a su "uso privado" y tengamos en cuenta —como debe haber hecho Beauvoir— que las mujeres tradicionalmente fueron confinadas al espacio privado y consecuentemente al "uso privado de la razón", el que puede constreñirse; el que no produce cambios. Volvamos ahora a considerar esta afirmación: "todo el mundo" y entendámosla en su sentido literal, ya que en el mundo hay al menos varones y mujeres. Notemos también que el "uso privado de la razón" no detiene la "marcha de la ilustración", es decir, su avance. Parecen quedar fuera de ese avance, quienes no hagan uso de la razón pública, estancadas en la monótona repetición de la obediencia. Creemos que Beauvoir tomó buena nota de este alegato kantiano, leyéndolo en el sentido pleno universal y, al mismo tiempo en el parcial que da un resultado claro al cálculo: el sexo femenino se sustrae del todo, del avance, del ejercicio público de la razón… Beauvoir parece, entonces, exigir admisión en el genérico humano para las mujeres.

Ahora bien, en sentido estricto, lo que suele denominarse "filosofía de la Ilustración" surge mucho antes, y hasta quizá podríamos ponerle fecha de nacimiento con la publicación de *La Enciclopedia*,[63] aunque para ese año el fermento ilustrado ya estaba muy extendido en Francia, gracias a los escritos de filósofos como Montesquieu, Madame de Chatelet, Voltaire, D'Alembert, Rousseau, Helvecio, entre otros.[64] Incluso, los famosos *Salons Littéraires* o de *Conversation*, pasaron de ocuparse de las "bellas conversaciones" a participar de los debates políticos y científicos, conducidos por damas conocidas como *salonièrs* ¿Se refería Kant a estos salones cuando instaba a la razón a salir al espacio público? En general, se considera a la Ilustración un movimiento cultural que tuvo sus inicios ya en el siglo XVII, y que llegado el siglo XVIII, se lo conoció como "Siglo de las Luces". Es verdad también, y no debemos olvidarlo, que esas "luces" tuvieron fuertes claro oscuros en el terror de la guillotina y la intolerancia política. Sin embargo, podríamos rescatar algunas características que –inferimos– Beauvoir también rescató, a juzgar por sus textos escritos y sus entrevistas.

En primer término, Beauvoir da cuenta de su preferencia estilística por el ensayo. Asimismo, contamos con las numerosas referencias que hace a Michel de Montaige (1533-1592), creador

---

63   Diderot, Denis, *Enciclopedia o Diccionario razonado de las ciencias, las artes y los oficios,* publicada entre 1751-1772 con el apoyo de Mme. Pompadour y Guillaume-Chrétien de Lamoignon de Malesherbes, responsable gubernamental de publicaciones y censuras. Nos limitamos a la ilustración francesa.

64   Copleston, F. *Historia de la Filosofía. De Wolff a Kant,* Barcelona, Ariel, 1984, vol. 6. Parte I. i-iv.

del ensayo filosófico moderno.[65] La abundancia de citas a la obra filosófica de ese moralista, tanto como a la de La Rochefoucault, La Fontaine y sobre todo a Voltaire, deja de manifiesto la línea escrituraria de su preferencia, y una cierta complicidad con los textos de esos autores de ensayos, cuya referencia aparece casi siempre aludida. Beauvoir se permite hacer una suerte de "diálogo" implícito con obras bien conocidas por el público francés de su época. Ella misma se permite además retomar temáticamente la problemática moral de Montagne, en clave existencialista, con un cierto escepticismo, una sensibilidad hedonista que remite a la brevedad de la vida, la finitud, el goce y una cierta mirada positiva sobre la naturaleza. Todo ello, dicho por Teresa López Pardina muestra su proximidad con Montaigne, ya desde sus primeros ensayos filosóficos, *Pyrrhus et Cinéas* (1944) y *Pour une morale de l'ambigüité* (1947), como veremos más adelante. Seguramente Beauvoir entró en contacto con esa literatura, que consultó ávidamente en la Biblioteca Nacional, según relata en sus memorias. En primer término, se hizo cargo del "uso público de la razón" en tanto sus opiniones no quedaron encerradas en un cenáculo privado, sino que ejerció la pluma literaria para transmitir sus ideas y promover debate. Téngase en cuenta que ese lugar de "intelectual mujer" era prácticamente inexistente. Asimismo, consolidó ese uso de la razón en un método. Fue la primera vez que se expusieron *metódicamente* las reivindicaciones femeninas, y se pasó de la experiencia de la opresión y el relato más o menos articulado de la misma, a una exposición sistemática y argumentada, que apelaba

---

65   López Pardina, Teresa "Les appellations à Montagne Dans l'aeuvre philosophique de Simone de Beauvoir" en Corbí Saez, M. I. et Mª Llorca Tonda, A. (eds), *Simone de Beauvoir. Lectures actuelles et regards sur l'avenir Simone de Beauvoir. Today's readings and glances on the future*, Suisse, Peter Lang, 2015, pp. 199-210.

a categorías conceptuales de la filosofía. En ese sentido, el antecedente más claro, es la obra de Alejandra Kollontai, que Beauvoir parece conocer bien.

En segundo término, Beauvoir también parece conocer bien la obra del Marqués de Condorcet. Hasta cierto punto, acepta una idea (casi ilustrada) de "progreso", quizá como una versión dialéctica, no metafísica, de la marcha de la humanidad hacia la libertad. O, al menos, parece insistir en ello. Es una idea debatible, pero sus textos son optimistas quizá como afirmación de la vida y el futuro, tras la tragedia. La toma de conciencia, dura y agobiante, se resuelve casi siempre positivamente en el descubrimiento de un camino hacia la libertad. Quizá le deba al enciclopedismo y a cierto vitalismo su optimismo y su fuerza vital en el contexto de una esperanza laica de perfectibilidad humana.

En tercer término, de la mano del "liberalismo" establecido por John Locke,[66] Beauvoir exige que los "derechos naturales del hombre", en calidad de inalienables, no le sean sustraídos a las mujeres gracias a estructuras sociales tradicionales que las someten a la inmanencia. Si todos los seres humanos tienen por naturaleza una serie de derechos inviolables, por el simple hecho de ser personas, es ilegítimo que a las mujeres se les nieguen tales derechos y que la sociedad no se haga cargo de su responsabilidad al respecto: las mujeres no son propietarias de sus cuerpos, del producto de sus cuerpos, se le niegan los derechos de ciudadanía y por tanto, se cercena su libertad, limitándola a la inmanencia.

Por último, con sus potentes claroscuros, la filosofía de la Ilustración tuvo como rasgo ideológico intrínseco la lucha por la libertad y el uso de la razón humana. Sobre esa base, giraron los principales valores y creencias que fundamentaron todas las

---

66   Locke, J. *Segundo tratado de Gobierno Civil,* Madrid, Alianza, 1990.

instituciones de la sociedad moderna, cuya herencia cultural llega hasta nuestros días. Cuestiones altamente controvertidas, Beauvoir parece instalar sobre esas bases un conjunto de conceptos, que en su enunciación implicaban a "todos" y en sus prácticas sólo a la mitad de la población: los varones.

Beauvoir, en la línea de los Enciclopedistas franceses, puso el acento en la libertad, contra el determinismo; en la libre expresión contra la censura; en la igualdad de derechos y responsabilidades frente a los privilegios de clase y de sexo asociando el conocimiento a la libertad de indagar, aprender, enseñar, opinar, o disentir.

De modo que, en Beauvoir, su llamamiento a las mujeres en reclamo y defensa de su libertad es claro, elocuente y ciertamente pone en cuestión los mecanismos socio-culturales tradicionales que las apartan tanto del uso público de la razón como de la libertad y, por tanto, de la responsabilidad. Resabios que las seguían aproximando a la situación de "propiedad" del varón, más que a la de "sujeto" en pie de igualdad. Por tanto, consideró preciso desmontar los mecanismos por los que se fugaba la libertad de las personas; y el modo más oportuno para hacerlo, a su entender eran el ensayo filosófico y la novela, como veremos en las páginas que siguen.

El ensayo filosófico

La definición de qué es un ensayo filosófico no es precisa. Etimológicamente, "ensayo" remonta sus primeras identificaciones al siglo XII y remite a *exagium* como "acto de pesar (algo)" o "acción de pesar (algo)".[67] En ese sentido, se vincula con "examen"

---

67   Corominas, J. *Breve diccionario etimológico de la lengua castellana*, Madrid, Gredos, 1998, p. 236.

en un contexto netamente comercial. Pero también, se lo vincula a la palabra inglesa *essay*, evocando un escrito o artículo breve. La definición del *Diccionario de la Real Academia* lo considera "un escrito generalmente breve, sin el aparato crítico ni la extensión que requiere un tratado sobre la misma materia". Puesto en conexión con el verbo "ensayar", se trataría además de un escrito no definitivo ni acabado, que se presenta como tentativo y discutible. Es decir, un texto más provocador que conclusivo, más polémico que apodíctico, más revulsivo que edificante. En ese sentido –como afirma Castro Carpio– el ensayo sostendría una idea, un aspecto, una convicción sin desconocer la existencia de otros aspectos afines y/o disidentes.[68] Para el filósofo peruano, hay que distinguir el "ensayo" del "artículo", generalmente con pretensiones eruditas, y también de la "monografía", ejercicio más escolar, sobre un único tema o asunto en particular.

Según las indicaciones del Harvard Writting Center, escribir un ensayo significa presentar un conjunto coherente de ideas en un argumento. Los ensayos, informa, son esencialmente lineales y presentan una idea por vez, que debe presentarse en orden, de modo que tenga sentido para el lector, y respete una estructura lógica que el lector comprenda y comparta.[69] Si los "ensayos" de Beauvoir lo son realmente, parecen no cumplir con ese molde. Sus obras ensayísticas no son lineales, no presentan una sola idea a la vez, tienen un orden interno que desafía a los lectores a seguirlo y ponen frente al público temas y problemas que la mayoría ha querido evadir.

---

68   Castro Carpio, A. "La filosofía en el ensayo moderno y contemporáneo: el ensayo filosófico" sitio: www.pucp.edu.pe/ira/filosofia/-peru/pdf/arti_filo_peru

69   " Essay " Harvard College Writting Center. Disponible en: https://writingcenter.fas.harvard.edu/pages/essay-structure.

En consecuencia, más por el uso que por las etimologías, el ensayo filosófico discute o contrasta –como subraya Castro Carpio– el fundamento de una concepción usualmente aceptada. Más precisamente, el ensayo filosófico tiende a discutir de forma crítica los fundamentos de una cuestión filosófica, sin perder rigurosidad, pero sin sobrecargarse con una apoyatura erudita que "dialoga" con la historia *canónica* de la filosofía. En ese sentido, es fuertemente combativo y sólidamente argumentado, aunque no necesariamente "erudito" y sí, muchas veces –como en el caso de Voltaire– irónico. Entonces, se entiende que los pensadores ilustrados –cuyo espíritu fue tan crítico como libre– adoptaran el ensayo como "el estilo" propio de sus escritos filosóficos aunando libertad de pensamiento, espíritu crítico y, en muchos casos, una fuerte dosis de ironía. Este es pues el marco estilístico en el que Simone de Beauvoir decidió moldear *El Segundo Sexo*, y otros ensayos menores, además con ciertas marcas propias.

Ahora bien, sea cuál fuere la denominación de los textos de Beauvoir, lo que nos interesa resaltar ahora es que hay un conjunto de conceptos filosóficos que Beauvoir adopta, y que derivan profundamente de la tradición ilustrada, incluyendo el estilo incisivo, por momentos tratadístico, pero también más libre de *El segundo Sexo*. Queda así Beauvoir doblemente vinculada –como dijimos– a los grandes moralistas franceses, sobre todo a Montaigne y Voltaire. Asimismo, en tanto *El Segundo Sexo* se relaciona no sólo con una forma de escritura, sino con una problemática: los debates ilustrados sobre "el derecho de las mujeres a la ciudadanía", podemos concluir que hubo un vínculo doble –estilo y contenido– con la tradición más olvidada de la Ilustración.[70] En suma, la obra se distancia de

---

70   Hago un juego de palabras con el título del libro de Alicia Puleo *La Ilustración olvidada*, Barcelona, Anthropos, 1993.

las características adjudicadas al ensayo, al menos, en tres sentidos: *El Segundo Sexo* manifiesta espíritu crítico y su argumentación es contundente, pero a la vez, incluye un aparato crítico y erudito poco habitual en los trabajos de este tipo; carece de ironía (a menos que hasta ahora no se la hayan sabido detectar), ni en el sentido de los ensayistas ilustrados, ni en sentido tradicional socrático; cuya extensión (dos volúmenes de más de cuatrocientas páginas cada uno, en su edición original), y contradice el supuesto de agilidad y brevedad que se aplica a la ensayística. Lo cierto es que Beauvoir se compromete profundamente con el tema que propone, sobre todo, a partir de la implementación de un método, por lo que su texto, más que un "ensayo" parece un híbrido, que tampoco es un tratado y mucho menos un manual, un compendio o un ejercicio escolar. En verdad, parecería que se lo denomina "ensayo" a falta de un nombre mejor, razón por la que creemos que la denominación de Olga Grau de "género reflexivo", subrayando la ambigüedad propia de la escritura beauvoiriana, resulta apropiado.

¿Qué es una mujer?

Veamos ahora el tema-problema que encara *El Segundo Sexo* y su relación directa con los debates críticos sobre "la cuestión de la ciudadanía de las mujeres" de los pensadores ilustrados.[71] En principio, todos recordamos que casi al inicio del texto, Beauvoir se pregunta "¿Qué es una mujer?" y responde en primera persona "Yo soy una mujer". Se instalan así dos cuestiones: claramente un

---

71   Esta sección está publicada de modo extenso en mi "Simone de Beauvoir en la tradición ilustrada del ensayo feminista" en Cagnolati, B. y M. L. Femenías (eds.) *Simone de Beauvoir: "Las encrucijadas del otro sexo"*, La Plata, Edulp, 2008, pp. 33-45.

Yo, que se narra y una "mujer" que se instituye *qua* tal en narradora. Pregunta y respuesta que se repiten casi como un lema, y uno de los más populares de la obra. La extensa respuesta de por qué es una mujer le permite recordar que, desde la infancia, el mundo se le fue revelando como masculino, obligándola así a tomar conciencia de su condición de "mujer", y de sus connotaciones valorativas. Es decir, ese "Yo" individual "que soy" (que es cada una de nosotras) llega a ser "mujer" en la medida en que toma conciencia de su propia experiencia en el mundo y de cómo los demás la ven. De modo que "Yo soy una mujer" es tanto un "dato" cuanto un "constructo social" porque —otra de sus frases más recordadas— "mujer no se nace, se deviene".

Esta breve operación desnaturalizadora, llevó a Beauvoir a denunciar la lógica de la opresión sexual y a establecer el carácter de constructo cultural del "eterno femenino". De ese modo, y hasta cierto punto, Beauvoir se asume genealógicamente, como vimos, en una línea de antecedentes ilustrados.[72] No conocemos bien, sin embargo, esta línea genealógica, que ha quedado completamente invisibilizada hasta tiempos recientes, y que hoy —gracias en parte a Beauvoir— se puede reconstruir aunque de modo incompleto. Queremos por esto llamar la atención sobre un antecedente directo al "ensayo" de Beauvoir pocas veces mencionado: la controversia que en 1772, en París, involucró a Antoine Léonard Thomas (1732-1785), Denis Diderot (1713-1784) y Madame Louise d'Epinay (1726-1783), bajo el título "¿Qué es una mujer?", y que Beauvoir retoma.

---

72   Por ejemplo, cf. Fraisse, G. *Musa de la razón,* Madrid, Cátedra, 1989; López-Pardina, T. *Simone de Beauvoir, una filósofa del siglo XX*, Cádiz, Universidad de Cádiz, 1998; Amorós, Celia "El feminismo: senda no transitada de la Ilustración" en *Isegoría,* 1990 Disponible en: isegoria.revistas.csic.es

El debate en cuestión –que se centró en el problema de la ciudadanía de las mujeres y de su eventual ingreso a la Asamblea– no era menor.[73] Desde un punto de vista ético y político, una vez afirmadas la igualdad y la universalidad –tal como se venía sosteniendo desde la teoría del contrato social–[74] era muy difícil sostener la exclusión de la mitad de la especie humana de sus beneficios. Alrededor de 1770, la Academia Francesa de las Letras, al calor de ese debate, propuso como tema para su premio anual la cuestión de la mujer. Antoine Léonard Thomas presentó un discurso, como se decía entonces, titulado *Ensayo sobre el carácter, las costumbres y el espíritu de las mujeres en diferentes siglos*, que leyó públicamente en la Academia ese mismo año, y que, dada su repercusión, repitió en 1772. Además, para la misma época se lo publicó en el *Correspondance littéraire* dirigido a la sazón por Melchior Grimm.[75]

Thomas presentó su obra como una defensa de las mujeres. Muy sintéticamente el recorrido que realizó es el siguiente: Comienza repasando países y siglos a fin de mostrar que siempre y en todos lados, las mujeres fueron a la vez "adoradas y oprimidas"; funcionando como "un pueblo vencido, obligado a trabajar para los vencedores". Afirmaba Thomas, que siempre habían estado en relación de dependencia respecto de los varones o habían sido condenadas

---

73   Kelly, Joan, "Early Feminist Theory and the *Querelle des femmes*, 1400-1789" en *Signs*, 1982, pp. 4-28.

74   La teoría de Thomas Hobbes expuesta en el *Leviathan* data de 1651 y *El Contrato Social* de J. J. Rousseau de 1760; que fue prohibido por el Consejo de Ginebra en 1762 junto con *El Emilio* por su carácter "temerario, escandaloso, impío y destructor de la religión cristiana y de todos los gobiernos" citado por M. J. Valverde en el Estudio Preliminar a la edición del *Contrato Social*, Barcelona, Tecnos, 1988.

75   Thomas, A. L. *Qu'est-ce qu'une femme*, Paris, P.O.I, 1989. Introducción de E. Badinter. También, Ch. Guyot, *Diderot par lui-même*, Paris, éditions du Seuil, 1953.

a la reclusión. La naturaleza también les era adversa: gestaban y parían a costa de su salud o de su vida –afirmaba Thomas, el menor de diecisiete hermanos– y luego debían entregar a sus hijos al esposo o al Estado. Subrepticiamente, Thomas introdujo una desigualdad "natural"; pero continuó reconociendo que, aun así, las mujeres supieron mostrar coraje, valor, inteligencia, sabiduría, incluso superando a veces a los hombres. Apeló a continuación al consabido listado de mujeres sabias que "imitaron las virtudes de sus maridos o de su país" o que movidas por la moral religiosa habían llegado hasta la categoría de "santas". En el Renacimiento –continuaba Thomas– las mujeres se destacaron en el uso de las lenguas y de las artes y fueron "sabias", en especial en Italia, valiéndoles el reconocimiento de los varones, quienes "escribieron panegíricos en su honor y alabanza".

Hecha esta exaltación introductoria más o menos tradicional sobre los méritos de las mujeres, Thomas abordó la cuestión sobre otras bases, que denominamos (con todos los recaudos del caso) "psicológicas". Con cautela, descartó la preeminencia de la "fragilidad de sus órganos", por no considerar la cuestión biológica pertinente a los fines de sus derechos a la igualdad, y remite a otros dos aspectos: la educación que reciben; y los tipos de "talentos del espíritu" que las distinguen. Por esa época, circulaba en Francia (y en casi toda Europa) la clasificación de "talentos" o "ingenios" de Juan de Huarte de San Juan.[76] Esa obra científica

---

76   Huarte de San Juan, J. *Examen de Ingenios* (c.1578) repetidamente censurado y/o prohibido. Cf. Femenías, M. L. "Juan Huarte de San Juan: Un materialista español del siglo XVI". *de las Actas Iª Jornadas Nacionales de Filosofía y IIº Congreso de la AFRA*. Salta, UNSa, 1991; "Juan de Huarte y la mujer sin 'ingenio' en el *Examen de Ingenios*" de las Actas del *Seminario de Feminismo e Ilustración* (1988-1992), Madrid, Universidad Complutense, 1992; "La mujer sin ingenio: una lectura del *Examen de ingenios* de Juan de Huarte" en Santa Cruz, M. I. *et alii. Mujeres y Filosofía: Teoría Filosófica de Género*, Buenos Aires, CEAL, 1994, pp. 142-156.

dotaba a las mujeres de poca o ninguna capacidad para las artes y las ciencias, y fuera cuál fuese su fuente, Thomas sigue esa clasificación: espíritus filosóficos; espíritus de la memoria; espíritus de la imaginación y, por último, espíritus políticos y morales. El espíritu que "convive en las mujeres" es el de la "imaginación [...] debido a la multitud y variación de sensaciones que su belleza y gracia provocan". Opone luego "imaginación" a "concentración" en una "cadena de ideas", y excluye a las mujeres del espíritu filosófico y del político, dejándoles una memoria graciosamente restringida y el espíritu de la imaginación. Sintetizando drásticamente sus argumentos, arribamos a la conclusión de Thomas: la fragilidad de sus sentidos, "a los que todo impresiona, las distingue vivamente y las llena de una imaginación pródiga a la manera de un espejo" que refleja todo como en un cuadro....

El resto del opúsculo se desplazó hacia los conocidos argumentos del amor sacrificial, la pasión sin método, los escasos talentos políticos, su incapacidad general para captar lo universal, propio de la filosofía, y sus "altas" virtudes religiosas, familiares y sociales de "preocupación y cuidado vinculadas a su delicadeza" y a su "amor desinteresado", razones por las que se mueven "admirablemente a la beneficencia, la compasión, la actitud pronta al socorro y la tristeza cuando no pueden ayudar a otros". Las que poseyeran otros "espíritus" serían rarezas o excepciones. Y el premio le fue concedido.

En suma, tras un aparente comienzo igualitarista, Thomas llegó a la conclusión esperada; la fragilidad, en este caso psicológica, de las mujeres las excluía de la ciudadanía. Este tipo de argumentos, sin duda, fue una clara advertencia para que Beauvoir repasara meticulosamente no sólo los argumentos biologicistas sino también las teorías psicológicas de su época. Avancemos un poco más. La respuesta de Denis Diderot en el *Correspondance littéraire*, a instancias también de Grimm, no se hizo esperar. Retóricamente adoptó un punto de partida opuesto que, en apariencia, respondía a una posición de exclusión, tradicional, clara y rotunda.[77] Primero, ridiculizó al autor del *Essai* y lo acusó de "desconocer completamente el alma y el cuerpo de las mujeres";[78] su frivolidad y su lujuria; su belleza y su capacidad de manipulación de los varones; su perversidad y su indolencia; su vulgaridad y sus depravaciones; su deshonestidad y su ignorancia. Coincidió con Thomas en su falta de método, aunque su intuición nata las preparaba para "leer el libro del mundo" mejor que los varones, aún sin estudiarlo. Confesándose su amante irrefrenable, Diderot valoraba la convivencia con ellas, afirmando "he pasado muchos momentos en sus brazos", por lo que puedo concluir que "no son las mujeres mejores que los varones [...], ni más honestas, ni más decentes [...]", en clara alusión a que la naturaleza humana no hace distinciones de sexo. Es decir, las virtudes y los defectos están igualmente repartidos entre todos los seres humanos; por tanto, la conclusión de Diderot fue que el principio de igualdad rige en estos casos.

En esta línea, Madame de Epinay —por entonces amante de Diderot— le escribe a su amigo el abate Fernando Galiani una carta sobre el

---

77   *Oeuvres de Denis Diderot*, Paris, 1978; en *O que é uma Mulher*, Rio de Janeiro, Nova Fronteira, 1991, p. 117-132.

78   Si el conocimiento nace a partir de los sentidos —como era la tesis de los empiristas ingleses que los Ilustrados franceses aceptaban—, el ciego de nacimiento no reconocería los colores aunque recobrara la vista. Entonces, alguien como Thomas, que no tenía "conocimiento empírico" de las mujeres, poco podía saber de ellas en sentido estricto, como no fuera por la aceptación acrítica de las "ideas" de los otros. Ironía de Diderot a ese problema. Diderot, D. "Carta sobre los ciegos para uso de los que ven" en A. Puleo (comp.), *Figuras de lo otro en la Ilustración francesa*, Madrid, Escuela Libre, 1996, pp. 41-54.

"famoso" opúsculo de Thomas, sin terciar públicamente en la polémica.[79] Mencionando a Diderot y D'Alambert de un lado y a Thomas y a Jean-Jacques Rousseau, del otro,[80] Louise de Epinay concluía que la retórica de Thomas era "pomposa y artificial aunque ingeniosa" con "un ingenio angelical y encantador". Para Mme de Epinay, Thomas ignoraba que "las cualidades y los defectos son comunes a *todos* los seres humanos"; y era "indudable que los hombres y las mujeres tienen la misma naturaleza y constitución [...] por lo que son susceptibles de las mismas virtudes y de los mismos defectos". Sólo la educación los hacía diferentes –concluía Epiney– la educación y la sociedad generaban "pequeños vicios y pequeñas virtudes", que Thomas creía ingenuamente "propias de cada sexo".

La oposición entre los argumentos laudatorios a la virtud femenina de Thomas y las descarnadas descripciones de Diderot, sólo suavizadas en la carta de su amante, muestran los claroscuros de la "naturaleza humana", sin distinción de sexos. Repetidamente, Celia Amorós advirtió que la exclusión de la igualdad se produce por la doble vía de la inferiorización o por excelencia. En ambos casos, las mujeres quedan excluidas "de los iguales" y en consecuencia, de gozar de sus derechos y sus beneficios. Los argumentos laudatorios de Thomas desembocaron en la exclusión de las mujeres gracias a su excelencia moral y –según la mirada crítica de Beauvoir– también en el "eterno femenino", lugar cuya pureza no puede mancillarse con las actividades públicas y políticas. Por su parte, Diderot y Madame de Epinay apelaron a la igual naturaleza humana de los "hombres", en su sentido genérico, fueran varones

---

79   F. Galiani (1728-1787) de origen italiano pero vinculado estrechamente a los enciclopedistas. La carta de Mme. de Epinay puede consultarse en Puleo, A. *La Ilustración olvidada*, Barcelona, Anthropos, 1993, pp. 82-86; cito por la edición castellana; también en *O que é uma Mulher*, Rio de Janeiro, Nova Fronteira, 1991, pp. 135-138.

80   Puleo la transcribe en *op.cit. supra.*

o mujeres, y, en consecuencia, a la igualdad de sus virtudes y de sus defectos. Dando cuenta de la influencia de Poullain de la Barre en sus opiniones, afirmaron que solo la educación y las costumbres sociales hacen el resto: adjudican por adelantado y según las marcas sexuales, diferentes capacidades de razón y de juicio.

Incluso, el orden argumentativo inverso de los textos de Thomas y de D'Alambert-Epiney debe haber alertado a Beauvoir sobre cómo leer ciertos cantos de alabanza a las cualidades femeninas: la excelsitud también es una forma de exclusión; excluye de lo propiamente humano, que tiene virtudes y defectos, cualidades y carencias. Beauvoir se hizo cargo de este tipo de debates y, en estado de alerta filosófico, retomó estos problemas en sus novelas y ensayos.

Ahora bien, cuando 1949 escribió *El Segundo Sexo* y se lo dedicó a Poullain de la Barre, sólo existía de *L'Egalité des sexes,* la versión publicada por el autor en 1675, que se encuentra aún en el Fondo Dubois de la Biblioteca Universitaire de la Sorbonne (Paris). Es decir, más que nunca "el Castor", como la llamaba Sartre, trabajó como tal. Otro tanto sucedía con *L'Education des Dames pour la conduite de l'Esprit dans les sciences et dans les moeurs* de 1674 y con el *Essai* de Thomas. Dado que estas ediciones en francés contemporáneo obedecen al proyecto del Bicentenario de la Revolución Francesa, sólo podemos concluir que Beauvoir leyó todas esas obras en su primera edición, es decir, en un francés del siglo XVIII. Sus referencias implícitas al debate Diderot-Thomas, que podemos vislumbrar en la Introducción de *El segundo sexo*, reflejan en paralelo su conocimiento de la obra de Condorcet y su *Sobre la admisión de las mujeres a su derecho de ciudadanía* (1790).[81]

---

81   Se puede consultar la versión (incompleta) en Puleo, Alicia, *La ilustración olvidada.* Barcelona, Anthropos, pp. 100-106; También, en edición completa, en Sazbón, José, "Apéndice" en *Cuatro mujeres en la Revolución Francesa*, Buenos

Es decir, este minucioso rescate de textos históricos, a la sazón ignorados por la crítica y claramente dejados de lado en los relatos "oficiales" de los debates de la Revolución Francesa y las controversias que le precedieron, dieron la pauta a Beauvoir de que no solo el tema ya había sido tratado sino que había sido dejado de lado: la cuestión de la mujer era una cuestión menor, colateral a los grandes ejes de la Revolución. Los pocos logros de las mujeres, fueron totalmente revertidos o negados por el bonapartismo y los gobiernos que lo siguieron.[82] De ahí que el tema-problema le resulte "irritante" porque no es nuevo, sino que tuvo que volver a plantearlo anudando la cuestión casi doscientos años después de los primeros debates.[83] Entonces, no sólo recogió los ecos del sufragismo, sino –sobre todo– rescató las líneas más descuidadas de la Revolución, con los resultados conocidos por todos. Precisamente por eso, puesto en perspectiva, el debate Thomas-Diderot-Epinay es sumamente ilustrativo: por un lado, mérito de Beauvoir fue haber advertido que los argumentos de excelencia o de cualidades propias de cada sexo, por excelsas que sean, son un mecanismo de exclusión y de opresión. Esos mecanismos deben sumarse a los de clase, porque las clases están divididas por sexos y cada cuerpo sexuado pertenece a una clase.[84] Así, la contradicción primaria de la sociedad no está en la diferencia de clases sino, en la línea ya entrevista por Engels, en la diferencia de los sexos.[85] Por tanto, como lo muestra Beauvoir, para las mujeres es insuficiente que "el

---

Aires, Biblos, 2007, pp. 201-211, traducción de José Emilio Burucúa y Nicolás Kwiatkowski.

82   Fraisse, Geneviève, *Musa de la razón*. Madrid, Cátedra, 1989.

83   Beauvoir, op.cit, p. 11.

84   Beauvoir, S. de *Le deuxième Sexe*, Paris, Galimard, 1949 y reediciones; tomo 1, p. 31.

85   Cf. Engels, *El origen de la familia, la propiedad privada y el Estado* (1884), a quien remite.

proletariado" llegue al poder; en todo caso, debería llegar con conciencia de la exclusión e interiorización histórica de las mujeres.

Retomar los ideales ilustrados y darles actualidad crítica en tanto problema, tampoco fue un mérito menor, ya que nunca se había resuelto cuál era el lugar de las mujeres ni como sujeto y ni como ciudadanas de pleno derecho en las conceptualizaciones sobre "la humanidad", que se estaban llevando adelante. El tema había quedado siempre como una pregunta abierta.

Claramente, en su "Introducción" de *El Segundo Sexo* Simone de Beauvoir retomó los argumentos imbricados en el debate epocal de esos y otros ilustrados: la biología debía desvincularse de la estructura social —ese otro cuerpo constituido por el Contrato.[86] Las capacidades humanas no tienen marcas de sexo, sólo la educación "inculca género" o, más precisamente, nos hace los y las humanas que somos. Las nostálgicas palabras de Louise de Epinay que reclama "nuevas cabezas [...] para enfocar las cosas bajo puntos de vista diferentes" resuenan en la propia propuesta de Beauvoir. La filósofa intentó, a la luz de la filosofía existencialista, abrir un sendero más seguro para la libertad de las mujeres, y si bien no de inmediato, logró ser escuchada. Porque, repitámoslo: "Cada vez que la trascendencia recae en la inmanencia hay degradación de la existencia en el *en-sí*. Esta caída constituye una falta moral si es consentida por el sujeto [...]. Si le es infligida [...] se trata de una opresión".[87]

¿Es minimizador clasificar *El Segundo Sexo* de ensayo? El de Thomas tiene escasos cuarenta folios y la intervención de Diderot menos de diez. Denominar ensayo a los dos tomos —altamente

---

86   Garay Becerra, Johana "El pensamiento de Simone de Beauvoir: la mujer como sujeto histórico y filosófico" en *Indocilidad reflexiva*, pp. 61-72. Disponible en: https://doi.org/10.2307/j.ctvn5tzs8.8

87   *Ibidem*

argumentados y eruditos– de Beauvoir es incluirlo en un género que la tradición filosófica de Occidente entiende como menor; como un texto no erudito, no sistemático, no académico; más apto para las discusiones de un público amplio que para las aulas universitarias. Sin embargo, el aparato conceptual existencialista que Beauvoir pone en juego, alejan esta obra de la posibilidad de leerlo como si de unas páginas a vuelo de pluma se tratara. Claro está, salvo que se quiera diluir la profundidad incisiva ética y filosófica de sus argumentaciones, descartando *a priori* el valor de las mismas.

Un último mérito que queremos mencionar es que el debate en torno a la condición de las mujeres nunca ha perdido continuidad reivindicativa: Beauvoir supo detectarlo. Si bien es cierto que las exégesis habituales ignoran la obra e insisten en que se trata de un tema-problema sin tradición, sabemos que no es así, porque también sabemos, como lo han demostrado Hobsbawn y Ranger, que las tradiciones y las genealogías se construyen al tiempo que se ocultan sus referentes polémicos.[88]

---

88   Hobsbawn, Eric y Terence Ranger, *The Invention of Tradition*, Cambridge, The Press Syndicate of the University of Cambridge, 1983.

Capítulo 3

Buenos Aires traduce para Hispanoamérica

La obra de Simone de Beauvoir trascendió las fronteras de Francia; primero las novelas y luego *El segundo sexo*. Su recepción fue tan polémica como variada según los momentos culturales, políticos y sociales de los países receptores. Las traducciones que se realizaron de su obra fueron el reflejo de las normas de una determinada cultura meta y, a su vez, el punto de partida para que cada una de esas obras comenzara su propia trayectoria.[89]

La moda existencialista

En un contexto de moda existencialista –nos referimos a la filosofía, pero también a la ropa, las canciones y la literatura– Buenos Aires (Argentina) junto con Montevideo (Uruguay), se erigieron como las dos ciudades sudamericanas con mayor influencia de la

---

89   Cagnolati, B., Gentile, A. M., Forte Mármol, A. y Vieguer, F. "De la Argentina al mundo hispanoamericano: las traducciones con acento porteño de la obra de Simone de Beauvoir" en Cagnolati y Femenías, *op.cit,* pp. 9-18.

cultura francesa. De ahí la pronta recepción y traducción de los textos filosóficos y literarios existencialistas.

En Buenos Aires, la traducción de toda la obra de Beauvoir tiene como antecedente el artículo "Literatura y metafísica", publicado en la revista *Sur* (1947), que había sido fundada por Victoria Ocampo y María Rosa Oliver en 1931. Bajo la dirección de la primera, contó con un importante equipo de redactores/as y colaboradores/as, en su mayoría figuras destacadas de la literatura y del pensamiento ensayístico de la época, entre ellas, además de sus fundadoras, la poeta chilena Gabriela Mistral, Silvina Ocampo, Ernest Ansermet, Drieu La Rochelle, Leo Ferrero, Waldo Frank, Pedro Henríquez Ureña, Alfonso Reyes, Jules Supervielle y José Ortega y Gasset, cuyo consejo de redacción contaba con Jorge Luis Borges, Eduardo J. Bullrich, Oliverio Girondo, Alfredo González Garaño, Eduardo Mallea, la misma María Rosa Oliver y Guillermo de Torre. Como se sabe, *Sur* fue una revista emblemática, cuya circulación entre el público hispanohablante constituyó un puente cultural y refinado con el mundo. Bajo ese marco, y con un mercado potencialmente favorable, las editoriales argentinas más prestigiosas emprendieron la traducción de la obra beauvoiriana durante las décadas del 50 y del 60, antes que el resto de los países hispanoamericanos, e incluso mucho antes que España, país que, dado el contexto político del franquismo, prohibió su obra tanto como la de Sartre. En efecto, por aquel entonces, como bien señala María Isabel Corbí Sáez,[90] la obra de Beauvoir y Sartre llegó a España, gracias a las traducciones argentinas. Si Beauvoir, como veremos fue traducida y publicada por distintas casas editoriales, la traducción de las obras de Sartre, se debió casi en exclusividad a

---

90   Corbí Sáez, 2010, p. 77.

la editorial Losada. Básicamente las dio a conocer en dos colecciones: la de filosofía fundada por Francisco Romero, y la *Biblioteca Clásica Contemporánea* donde, a modo de ejemplo, se publicó la traducción de Aurora Bernárdez, la extraordinaria poeta, esposa de Julio Cortázar, de *La Náusea,* además de sus obras de teatro.

Lo que sigue es un panorama de la recepción de la producción beauvoiriana, trazado a partir de manifestaciones deudoras de su temprana traducción. En primer término, abordaremos el tema de las primeras ediciones de sus obras, que efectuadas en Argentina, su transmisión al mundo de habla hispana fue fundamental para la difusión del existencialismo, en general, y del pensamiento beauvoriano, en particular.

Registro de traducciones

En este terreno de análisis, cabe citar en particular a la estudiosa de la obra de Simone de Beauvoir, y directora actual de la publicación *Simone de Beauvoir Studies*, Sylvie Chaperon, quien ha trazado una historia de las traducciones realizadas del libro indudablemente más polémico de la filósofa: *El Segundo sexo.* Chaperon resalta, por ejemplo, que los japoneses habían reemplazado en sus traducciones, el término "feminidad" por el de "maternidad" imprimiéndole a la obra un sesgo biológico maternalista, muy alejado de la intención de Beauvoir.

Ya no reemplazando un término por otro, sino directamente cortando un 10% las partes negativas y dejando las connotaciones positivas de la feminidad, el traductor de la versión en inglés –publicada en EEUU en pleno maccarthismo–, recibió de la editorial la consigna de reducir la obra (porque el público estadounidense no iba a leer un libro tan largo). Produjo entonces un texto que bien merecería el mote de "una bella infiel", expresión atribuida a

Gilles Ménage, que caracterizaba en la Europa de los siglos XVII y XVIII, a aquellas obras del griego o del latín vertidas al francés, que se adaptaban al gusto y las costumbres de la época, pero traicionaban el original.[91] La traducción en cuestión, publicada en 1953, la realizó el zoólogo experto en reproducción animal, Howard M. Parshley, y su versión incompleta se comercializó hasta el 2009. En ese momento, un "aluvión de críticas sobre su baja calidad" obligó a reescribir la versión anglosajona, aunque todavía es posible encargar este *best seller*, como lo denominó el *New York Times*, en versiones fieles a la primera edición, tanto en papel como en formato *kindle*.

Gracias al esfuerzo de Margaret Simons, Moril Toi, Elizabeth Fallaizey, entre otras, finalmente, se pudo contar con una segunda y esperada traducción íntegra al inglés, realizada por dos profesoras del *Institut d'Études Politiques* de París, Constance Borde y Sheila Malovany-Chevallier. Su periplo de tres años de trabajo se describe en una "Nota del traductor" (de las traductoras, debería decir) que, a modo de prólogo, precede el texto para dar cuenta del proceso de elaboración, de documentación y el método de traslación empleado, a saber, el filológico. Esa nueva edición de *The Second Sex* (2009) cuenta con una introducción de Deirdre Bair.[92]

Ahora bien, dado que Butler escribe su artículo crítico sobre Beauvoir en 1986, cabe que nos preguntemos si leyó *El segundo sexo* en esa traducción incompleta al inglés, que circulaba en

---

91   En referencia a Gilles Ménage (1613-1692), latinista, filólogo y gramático de extensa fama, que publicó una *Historia mulierum philosopharum* en latín. Traducción castellana de Mercé Otero Vidal, introducción y notas de Rosa Rius Gatell, *Historia de las Mujeres Filósofas*, Barcelona, Herder, 2009.

92   Gillman, Richard, "The Man behind the Feminist Bible", *The New York Times Archives*, May 22nd, 1988, Section 7, p. 1; Rodríguez Muñoz, María Luisa "Las traducciones al inglés de Le Deuxième Sexe de Simone de Beauvoir: Prostitutas y hetairas" *Hikma* 15, 2016, pp. 53-67; Simons, Margaret, "The Silencing of Simone de Beauvoir: Guess What's Missing from The Second Sex", *Women's Studies International Forum* 6, 5, 1983, pp. 559-564.

EEUU, o en su versión original en francés. La respuesta marca de modo no trivial el texto de la estadounidense.[93]

Por cierto, a la etapa de censura y de reacciones que repercutieron en la manera de traducir y por lo tanto de leer a Simone de Beauvoir en una lengua extranjera, siguió poco a poco una etapa de retraducción y de reedición conforme a los cambios políticos y sociales de los diferentes países receptores, que caracterizó un acercamiento más fiel a la obra original. Es el caso de *El segundo sexo* en las traducciones al alemán en 1992, al japonés en 1997, al ruso en 1998 y al inglés en 2009, como dijimos.

Traducciones literarias con sabor porteño

Veamos ahora las traducciones de nuestro país. En ocasión del "Homenaje a los Cien años del nacimiento de Beauvoir",[94] el equipo de traductología, coordinado por Beatriz Cagnolati[95] y el de feminismo filosófico, coordinado por María Luisa Femenías,[96] aunaron esfuerzos para organizar un evento que consolidó un equipo ampliado de investigación centrado en Beauvoir, cuyos resultados fueron, entre otros logros, un minucioso rastreo de las obras de Beauvoir traducidas al castellano,

---

93   Butler, Judith,*"Sex and Gender in Beauvoir's Second Sex"*, *Yale French Studies*, 72, winter 1986, pp. 35-49.

94   Tomo este subtítulo de una afirmación en la ponencia de Cagnolati y su equipo, en *Jornada de Homenaje a Simone de Beauvoir: A 100 años de su nacimiento*, Departamento de Lenguas y Centro Interdisciplinario de Investigaciones en Género, Facultad de Humanidades y Ciencias de la Educación, Universidad Nacional de La Plata, La Plata, Septiembre 12 de 2008. Disponible en: http://sedici.unlp.edu.ar/handle/10915/1042

95   Integado por: Amalia Forte Mármol, Ana María Gentile, Fabiana Vieguer, Jovanka Vukovic y alumnas avanzadas del Traductorado Público en Idioma Francés (UNLP).

96   Integrado por: María Marta Herrera, Adrián Ferrero, Rolando Casale, Paula Sosa Rossi, Adriana Rodríguez Durán, Mariana Smaldone y Luisina Bolla.

fundamentalmente en nuestro país.[97] Este trabajo dio origen a un conjunto de artículos sobre el proceso de traducción-difusión de su obra, del que este apartado es deudor.[98]

En principio, varias editoriales radicadas en Buenos Aires –Sur, Ariadna, Emecé, Psique, Siglo XXI, Schapire y Sudamericana– difundieron, a partir de la década del 50, obras de Beauvoir. Se realizaron traducciones y publicaciones en un lapso mínimo entre su aparición en francés y su versión en castellano, lo que da cuenta –como hemos mencionado en el apartado anterior– del interés del público hispanohablante en el existencialismo y del de las editoriales en satisfacerlo. Mayormente, se trataba de un público femenino que, a diferencia de las elites culturales, no dominaba el francés, pero sí estaba ávido de leer esas obras. Esa difusión, además de dar a conocer en nuestro medio a una escritora notable y a su obra, consolidó una imagen novedosa de mujer, moderna, independiente, y conocedora de sus derechos políticos, sociales y culturales.

Gracias al minucioso registro realizado, entendemos que "Literatura y metafísica" (1947) fue uno de los primeros escritos, si no el primero, de Beauvoir traducido por María Rosa Oliver al castellano. Se

---

97   Se realizaron traducciones al español de artículos o capítulos de libros de Colette Guillaumin, Danielle Juteau, Nicole Mathieu, Monique Wittig, entre otras. Las traducciones fueron realizadas por docentes-investigadoras del Laboratorio de Investigaciones en Traductología (LIT) y alumnas avanzadas. Esto dio lugar a la creación, en 2012, del Ciclo de Encuentros Traductológicos (CEtra), para difundir y discutir temas relacionados con la traducción, que se inició con *Problemas de traducción de textos sobre género*.

98   Cagnolati, B. Femenías, María Luisa y Jovanka Vukovic "Simone de Beauvoir en Argentina: el rol de las editoriales y de las traducciones en la recepción de su obra" en *Belas Infiéis*, v. 8, n. 2, 2019, p. 31-49. Dossier coordinado por A. M. Gentile. Disponible en: https://doi.org/10.26512/belasinfieis.v8.n2.2019.2 y de Cagnolati, Beatriz, Femenías, María Luisa y Smaldone, Mariana "Le deuxième sexe: des marques epocals dans la traduction de "travestie" en Corbí Saez, M. I. et Mª Llorca Tonda, A. (eds), *Simone de Beauvoir. Lectures actuelles et regards sur l'avenir Simone de Beauvoir. Today's readings and glances on the future,* Suisse, Peter Lang, 2015, pp. 67-81.

publicó en la revista *Sur* al año siguiente de su aparición en *Les Temps Modernes*. En 1948, ese texto formó parte del libro *L'existentialisme et la sagesse des nations*, publicado en Argentina en 1965, en la editorial Siglo XXI, y traducido por el ensayista Juan José Sebreli.[99]

Por tanto, en nuestro país, ya en los años 50 el público argentino pudo leer a Simone de Beauvoir en castellano, gracias a las estrategias editoriales de la época. Por ejemplo, Emecé lanzó las traducciones de *Todos los hombres son mortales* y *La invitada*, a cargo de la escritora Silvina Bullrich. Por su parte, Sudamericana se sumó con la traducción de *Los mandarines*, que apareció en castellano sólo cuatro años después de su aparición en francés. Por su parte, para esa misma época (1958) aparece en el sello editorial Gallimard el primer ensayo autobiográfico de Beauvoir, *Mémoires d'une jeune fille rangée*, publicado en castellano por Sudamericana en 1959 con el título *Memorias de una joven formal*, en traducción de Silvina Bullrich, quien tradujo también *La plenitud de la vida*.

Le seguirían, más tarde, las versiones, también en Sudamericana, de las siguientes producciones: *La fuerza de las cosas* (traducida por el filósofo Ezequiel de Olaso), *Una muerte muy dulce* (por María Elena Santillán), *Hermosas imágenes* (por el escritor José Bianco), *La mujer rota* (por Dolores Sierra y Néstor Sánchez) y, en 1970, *La vejez* (nuevamente por Aurora Bernárdez). En el mismo período, la editorial Siglo XXI publicó las traducciones de *El segundo sexo* (de Pablo Palant), *La sangre de los otros* (por Hellen Ferro), *El existencialismo y la sabiduría popular* (por Juan José Sebreli) y *Jean-Paul Sartre vs. Merleau-Ponty* (por Aníbal Leal).

Con un clima favorable a los aliados, vencedores de la Segunda Guerra Mundial, Argentina se permitió la rápida traducción y

---

99   La lista completa de los títulos originales y de sus traducciones al castellano, se
      encuentra en la sección "Bibliografía" de este volumen.

edición de los textos citados, algunos de los cuales se leen aun hoy "con acento porteño" en otros países. La elección de una traductora que a su vez fuera escritora, formó parte de esa estrategia editorial. El caso de Silvina Bullrich se suma al de otras escritoras-traductoras de la época como Beatriz Guido y Martha Lynch, autoras que, además de ser feministas, se volcaron a lo social. Eran intelectuales de renombre que tradujeron las obras de Beauvoir, contribuyendo a consolidar los feminismos en la región y la nueva imagen de las mujeres, de la que hablamos más arriba, tal como publicaron en sus propias obras. Este es un buen ejemplo de lo que Even-Zohar (1999) sostiene teóricamente a propósito de la posición que asume la literatura traducida en un momento histórico dado, participando en el proceso de creación de nuevos moldes de escritura.[100]

Las investigaciones llevadas a cabo por el equipo de Cagnolati –en especial de *Le deuxième sexe*– tanto en Argentina como en América Latina, ponen de manifiesto el interés y el impacto que produjo su pensamiento y su estilo narrativo; no solo desde una perspectiva teórico-conceptual, sino también como proyecto estético-constructivo. Esas investigaciones iluminaron algunos problemas que no solo afectaban la traducción-recepción de la obra sino que, a la luz de los actuales estudios de género, se convierten, en un problema de interés categorial, como veremos más adelante. En efecto, las traducciones introducen cuestiones concomitantes tanto a la recepción teórico-conceptual como a su elaboración filosófica, recogiendo además el problema de las fluctuaciones lexicales y de las influencias epocales, en el sentido desarrollado por Foucault, al contribuir a la construcción de nuevas categorías comprensivas.[101] En ese marco, la labor de traduc-

---

100 Cagnolati, 2010, p. 13-18.
101 Foucault, Michel, *Microfísica del poder*. Madrid, La Piqueta, 1992, pp. 128-129.

ción y difusión editorial realizada en nuestro país tuvo una relevancia fundamental puesto que posibilitó exhibir la estética y el pensamiento beauvoirianos a un vasto público de mujeres hispanohablantes.

Ahora bien, a las estrategias editoriales es preciso sumar las de los propios traductores. Un traductor trabaja siempre –como subraya Cagnolati– entre dos polos de tensión denominados por la teoría del polisistema, el polo de "adecuación al original" y el de "aceptabilidad en la lengua meta". El primero corresponde a la obra de la lengua fuente o lengua en el que está escrito el texto original, en el caso que nos ocupa, el francés. El segundo corresponde a la obra en lengua meta, es decir el castellano; para nosotros, claramente el castellano rioplatense. En este espacio de tensión surge lo que Gideon Toury (1995) denominó las normas según las cuales el resultado de la traducción va a tender hacia uno u otro polo. Según Jorge Luis Borges, esto implica no sólo dos maneras de traducir sino fundamentalmente dos formas opuestas de pensar la literatura: una manera romántica (más literal y solícita con el autor/a) y la otra, clásica (que busca la obra de arte y la perífrasis en la lengua de recepción).[102] Difícilmente, la traducción sea "un vidrio transparente" por utilizar la metáfora de Georges Mounin; la fluctuación depende de la elección del léxico y de ciertas estrategias discursivas en la traducción.

En la versión de Silvina Bullrich de *Memorias de una joven formal* editada por Sudamericana en 1967, por ejemplo, se encuentran estrategias diferentes según los distintos planos de traducción. En el plano lingüístico existen, por un lado, ciertos elementos de exotización: los topónimos y nombres de pila guardan su forma original en

---

102 Borges, Jorge Luis, *Textos recobrados* 1919-1930, Buenos Aires, Emecé, 1997, pp. 256-259.

francés (*Louise, Jacques, Blondine, Champs Elysées*) y las referencias culturales; específicamente los términos del ámbito académico, se calcan hacia el español ("oral del bachillerato", "el liceo", la "agregación").[103] Por otro, se aclimatan al español rioplatense adjetivos y sustantivos ("qué lindas pantorrillas...!", "son muy grandes para presentarse en esa facha"). En el plano discursivo, el uso de los pronombres, en especial el *usted* en el diálogo con amigos íntimos (por ejemplo, las cartas que se escribe Baeuvoir con Zaza, su amiga de la infancia), se ubica mucho más cerca del *vous* francés que de la utilización más cercana al polo de aceptabilidad del lector, que estaría dada por el *tú*.[104]

Cagnolati y su equipo observan la misma estrategia en *La mujer rota*. La obra aparece en traducción en 1968, nuevamente en la editorial Sudamericana, y reúne una serie de relatos, uno de los cuales contiene una narración homónima. La aparición castellana en Buenos Aires es inmediata a la publicación del original *La Femme rompue*, que reúne los relatos *L'Âge de discrétion* y *Monologue*, editados por Gallimard. En esa versión, los nombres propios no se traducen (por ejemplo, *André, Philippe, Irène, Manette, Martine, Jean-Pierre, Colette*) y numerosas referencias culturales permanecen en francés, en cursiva, como modo de señalar que se trata de palabras en un idioma extranjero. Así sucede con el nombre de negocios o de marcas (*Monoprix, Inno, La Truite d'Or*). Un caso curioso lo presenta la sigla PC (Partido Comunista), que el traductor de la obra ni traduce ni explica, en un claro implícito cultural,

---

103 Cagnolati, *et alii op.cit*, p.

104 Cagnolati, *et alii op.cit*, p. La versión revisada en España de *Memorias...* por José Sanjosé-Carbajosa y editada exactamente después de veinte años, aclimata el original al castellano de la península: así el *bebito* pasa a ser el *angelote;* el *departamento* se transforma en el *apartamento;* las *puertas ventanas* son *puertas de cristal;* los *bombones, caramelos;* el *ananá*, la *piña* y las *bufandas*, los *chales*.

anclado en la época. Sabemos que para las generaciones muy jóvenes PC remite simplemente a la "Personal Computer".

Poco después, a principio de los años 70 y, luego, en la década de los 80, nuevamente Sudamericana se destaca por la difusión de traducciones como *La vejez* (1970), *Final de cuentas* (1972) y *La fuerza de las cosas* (1973). Poco antes, se había traducido *Les belles images*, que se publicó también en la editorial Sudamericana en 1967 con el título *Hermosas imágenes*. La obra tuvo una nueva traducción en 1981, en España, bajo el título de *Las bellas imágenes*.[105]

Es imposible agotar en este breve análisis, todas las estrategias de traducción que se implementaron frente a ese desafío. Sencillamente, caben las siguientes consideraciones: en primer lugar, pensando la otredad del texto fuente y asimilando la protagonista con la escritora, Simone de Beauvoir se nos presenta con mayor o menor proximidad según la estrategia de traducción utilizada. En segundo lugar, sospechamos —a falta de un estudio exhaustivo sobre la cuestión— que la entrada de Beauvoir a nuestro campo literario, se erigió en un molde de escritura intimista, para una generación de escritoras femeninas y feministas, que renovaron el repertorio literario. Por último, se puede destacar que Beauvoir trascendió lo literario para insertarse en el sistema cultural receptor, en gran parte gracias al lugar privilegiado que se le dio a la actividad de traducción como introductora de nuevos temas, nuevas problemáticas y nuevos modelos escriturarios.

La recepción y la influencia de la obra de Simone de Beauvoir en la producción intelectual de un conjunto de mujeres ensayistas-literarias, en especial en Argentina, con proyección en toda América Latina y España, como Silvina Bullrich, María Rosa Oliver, Beatriz Guido,

---

105   Ferrero, (2010) *op.cit.* pp. 103-124.

Alejandra Pizarnik, Aurora Venturini, Martha Lynch, Sara Gallardo, entre otras, es notable. La producción literaria de la década del 60 y 70 da buena cuenta de ello. El impacto de sus novelas tanto como de *El segundo sexo,* su estilo fenomenológico, la minuciosidad de sus relatos y la agudeza de su mirada, fueron sumamente importantes para el campo intelectual hispanohablante, a pesar de las dificultades de su traducción y de la inevitable contaminación con el marco de la cultura receptora de su tiempo. Estas relecturas posibilitan nuevos ángulos de análisis, que ponen en evidencia una vez más la originalidad y el impacto renovados de su pensamiento. Beauvoir se insertó así en el sistema cultural receptor como modelo textual. Un buen ejemplo de ello es *Mis Memorias* (1980) de Silvina Bullrich o *Mundo, mi casa* (1965) de María Rosa Oliver, ambas escritoras y traductoras de Beauvoir.[106]

Tanto es así que durante los primeros años de la década de los 80, aún en tiempos de la dictadura militar (1976-1983), la editorial Sudamericana reeditó *La plenitud de la vida* (1980), con un notable impacto en la cultura nacional; y en el año 1983, la misma editorial publicó una traducción de *La cérémonie des adieux suivi d'Entretiens avec Jean-Paul Sartre (Aoû- septembre 1974),* con el título de *La ceremonia del adiós,* seguido de *Conversaciones con Jean-Paul Sartre, agosto-septiembre de 1974.*[107] En suma, la circulación de las obras de Simone de Beauvoir, su recepción local, en general, y entre el público feminista hispanoparlante, en particular, fue sumamente importante, al extremo de que incluso, Brasil registra la recepción de la obra beauvoiriana a partir de las traducciones argentinas.[108]

---

106 Smaldone, Mariana, "Las traducciones rioplatenses de *Le deuxième sexe* de Simone de Beauvoir: marcas de época en torno a la enunciación de identidades generizadas" en *Mutatis Mutandis,* n° 8. 2, 2015, pp. 394-416.

107 Cagnolati, *et alii* 2019.

108 Vieira Borges, Joana "Trajetórias e Leituras feministas no Brasil e na Argentina", tesis de doctorado, (Portaria n° 006/PPGH/2013), Centro de Filosofia e Ciências Humanas, Programa de Pós-Graduação em História. Universidade de Santa Catarina, Florianópolis, 19 de marzo de 2013.

Problemas en la traducción de *El segundo sexo*

Ahora bien, un análisis especial merece la traducción de *Le deuxième sexe,* que había publicado Gallimard en 1949, como ya señalamos. La obra aparece en las librerías porteñas en 1954, con el título *El segundo sexo* editada por Psique, y traducida por Pablo Tischkovsky Blant (1914-1975), más conocido como Pablo Palant. Palant era escritor de teatro y sobre todo guionista, a pesar de tener como formación de base una carrera de abogacía. Esta primera traducción permite comprender las influencias epocales del contexto de recepción.

Desde el punto de vista semántico, ya en el primer capítulo queda delimitada la problemática del ensayo, con una construcción que apela a una amplia variedad de vocablos evocadores del sexo-género femenino. De todos modos, además del significado de las palabras dentro del sistema y del sentido que éstas adquieren en su uso, la producción discursiva implica la aplicación de mecanismos gramaticales y sintácticos, como veremos seguidamente, que opacan la presencia de las mujeres.

Comentaré a continuación algunos ejemplos, siempre de *Le deuxième sexe,* sobre el uso de reglas gramaticales y sintácticas y su consecuencia en la visibilidad del género gramatical femenino.

a- Hommes et femmes

Constatamos en el primer capítulo la preferencia, por anteposición, del masculino en los casos de coordinación: *mâles et femelles/* machos y hembras (14 ocurrencias); *hommes et femmes/*hombres y mujeres (2 ocurrencias). En contraposición, el género femenino antepuesto al masculino se presenta en dos coordinaciones cuyo primer miembro es numéricamente mayor que el segundo:

il meurt 128 filles pour 100 garçons / mueren 128 niñas por cada 100 varones.[109] El uso de sustantivos epicenos, en francés y en castellano (*individu*-s/individuo-s; *sujet*/sujeto; *fœtus*/feto; *être-s humain-s*/ser-es humano-s), de genéricos (*homme-s*/hombre-s) y de invariables en francés *(un-des enfant-s)* cuya reexpresión en castellano fluctúa entre los genéricos niño-s/ hijo-s, marca la tendencia a oscurecer la presencia de las mujeres o las niñas.

En la edición en francés, y a modo de ejemplo, Beauvoir recurre a los vocablos *femme* y *femelle* y no parece casual que, al comienzo del primer capítulo de la obra, los defina y explique su diferencia, precisando el alcance de cada uno. Beauvoir se pregunta: "Qu´ est-ce qu´une *femme*? *Tota mulier in utero: c´est une matrice,* dit l´un" ("¿Qué es una *mujer*? *Tota mulier in utero:* es una matriz, dice uno" traducción de Pablo Palant) y poco más abajo agrega: "Tout le monde s´accorde à reconnaître qu´il y a Dans l´espèce humaine des *femelles*" ("Todo el mundo está de acuerdo en reconocer que en la especie humana hay hembras…" también en traducción de Palant)[110] En este pasaje inicial Beauvoir muestra el alcance semántico de *femme* y de *femelle*, centrándose en una distinción imprescindible para confrontar tanto con el "sentido común" misógino de la cita latina, como con la reelaboración de dicho "sentido común", que subyace a los discursos de diferentes disciplinas, como la biología. La distinción conceptual de Beauvoir tiene la finalidad de poner en evidencia que, así como lo que entendemos por "mujer" es producto de un entramado social determinado, también la idea de "varón" corresponde a una construcción cultural: "[…] masculin et féminin, apparaissent comme symétriques […] l´homme représente à la fois le positif et

---

109   Beauvoir, 1949, p. 77; trad. de Palant I, p. 61.
110   Versión francesa, p. 1. Traducción de Palant, p. 9.

le neutre au point qu'on dit en français "les hommes" por désigner le êtres humains, le sens singulier du mot "vir" s'étant assimité au sens general du mot "homo" (p. 14) que Palant traduce: "masculino y femenino aparecen como simétricos [...] el hombre representa a la vez lo positivo y lo neutro al punto de que en francés se dice "los hombres" para designar a los seres humanos, puesto que en el sentido singular de la palabra *vir* se ha asimilado al sentido general de la palabra *homo*". (p. 11) Beauvoir denuncia la clave de lo que da lugar a la "falacia nominal": un mismo término "homme" con dos significados: "hombre" como humanidad y "hombre" como varón. La falacia se produce por desplazamiento de un significado al otro: Cuando se redactó la *Declaración de los derechos del hombre y del ciudadano*, Condorcet entendió "hombre" en el sentido de "ser humano"; los *montagnards* en el sentido de "varones", como muy bien lo vio Olympes de Gouges, y rápidamente redactó su *Declaración de los Derechos de la mujer y de la ciudadana* (1793). Beauvoir, con su preciso señalamiento, parece hacerse cargo del problema, anticipando posibles interpretaciones incorrectas de la invocación del existencialismo "al hombre", es decir a la humanidad. En castellano, en cambio, en tanto existen los dos términos: "hombre" y "varón", es posible desmontar la falacia. Notablemente, el uso, la costumbre, pero sobre todo la influencia de lenguas extranjeras que carecen de esa distinción, inciden en nuestro uso ambivalente del término.

Precisamente, y volviendo al término "mujer", la distinción y la definición de los términos "mujer" (*la femme*) y "hembra" (*la femelle*), están en la línea con la perspectiva desnaturalizante que despliega. En el marco de su filosofía, como veremos más adelante, el cuerpo sexuado debe entenderse como "cuerpo sexuado tal como es vivido" o, en otras palabras, la experiencia del "cuerpo sexuado vivido" como la condición material de la existencia, es privada, propia, singular y no transmisible. Como sabemos, inciden también el color de la piel, la clase social, el lugar de nacimiento, entre otros, aspectos todos de la "situación", como veremos más adelante. En suma, Simone de Beauvoir "diseñó y describió un concepto que sólo más adelante, alrededor de los sesenta, el feminismo denominó "género", en términos de construcción cultural de la feminidad *sobre* el sexo-hembra, y de lo masculino *sobre* el sexo-macho". Sin embargo, no parece haber sido propio de la concepción beauvoriana del cuerpo, poder realizar esa distinción: el cuerpo se inscribe culturalmente, sin posibilidad de escindir, salvo analíticamente, ambos aspectos.[111]

Una atención especial merece la palabra *mère*/madre, ya que reúne sexo-hembra y género femenino, en tanto evoca la función de procreación animal *La mère expulse les ovules* (1949, I, p. 67) / "La madre expulsa los óvulos" (1954, I, p. 53), pero también guarda la responsabilidad y los mandatos sociales que pesan sobre la procreación. En este caso, los términos *femme* y *femelle*, logran en la reexpresión de "mujer" y "hembra", respectivamente, el efecto deseado por Beauvoir, ya que tienen virtualidades similares en ambas lenguas y sentidos análogos en ambos textos. Sin embargo, no siempre es así. Veamos.

b- Ruptura del binarismo

Cuando Beauvoir publica *Le deuxième sexe* y Pablo Palant lo traduce al castellano, el diccionario de lengua francesa *Larousse Classique Illustré. Nouveau Dictionnaire Encyclopédique* (1951) categoriza al

---

111   En mi libro: *Sobre sujeto y género, lecturas feministas de Beauvoir a Butler*, Buenos Aires, Catálogos, 2000; pp. 40-41; y también en "Simone de Beauvoir: hacer triunfar el reino de la libertad". *Oficios Terrestres, Revista de la FPCC*, UNLP, nº XIV.23, pp. 32-45, 2008.

vocablo *travesti* como adjetivo (*travesti-e*), con el significado de "travestido" o "disfrazado" adoptando la apariencia de otro sexo. Como sustantivo masculino que remite al traje de disfraz.[112] En cuanto al verbo *travestir*, su primera acepción está referida a "disfrazarse con el ropaje de otro sexo". Por ejemplo, un varón que se viste de mujer y, de manera figurada, remite a la idea de "imitación burlesca" como en la Comedia Nueva italiana, del siglo XVII. Pero también remite a la de equivocación o mala interpretación, por ejemplo, de un pensamiento. En ninguno de estos casos, las definiciones expresan la inversión de los rasgos sexuales entendidos como naturales desde un punto de vista biologicista. El pasaje en francés, se inicia con la noción de *homosexualité*, representada por una sucesión de expresiones —*femme dominatrice, elle, lui, ses possibilités féminines* [...], *la lesbienne*— para pasar a *la travestie étudiée par Stekel* como último eslabón de la cadena referencial.[113]

Palant elige la palabra "invertida" para dar cuenta de *travestie*,[114] elección compartida por García Puente en su traducción española de 1999. Ambos reformularon el participio pasado del verbo *travestir* en función del sustantivo femenino "invertida". Esta solución lingüístico-discursiva obedece, seguramente, a los referentes conceptuales de la época en que traduce Palant, que mantienen la influencia del higienismo.

Por su parte, la traducción española más reciente de Alicia Martorell (2011) propone "travestida",[115] palabra que ya figura

---

112 Cagnolati, 2015.

113 Beauvoir, *op.cit.* p. 230. Wilhelm Stekel (1868-1940) medico, psicoanalista, austríaco. Seguidor crítico de Freud, reformuló el concepto freudiano de "perversión sexual" por el de "parafilia", estudió el fetichismo sexual, el abuso y otras conductas sexuales poco fecuentes.

114 Beauvoir II, p. 182)

115 Beauvoir, *op.cit.* Trad. Martorell, 2011, p. 525.

en el *Diccionario de la Lengua Española*. Se incorpora así el sema "travesti" o "travestí" y como segunda acepción de "travestido-a", indicando que se trata de la persona "que se viste y se caracteriza como alguien del sexo contrario", mostrándose, de paso, la fuerte influencia cultural de los grupos LGBTTTIQ+. Es muy probable que en la época en que Beauvoir escribió *El segundo sexo*, los conceptos de *lesbienne* y de *travestie* no estuvieran aún diferenciados con precisión. Pero lo cierto es que, quizá intuitivamente, Beauvoir reconocía una diferencia entre ambos conceptos, desde el momento en que utilizó dos términos diferentes y no como sinónimos. Beauvoir analizó los argumentos de los estudios de su época sobre la mujer homosexual, que se refieren a su modo de "travestirse". Esto es, a la forma de vestirse, de asumir los gestos y los gustos masculinos, que emulan o copian ese modelo, aunque al mismo tiempo le reconocen rasgos femeninos.[116] Sea como fuere, en el término beauvoiriano *la travestie*, no hay una "inversión", como quiere la traducción de Palant, sino que, por el contrario, en sus contextos originales, el término se acerca al uso de Judith Butler, de "imitación burlesca" (*mock*) o, en el sentido en que más tarde entiende la "performatividad".[117] Como sostiene Cagnolati, en traductología, la relación entre traducción y género ha evolucionado desde un paradigma binario —mujeres y varones— a un paradigma caracterizado por la desestabilización de los términos, lo que dificulta una identificación primaria de alguien como femenino o masculino y pone el acento en la noción de actos discursivos contingentes.[118]

---

116   Beauvoir, 1949, II, 239 y ss.

117   Butler, Judith, "Performative Acts and Gender Constitution" en Case, S-E. (ed) *Performing feminism: Critical theory and theatre*, Baltimore, John Hopkins, 1990.

118   Cagnolati, 2010; 2015; 2019.

c- On ne naît pas femme, on le devient

Como sabemos, la formulación original de Beauvoir ha hecho correr ríos de tinta en el campo de los Estudios de Género, con la consiguiente proliferación de propuestas, más allá de las traducciones consagradas en castellano. Respecto de la afirmación *On ne naît pas femme, on le devient*[119] Palant la traduce "No se nace mujer: llega una a serlo" (1954, II, p.13). En cambio, tanto García Puente como Alicia Martorell adoptan "No se nace mujer: se llega a serlo". Incluso, a veces, se escucha "no se nace mujer, se deviene" transliterando el verbo francés. Esta versión es frecuente entre las personas allegadas a la filosofía, que ya han asimilado el verbo "devenir" de los textos clásicos, por ejemplo en Heráclito.

Ahora bien, uno de los problemas de su traducción radica en el pronombre indefinido francés *on* en función sujeto que encierra una inespecificidad referencial, que posibilita una serie de expresiones en castellano: ya sea la partícula impersonal "se" o los pronombres indefinidos, portadores de género gramatical, como "una" o "uno". Una amplia gama de recursos se combinan en las fórmulas de traducción más frecuentes aunque el pronombre indefinido francés *on* realiza la concordancia en masculino singular, aunque también admite variación, por silepsis, en femenino y plural. Otro tanto sucede con el borramiento del género gramatical, del pronombre francés *nous* en función sujeto, cuya concordancia está dada por el plural masculino.

Desde una óptica integradora (*ensembliste*), las expresiones y contenidos micro-estructurales sufren la tensión de otros niveles superiores, textuales y peritextuales. De este modo la traducción se convierte en una serie de toma de decisiones de quien traduce, mediada por su *ethos* y por el respeto a las normas.

---

119   Beauvoir, 1949, II, p. 6,

En suma... Beauvoir

Los casos analizados del original francés muestran que la novedad temática de Beauvoir no apela a recursos lingüístico-discursivos de ruptura, sino que se pliega a las reglas gramaticales y sintácticas clásicas imperantes en la cultura de aquel momento. Su obra se ubica así en una época en la que aún no se ha instalado el interés por eliminar las huellas sexistas del lenguaje ni tampoco por subvertir el lenguaje patriarcal, para reivindicar las ideas feministas, propuesta que comenzará a desarrollarse hacia la década de los setenta. Una conducta similar adopta la traducción de Palant, con lo cual acerca su producción al texto original.

Como nota al margen, en su lectura de Beauvoir, Judith Butler le adjudica un carácter esencialista a su obra, sobre la base de su peculiar interpretación de la frase "no se nace mujer, se llega a serlo", en el marco de su concepción de la *performance*.[120] Ahora bien, independientemente del disenso conceptual que obra entre ambas filósofas, ¿cuánto del desentendimiento de Butler depende de problemas de traducción? Dejamos abierta la pregunta y pasamos al capítulo cuatro.

---

120   Butler, *art.cit.* ; mi trabajo 2000; 2003.

Capítulo 4

Feminismo y existencialismo: Un método para las mujeres

Una filosofía

El feminismo de Beauvoir se inscribe dentro de los parámetros comprensivos de la Filosofía Existencialista, denominación que debemos Gabriel Marcel (Beauvoir, 1960:74-575). Se desarrolló en Francia a partir de finales de la década del treinta y hasta después del Mayo Francés, manifestándose como un movimiento amplio que superó los límites de una mera corriente filosófica (2008:32-45). Como se sabe, fueron sus miembros más conocidos Jean Paul Sartre, Maurice Merleau-Ponty, Albert Camus, Simone de Beauvoir y Boris Vian, pero también Karl Jaspers, Gabriel Marcel, entre otros. A simple vista, esto implica una pluralidad de posiciones, una fuerte interdependencia respecto de algunos supuestos teórico-filosóficos básicos compartidos y no pocas disidencias. En la línea atea, por ejemplo, se han subrayado las divergencias entre Sartre y Merleau-Ponty, pasando casi desapercibidos hasta tiempos muy recientes los disensos teóricos entre Jean Paul Sartre y la propia Simone de Beauvoir, habitualmente considerada acólita suya, tal como lo hace Judith Butler aún en la década de los ochenta del pasado siglo (1986). Como se sabe, las raíces del existencialismo se remontan al siglo XIX con la filosofía de Søren Kierkegaard.[121] Pero, sobre todo como filosofía de posguerra, el existencialismo acusa también la influencia de la fenomenología de Edmund Husserl, y recibe claramente herencia hegeliana y, por supuesto, marxista.

El concepto fundamental que debemos tener presente es ante todo el de "existencia", el ser humano no "es" sino que "existe". En ese punto, el existencialismo realiza una inversión en la relación entre esencia y existencia. Si la filosofía tradicional supone que el hombre guarda una esencia que lo constituye en tanto que tal, el existencialismo invierte esta fórmula y define al hombre como un existente. En otras palabras, el ser del hombre no se define por una esencia, que le antecede sino, por el contrario, la existencia huma-na, una vez transcurrida, determina su esencia. Es decir, aquello que responde a la pregunta socrática "qué es".

Por tanto, "existen" los seres humanos porque tienen "concien-cia de que son"; tienen "conciencia de sí", y tener conciencia de sí es garantía de su existencia. Una mesa, por ejemplo, no tiene con-ciencia de sí; entonces "es", y en la medida en que es, pertenece al reino de la inmediatez y no al ámbito de la conciencia. Esto hace que "la existencia preceda a la esencia". No hay ser humano en tér-minos de "esencia" *a priori*, sino que, por el contrario, la esencia se define a partir de la existencia y a partir de la libertad del hombre. Por eso, *el hombre es* fundamentalmente *libertad*. Es decir, en el

---

121   Nos extendemos en estas cuestiones en el capítulo 6 de Anzoátegui, Micaela, Bolla, Luisina y Femenías, María Luisa, *Antropología Filosófica (para no filósofos),* Buenos Aires, Waldhuter, 2016, pp. 216-247. Sobre Kierkegaard, ver Amorós, Celia, *Sören Kierkegaard o la subjetividad del caballero,* Barcelona, Anthropos, 1987.

existencialismo hay un rechazo total a los modelos deterministas: la libertad es libertad *de,* pero sobre todo, es libertad *para.*

Para Beauvoir, la libertad *para* se da siempre "en situación"; es decir, se trata de una libertad fáctica. La libertad se da pues en una *facticidad.* Que la existencia implique libertad en situación −facticidad− presupone que la conciencia siempre es "conciencia *de*". En otras palabras, la conciencia es "intencional"; siempre es "conciencia de algo". Por eso, el sujeto aparece como un absoluto, pero como un absoluto no sustancial; es decir, no sustantivo, inscribiéndose en la línea de la "desustantivación" del sujeto y de la potenciación de la acción: la praxis. La acción del sujeto supone un actuar constante directamente vinculado a la facticidad. El ser humano no puede no actuar, porque está "arrojado" al mundo. Está en una situación que no eligió, pero que es el punto de partida absoluto de todas sus posibilidades de elección y de asunción de las consecuencias de las que es responsable. Es decir, ese estar arrojados en el mundo como existentes, esa facticidad en el mundo pone al hombre frente a su libertad, pero en una situación determinada, que se convierte en el punto de partida −en el punto *absoluto* de partida− de todas sus elecciones posibles. Esto es así aunque ese punto de partida no haya sido elegido. Precisamente esa es la idea de "estar arrojado" y de "libertad para". Esa libertad de elegir implica que no se puede no elegir; porque aún no eligiendo, se elige no elegir. De ahí que la situación del ser humano sea paradojal: hay una suerte de encadenamiento a la facticidad de nuestra libertad.

El ser humano es abierto, inacabado, inconcluso, no sustantivo, irrealizado, fundamentalmente praxis, proyecto, futuro: obligatoriamente alguien que elige. Alguien que está forzado a elegir, porque esa es la situación de libertad radical de la que habla el existencialismo. Por lo general, los seres humanos reconocen su libertad a partir de sus imposturas. ¿Cuáles son?: Que la libertad es fáctica y no es metafísica, por lo tanto, como libertad fáctica que es, está siempre situada; no es absoluta, es precaria y debe sostenerse y construirse cotidianamente. Además, no es una libertad individual; no es una libertad interior. Es una libertad con los otros y es una construcción fuertemente política, en un sentido amplio del término. En tanto fáctica, tiene que ver con "los otros" y con la convivencia colectiva. Por eso, se la reconoce *a posteriori*; muchas veces cuando se la ha perdido o ha sido recortada. Porque en un cierto plano, se presenta como obvia, como lo que se tiene dado; pero se toma conciencia de ella cuando se restringe o se limita. Sus alteraciones son constantes de la facticidad de la libertad. Nuevamente, se plantea una situación paradojal: la libertad se afirma en su oscilación de aumento y disminución.

Un concepto que el existencialismo resignifica de manera interesante es el de "trascendencia". Su concepción de trascendencia no está en un plano inteligible, en un plano más allá de lo fáctico, sino que, por el contrario, se muestra en la cristalización de un proyecto. En la posibilidad de salida de la inmanencia, construyendo un proyecto con otros, porque siempre se es con otros. La praxis, la acción, como modo de desustantivar al sujeto, debe desustantivarlo también de su carga biológica, que se limita a la condición de posibilidad de su existencia.

Tanto esta última noción cuanto las previas, fueron intensamente examinadas por Simone de Beauvoir. Como veremos más adelante, para ella "la situación es algo más que la otra cara de la libertad" como en Sartre, aunque "no haya libertad sin situación ni situación sin libertad". La posibilidad de realización de la libertad depende, entonces, del conjunto de determinaciones que marcan la situación y sobre esta cuestión, como veremos, Beauvoir tuvo especial interés. Como acertadamente señala Teresa López Pardina, si bien la libertad sin más no tiene límites, las posibilidades concretas de ejercerla son finitas y pueden aumentar o disminuir desde fuera, en su facticidad por una situación dada. Con esta conceptualización, Beauvoir se aparta de los esencialismos al uso, pero también de Sartre.[122]

Por supuesto que acabamos de hacer una síntesis extrema, que deja fuera grandes cuestiones del existencialismo, pero aún así nos sirven como punto de apoyo para revisar los aportes de Beauvoir, tal y como veremos en los capítulos que siguen.

Un método para las mujeres

En 1983, María Lugones y Elizabeth Spealman anunciaban que tenían una teoría y un método para las mujeres, resultado de un diálogo, de un modo de "pensar juntas", de conectar los silencios con el proceso de hablar y escribir y de comprobar que las diferencias entre ambas no les permitían hablar en una única voz.[123] Incluso reconocían que expresaban sus acuerdos de modo diferente; a veces podían decir "nosotras", a veces aún acordando en que algo era así, por diferentes razones, no podían afirmar un "nosotras". Por eso, tanto podían escribir en primera persona del singular como del plural o, incluso, en tercera persona, ofreciendo tanto perspectivas internas cuanto externas a las problemáticas de

122 López Pardina (1998); *Simone de Beauvoir*, Madrid, Ediciones del Orto, 1999; "Simone de Beauvoir y Sartre: coincidencias y diferencias" *Jornadas en Homenaje a Simone de Beauvoir en el Cincuentenario del* Segundo Sexo, IIEGe (UBA), Buenos Aires, 1999.

123 Lugones, María Cristina y Spealman, Elizabeth, "Have We Got a Theory for You!: Feminist Theory, Cultural Imperialism, and the Demand for "The Woman's Voice" en *Women's Studies International Forum*, Vol. 6, No. 6, 1983.

las mujeres. Así, ponderan el uso de "dos voces" para la construcción de un *paper* que resulte sustantivo.

Hasta cierto punto, podríamos comparar esta descripción con las "dos voces" de Beauvoir y de Sartre, cuyo diálogo constante, a veces aproximó y otras distanció sus propuestas teóricas, enriqueciendo efectivamente sus propios intercambios conceptuales y los debates que mantuvieron con sus contemporáneos; incluso con sus disidentes.

En ese vaivén entre la unificación de sus voces y su distanciamiento, la obra de Simone de Beauvoir adquirió un perfil complejo, quizá más de lo que a primera vista suele inferirse. Comparte, como hemos dicho, con sus compañeros existencialistas temas, preocupaciones, militancia política y aspectos metodológicos generales, pero no es ni su seguidora ni su mera continuadora; tiene un perfil propio, y en algunos casos, tal como sucede con la cuestión del método, anticipa las reflexiones de Jean Paul Sartre y en parte de Engels, entre otros.

Ya hemos subrayado que *El segundo sexo* es una obra novedosa y totalizadora, que pone en juego categorías de análisis que le permiten preguntarse y responder sobre por qué la mitad de la humanidad se encuentra en situación de inferioridad y opresión.

Dada la extensión y riqueza de su obra, ahora examinaremos (brevemente) sólo tres cuestiones fundamentales. Nos detendremos primero, en este mismo capítulo, en el método progresivo-regresivo que Beauvoir implementó para iluminar la situación de la mujer. Luego, revisaremos su adopción y adaptación de la dialéctica hegeliana del amo y el siervo, para dar cuenta de la inferiorización histórica de las mujeres. Por último, en el capítulo 5, examinaremos la noción de "situación" tal como la concibe Beauvoir, distanciándose críticamente de la versión de Sartre.

El método regresivo-progresivo

Según Amorós, reconstruir la metodología de Simone de Beauvoir supone partir de los presupuestos del psicoanálisis existencial con los que, a su juicio, está íntimamente vinculado. Sin embargo, Beauvoir no explicita en detalle su método, razón por la cual Amorós se propone hacerlo a partir de su *"mise en oeuvre"*; es decir, de cómo lo implementa en sus propias obras.[124] Según Amorós, Beauvoir encuentra su método de análisis en la condición existencial de las mujeres, y de los ancianos respectivamente; esto es en *El segundo sexo* y en *La vejez*. En ambos casos, cabe comparar su concepto de "situación" con el de Jean Paul Sartre, tal como lo veremos con más detalle en el capítulo siguiente, para poner de manifiesto que el psicoanálisis existencial, si para Sartre lo es de individualidades, para Beauvoir, en cambio, lo es de colectividades.[125] Es decir, Beauvoir traduciría en el método su propia conceptualización de la "condición" –particularizada en las mujeres– como situación común excluida de un conjunto de libertades. Esa exposición de Beauvoir, de cara a la noción de libertad, aparece claramente planteada en su método "regresivo-progresivo", tal como lo menciona en *El segundo sexo*.[126]

Durante cierto tiempo, el método propuesto e implementado por Beauvoir no fue identificado como original y de su autoría. No resulta extraño, por las razones que ya han sido denunciadas; no se la veía como una par dialógica de Sartre, cuyos pensamiento e ideas podían influenciar y ser influenciados recíprocamente. Es decir, durante

---

124 Beauvoir *El segundo sexo,* p. 57 y sig; 133 y sig. (edición Palant)

125 Amorós, Celia "El método en Simone de Beauvoir: Método y psicoanálisis existencial". *Agora. Papeles de Filosofía,* n° 28.1, 2009, pp. 11-29

126 Encontramos la referencia al método en términos de progresivo-regresivo o de regresivo-progresivo. La segunda opción parece la más adecuada.

mucho tiempo no se comprendió el diálogo y las contribuciones recíprocas que cada uno realizó en la filosofía del otro, donde como decían Lugones y Spealman a veces podía decir "nosotros" y a veces sólo podían decir "yo". En el marco de una sociedad patriarcal, Sartre solía recibir todos los méritos por el desarrollo de los distintos conceptos, incluyendo el método progresivo-regresivo. Respecto de este, lo desarrolla plenamente en "Cuestiones de método", capítulo con el que inicia su *Crítica de la razón dialéctica* publicada en 1960. No obstante, se pueden detectar variaciones interesantes entre la concepción metodológica de uno y de la otra. Una vez más, cada uno mantuvo su autonomía filosófica.

Teresa López Pardina identificó, en los escasos renglones que Beauvoir le confiere a su método, la importancia que tenía y lo vinculó, como también lo hace Celia Amorós, al trabajo posterior de Sartre. Aunque, como lo establece Casale con claridad, es posible identificar entre ambas versiones –y a pesar de sus puntos de contacto– algunas diferencias vinculadas sobre todo a cómo entender la noción de "acontecimiento" y de "situación".[127] Desarrollemos estas cuestiones.

Ya en la Introducción de *El segundo sexo*, Beauvoir advierte que no es posible situar un momento histórico inicial en el que comenzó la situación de sujeción de las mujeres. Escéptica respecto del mito del "matriarcado originario" al que adhiere Johann Kakob Bachofen[128] y, en parte Engels, entre otros. Beauvoir considera que no sólo todas las sociedades conocidas son patriarcales, sino que el "matriarcado originario" es un "mito compensatorio" afín al del "paraíso perdido", que no distingue entre matrilinealidad y matrilocalidad,

---

127 Casale, Rolando "Algunas coincidencias entre Sartre y Beauvoir sobre el método progresivo-regresivo" en Cagnolati-Femenías, *op.cit.* , pp. 47-54.

128 Bachofen, Johann Kakob, *El matriarcado,* [1861] Madrid, Akal, 1987; Amorós, 1985, pp. 273-287.

como modalidades que no necesariamente implican poder político estructural. Por tanto, el patriarcado como estructura universal, le permite asimilar a la mujer al esquema hegeliano, según el cual, y tal como lo entiende Beauvoir, históricamente las mujeres funcionaron como un "segundo sexo", de ahí el título de su libro.[129] Occidente, en tanto se ha hecho cargo de la tradición judeo-cristiana que sostiene que el "primer" sexo "creado" fue el varón (Adán) y sólo luego se creó a la mujer (Eva), de su costilla, prioriza al primero y devalúa a la segunda. Tras analizar el trabajo de Engels,[130] Beauvoir considera que las explicaciones marxistas ortodoxas necesitan ser "desbordadas" en tanto la situación actual del ser humano y de la sociedad en general, exceden la mera explicación económica. En especial, para el caso de las mujeres, la subordinación del sexo femenino no puede explicarse −como hace Engels− sobre la base de la propiedad privada y *la gran derrota del sexo femenino*. Por tanto, para examinar cómo llegaron las mujeres a su situación actual, Beauvoir implementa un método que denomina progresivo-regresivo (o viceversa). Ahora bien, ¿en qué consiste?

En *Para qué la acción*, Beauvoir reconoce que todo acto es la superación de una determinada situación. En tanto tal, es indefinido: el futuro se escapa hacia el porvenir y no hay manera de asirlo positivamente, sino tan sólo proyectarlo como posibilidad. Esto significa que, para establecer el hecho o acontecimiento actual, hay que recorrer ese camino por la vía inversa, remontándose a un hipotético punto inicial, que Beauvoir explica apelando a la dialéctica hegeliana del amo y el siervo. Podemos adoptar para esta dialéctica, como hace Shulamith Firestone, la denominación

---

129 Mi *Itinerarios*, pp. 20-21.
130 Engels, F. *El origen de la propiedad privada, la familia y el Estado*, Madrid, Fundación Federico Engels, 2006.

de "dialéctica de los sexos". Ahora bien, el sentido del acontecimiento emerge en cuanto se lo pone en relación con las condiciones históricas relevantes de su aparición. La investigación de dichos factores corresponde a la primera parte del método: la *fase regresiva analítica*, que consiste en poner en evidencia aquellos componentes relevantes que, de un modo dialéctico y no como causa mecánica natural, posibilitaron el hecho en cuestión. Esta fase implica un análisis histórico-fenomenológico de las condiciones que hicieron posible la existencia de las mujeres tal como se presenta, en una cierta sociedad. La segunda fase, *progresiva-sintética*, es necesaria para la compresión del acontecimiento puesto en perspectiva. Dado que ningún hecho humano está determinado —sino condicionado— es preciso examinar las condiciones que le dieron origen y, además, como el hombre es ante todo apertura, también es preciso identificar las condiciones que le permitieron lanzarse hacia el futuro indeterminado y abierto a un abanico de posibilidades materiales. Ahora bien, como advierte Casale, sólo analíticamente es posible separar ambas fases.[131]

Para el caso específico de las mujeres, Beauvoir examinó cómo llegaron a su situación de subordinación e interiorización. Así, dedicó la primera parte de *El segundo sexo* a revisar lo que podríamos denominar "condiciones de inicio" de la subordinación, que las llevaron a esa situación. De ahí que se ocupe de la Biología, la Psicología, el Materialismo Histórico, la Antropología y la Historia. En efecto, con gran esfuerzo analítico, Beauvoir recupera una compleja red de escritos provenientes de disciplinas diversas para dar cuenta de cómo ese entramado discursivo confluyó en "mostrar" que la "esencia

---

131 Casale *art.cit.* em Cagnolati-Femenías, pp. 47-54.

femenina" carece de historia, tiene una subjetividad inferior, y no ha contribuido a "la Humanidad", más allá de la reproducción de la especie. Al mismo tiempo, Beauvoir encontró en cada época y civilización legislaciones que prohibían a las mujeres aquello que se suponía que no eran capaces de hacer, dadas sus incapacidades naturales: estudiar, trabajar, escribir, administrar... lo que le llama la atención porque no deja de ser contradictorio. Los breves períodos en los que las mujeres se destacaron, permiten a Beauvoir rechazar la hipótesis ilustrada de la linealidad progresiva de la historia, recuperando la dialéctica hegeliano-marxista y los escritos de Engels sobre el origen de la familia, la propiedad privada y el Estado. Distintos campos de creencias y de saberes –concluye de Beauvoir– confluyeron en un "eterno femenino", que no es más que un modelo normativo-represivo, cuyos presupuestos se deben examinar y desarticular. Todo ello presenta indicios estructurales condicionantes de la subordinación. Por su parte, la fase sintético-progresiva, que ocupa la tercera parte de la obra, se inicia con el título "Hacia la Liberación", donde se ofrecen estrategias para que las mujeres se liberen de su situación de inferioridad. Es importante señalar que Beauvoir examina en la primera fase, los factores que potencian la "opresión" de las mujeres. En esos casos, la alienación, la subordinación y/o la inferiorización es infligida, por tanto, forzada. Pero, al poner Beauvoir al servicio de las mujeres vías de análisis para la comprensión y el desmontaje de su propia situación de alienación, seguir aceptándola y no rebelarse contra ella, implica admitir, aceptar subsumirse en la inferioridad; eso supone consentimiento y, en consecuencia, responsabilidad en la propia situación de opresión, y hasta complicidad.

La dialéctica del amo y el siervo

El análisis de Beauvoir –como ya hemos dicho– de la situación de inferioridad de la mujer respecto del varón asume la forma de la dialéctica hegeliana del amo y el siervo.[132] En efecto, como Sartre y Merleau-Ponty, Beauvoir toma también de Hegel esa dupla dialéctica Uno-Otro, dándole un juego propio y original.[133] Su reescritura en clave feminista implica la sexualización de las conciencias, donde el Sujeto se constituye como tal a partir de la dialéctica *Mismo* y *Otro*. En suma, Beauvoir reconceptualiza la tensión siempre existente entre un sujeto que se constituye como tal frente a otro, donde sus referentes son siempre materiales. En esta lucha, que Hegel describe "a muerte", el varón se reconoce a sí mismo como "Sujeto absoluto esencial" quedando la mujer definida como su "Otra absoluta". El análisis beauvoiriano de los mitos ratifica esa exclusión de las mujeres de la cultura, limitándola ontológicamente a "el sexo", que se confirma en términos de "lo inesencial", tal como la describe Kierkegaard. La mujer queda definida así como Sexo-Naturaleza-Vida; lo Otro del sí mismo-varón. Como bien observa Beauvoir, la "lucha por el reconocimiento" que tiene lugar en el modelo hegeliano, para el caso de la dialéctica varón-mujer solo se afirma unilateralmente: las mujeres quedan limitadas a ser "reproductoras de la especie", y representan la conciencia esclava.[134]

El análisis de Beauvoir detecta que el varón, en tanto *homo faber*, se autodefine como quien encarna el carácter inventivo y

---

132 Hegel, G. W. G. [1807] *Fenomenología del Espíritu* (trad. de W. Roces). México, FCE, 2004. López Pardina, M.T. "El feminismo de Simone de Beauvoir", en Amorós, Celia, (Coordinadora) *Historia de la teoría feminista*, Madrid, Universidad Complutense, 1994.

133 Descombes, Vicent *Lo mismo y lo otro*, Madrid, Cátedra, 1979, p. 27 y sig.

134 Femenías, María Luisa, *Sobre Sujeto y Género: Lecturas feministas de Beauvoir a Butler* [2000], Rosario, Prohistoria, 2013, pp. 355.

productivo; por tanto trasciende la vida, y constituyendo el carácter imperialista de su conciencia, proclama las razones de vivir, y encarna la figura del creador del futuro.[135] La mujer, en cambio, asegura la repetición de la vida.[136] Así, *Mismo* y *Otro* guardan una relación asimétrica, según la cual la alienación de las mujeres se convierte en opresión. Esta asimetría no se produce sólo a nivel relacional en la pareja varón-mujer, donde el varón es la conciencia libre y la mujer la conciencia dependiente. A Beauvoir le interesa mostrar que hay además una asimetría legal, estructural, y cultural que limita significativamente las condiciones de la situación de las mujeres y por ende de su libertad. En definitiva, no es estructuralmente una igual, sino una *mediación* en las relaciones masculinas; un ser-para-el-varón. Por eso –posiblemente siguiendo a Stuart Mill–, aunque hipotéticamente una cierta pareja varón-mujer, se reconociera como recíprocamente iguales, habría igualmente una relación jerárquica entre ellos debido a la histórica estructuración jerárquica de la cultura y de la sociedad en general.[137] Por su parte, el varón es un ser-para-sí; se erige como auto-constitución masculina y, consiguientemente, heterodesigna a las mujeres:[138] es decir, las designa desde fuera, *como lo que son*, establece su estatus, las reifica y las confina a la inmanencia, convirtiéndolas en "objeto", "las cosifica". La contribución más interesante de Beauvoir

---

135 Heinämaa, S., *Toward a Phenomenology of Sexual Difference, Husserl, Merleau-Ponty, Beauvoir,* Lanham, Rowman y Littlefield editores, 2003.

136 Beauvoir, [1949], 2009, pp. 66

137 Beauvoir [1949], 2009: 135.

138 En el vocabulario de Beauvoir y sus contemporáneos (como en el Amorós, López Pardina, Fraisse y otras), "heterodesignar" significa "designar, definir o comandar" desde fuera del sujeto en cuestión, y se vincula a "obedecer". Su contrario es "autodesignar", definirse desde sí misma/o. La crítica postmoderna/postfundacionalista estadounidense connota, en cambio, "heterodesignar" como "heterosexualidad", generalmente en términos de mandato heterosexual, lo que ha dado lugar a no pocas confusiones conceptuales.

en este aspecto es que, al concluir que el carácter de *Otra absoluta* implica el haber devenido tal, sustrae a las mujeres del orden de la naturaleza, y las inscribe junto a los varones, en el orden de la cultura y de la historia; denunciar el tipo de relación asimétrica que se entabló ente ambos conjuntos sexuales, exhibe que se trata de un constructo cultural más. En consecuencia, analizable, desmontable, modificable y reversible. Eso muestra que se trata de un sistema contingente, cuya perdurabilidad depende de múltiples complicidades y falaces privilegios.[139]

Dialéctica de la "La opresión"

Quizá podríamos enfocar la misma cuestión desde un ángulo diferente:

> **A un hombre no se le ocurriría escribir un libro sobre la situación singular que ocupa el género masculino en la humanidad. Que sea hombre, es algo que va de suyo. Un hombre está en su derecho siendo un hombre, la mujer es quien tiene que justificarse [...] Él es el Sujeto, lo Absoluto; ella es lo Otro.**[140]

¿Qué significa ser "lo otro" del varón; del Uno, del Sujeto? ¿Y por qué su situación es estar en las sombras? En términos antropológicos, todas las comunidades definen a quienes pertenecen a comunidades diferentes como "lo Otro", donde esa alteridad se cumple de modo reversible. En cambio, el sexo femenino ocupa un lugar subalterno en la historia y en la estructura de la

---

139   Beauvoir, [1949] 2009:616).
140   Beauvoir, *op.cit.* T. I, pp. 15.

sociedad, constituyendo una alteridad que ha sido naturalizada. Confinada a las tareas de la maternidad, las labores domésticas o la agricultura se les restaron a las mujeres derechos y reconocimiento. En su análisis, Beauvoir, muestra cómo se limitó a las mujeres a tareas tendientes a la inmanencia, restándole valor a quien gesta (la mujer), respecto de quien arriesga la vida en la guerra, cubriéndose de medallas y honores, como agudamente había observado Virginia Woolf en *Tres Guineas*. Precisamente, esa falta de reciprocidad, la llevó a designar a la mujer como "lo Otro" del varón. De ahí que tomara de Hegel —como acabamos de ver— la conocida relación dialéctica del amo y el esclavo. Claramente, Beauvoir no es una exégeta de Hegel; como hace con tantas otras nociones, utiliza ese modelo para dar cuenta de lo que le interesa: la relación varón-Uno respecto de la mujer-Otra. Como lo señala López Pardina, Beauvoir piensa que las relaciones varón-mujer en la sociedad patriarcal son fenomenológicamente asimilables a las relaciones amo/esclavo de la dialéctica hegeliana de la autoconciencia, adaptándola por tanto a los problemas de sexo-género.[141]

La relación asimétrica varón-mujer (Uno-Otra), donde la libertad de la mujer se ve menguada por el afuera constitutivo, implica la tensión que experimenta la mujer de alienación-frustración frente al varón que la define como su posesión, constriñéndola a la inmanencia. En esta relación de reciprocidad asimétrica, el varón limita su libertad porque el poder está en sus manos. Ahora bien, en tanto no se trata de una relación de orden ontológico o esencial —como lo muestra Beauvoir— ese orden puede ser superado.

---

141   López Pardina, T. (1994) "El feminismo de Simone de Beauvoir", p.112. En: Amorós, C. (coord), (1994), *Historia de la teoría feminista*. Madrid, Editorial de la Universidad Complutense de Madrid, pp. 105-124.

Porque, en palabras de Sartre, para poder ser libre primero hay que poder imaginarse libre, el objetivo de Beauvoir es desmontar el aparataje conceptual y simbólico, consolidado en la sociedad, para exhibir alternativas de lo que considera "una utopía alcanzable": las mujeres deben saber que no son débiles, inferiores, incapaces u "Otras" por naturaleza o esencia. Deben imaginarse capaces de salir del lugar de "Otras" (inferiorizadas), en el que la tensión dialéctica –que llaman destino– las colocó para, en términos de de Beauvoir, modificar su situación y superarla.

Como ni oprimido/a ni opresor inventan la opresión, el problema es estructural y no individual. "La opresión" es una institución, y aunque la opresión de la mujer no es equiparable a la del esclavo (entre los esclavos también hay mujeres), ciertos aspectos puntuales permiten comprenderla mejor: la opresión siempre es inducida, inventada, producida y mantenida por quienes se benefician de ella. Como años más tarde, lo mostró, Iris Young, el beneficio puede ser económico, pero también simbólico y representacional, y además enmascararse de diversos modos, siendo el más frecuente el de la protección: te defino débil y frágil, para poder protegerte.[142] "La opresión" es, en definitiva, un hecho cultural y una relación de alienación que tradicionalmente la mujer ha aprendido-sufrido-padecido. Por tanto, en sentido estricto, no luchó por el reconocimiento; no arriesgó la vida en la lucha como el amo, ni perdió la lucha por el reconocimiento como el esclavo; se negó a hacerlo. Como señala Beauvoir, arriesgó la vida dando la vida y creció aceptando las reglas de su cultura. Quizá mu-

---

142 Young, Iris, "The Logic of Masculinist Protection: Reflections on the Current Security State" en *Signs*, 2003, vol. 29, no. 1, pp. 1-25. De la misma autora, "Las cinco caras de la opresión" en *La Justicia y la política de la diferencia*, Madrid, Cátedra, 1990, Cap. II.

chas han rehuido comprender su situación bajo ciertas figuras de la mala fe[143]: la narcisista, la enamorada y la mística, que no son figuras ético-ontológicas sino socio-culturales, que se generan por la opresión de un sexo sobre el otro y constituyen una injusticia infligida.[144]

Este núcleo teórico constituye una explicación filosófica que Beauvoir elaboró tanto en *El segundo sexo* como en sus trabajos literarios, constituyéndose en una suerte de discurso ficcional, una plataforma de divulgación de una tesis que resultó altamente pregnante. Sus textos literarios, accesibles a un público más amplio y, quizás, menos especializado, favorecieron que se cuestionaran y se desmantelaran los modos de representación y autorrepresentación patriarcales, oponiéndoles alternativas a través de nuevas estrategias retóricas, textuales y literarias, al tiempo que devolvían a las mujeres nuevas imágenes de sí mismas que las invitan a pensarse como sujetos libres, independientes y autónomos.[145] En ese sentido, son textos militantes y emancipatorios.

El análisis de Beauvoir muestra cómo la situación cosifica a las mujeres como "lo Otro", reduciendo su libertad y su trascendencia a la inmanencia; a lo inesencial, reafirmando las palabras de Kierkegaard de que, en las mujeres, "lo inesencial es lo esencial". En tanto la investigación de Beauvoir muestra que constituirse en "lo Otro" no implica una categoría ontológica, sino cultural, la reversión de la situación es posible y las mujeres deben hacerse cargo de ello.

---

143 La "mala fe" (mauvaise foi), construcción que Sartre comparte con Beauvoir, e implica la fuga, negación o enmascaramiento de la libertad absoluta, transfiriendo esa libertad a figuras justificatorias; esto implica un desplazamiento de la calidad de sujeto a la de objeto inerte e implica "autocosificarse".

144 *El segundo sexo,* tercera parte: Justificaciones.

145 Ferrero, *art. cit.* pp. 103-123.

Precisamente, el último apartado de *El segundo sexo*, "Hacia la liberación", en un verdadero acto de fe o de optimismo prospectivo, Beauvoir insta a las mujeres a alcanzar la victoria de la trascendencia, que antes sólo era patrimonio de los varones. Las alienta a construir y elegir su propio destino por sí mismas y asumir su realidad de seres libres, sin enmascaramientos.

Coincidencias en torno al acontecimiento

Retomemos la cuestión del método regresivo-progresivo. Tanto Beauvoir como Sartre y Merleau-Ponty concuerdan en que la sexualidad es una expresión de la existencia humana, ya sea hétero u homosexual. La explicación –inspirada en Hegel– que elabora Beauvoir lleva a un punto de inflexión: haber develado que estructuralmente los sexos se jerarquizan y que las mujeres están en situación de opresión, más allá de las relaciones singulares igualitarias que invoquen algunos varones y algunas mujeres. Además, de ello se siguen mandatos para la praxis de valores morales que involucran ambos sexos y a todas las opciones sexuales.

Ahora bien, el método que implementa Beauvoir constituye un modo de deconstruir, de esclarecer y de reconstruir la experiencia vivida desde una hermenéutica existencial. Dicho muy brevemente, Beauvoir reconoce que es imposible sustraerse a la trama del devenir, donde todo acontecimiento adquiere su significación. Por lo tanto, es necesario entender cada "situación" de forma diacrónica y sincrónica, haciendo necesario remontarse en el tiempo hacia el pasado, comprender cómo se estableció esa asimetría, cómo funciona y volcada hacia el presente analizar los acontecimientos actuales sincrónicamente.

Ya indicamos que el pensamiento de Simone de Beauvoir se configura en diálogo con el de Jean Paul Sartre. ¿Y el de Sartre?, se pregunta Casale.[146] Veamos respecto del método que la teórica establece en *El segundo sexo* cómo se articula con el que Sartre teorizó en la *Crítica de la razón dialéctica* (1960). A fin de ilustrar esta relación, vamos a sostener, con Casale, que ambos autores piensan al "acontecimiento" de manera semejante, aunque no así la "situación", como veremos en el capítulo próximo.

Pues bien, es claro que hay tal cosa como la sujeción de la mujer, y es claro también que cualquier forma de sujeción de un grupo por otro, tiene una historia y que esa historia puede ser reconstruida, de algún modo no sólo a nivel de las fuentes que revelan la información sobre el pasado, sino especialmente por la naturaleza misma del estado actual de las cosas. Ya vimos también el esfuerzo analítico de Beauvoir y su exitoso desplazamiento de la inscripción de las mujeres en la naturaleza a la cultura, desmontando conceptos esencializados y órdenes jerárquicos ontológicos. Ahora, la opresión de la mujer puede pensarse como un hecho, "como un acontecimiento que ha emergido como resultado de una larga serie de eventos que están focalizados en relegar a la mujer a lo Otro no esencial ante lo Uno esencial, que estaría representado por el varón".[147] Un acontecimiento permite establecer conexiones con otros acontecimientos, para darle inteligibilidad y vincularlo con otros eventos previos o posteriores. No obstante, ningún análisis revela el modo en que, en cada caso único e irrepetible, se ponen en juego todos los determinantes. Por eso, es necesario reconstruir la secuencia de eventos que inscriben el acontecimiento de la opresión.[148]

Para ello es necesario despejar los modos en que el acontecimiento, en su complejidad fáctica, se revela, cómo se materializa y

---

146   Casale, *op.cit.* p. 47.
147   Beauvoir, *Idem,* p. 18.
148   Casale *op.cit.* p. 49-50.

cómo la singularidad de la opresión, el análisis regresivo que puso en funcionamiento Beauvoir mostró una dimensión de la cadena de acontecimientos: la que nos trae hasta el presente, pero no lo hizo de manera completa (quizá eso no sea posible). Para registrar el acontecimiento en su forma más completa —sostiene Casale— es imprescindible circunscribirlo y localizarlo en perspectiva, como modo de superar el mero análisis conservando lo que ya ha proporcionado. Ahora bien, un acontecimiento es un hecho abierto, de múltiples posibilidades, de las cuáles sólo una es materialmente realizable.

Para Sartre es importante dejar en claro que, de la amplia gama de posibilidades de lo humano, y de la interrelación entre individuo y grupo, dado un acontecimiento en un cierto contexto, no se puede establecer otro, que le siga de una manera mecánica.[149] La complejidad de cada situación abre la posibilidad de múltiples sucesos. Además de sus obras filosóficas, así lo muestran sus novelas. Nada puede preverse mecánicamente; sólo la dimensión analítica-regresiva, puede establecer un cierto orden, una secuencia en los acontecimientos. Por tanto, cuando un acontecimiento tiene lugar, es imprescindible comprender el modo en que cada quien queda implicado en esa situación, tanto según las condiciones materiales, como del grupo y hasta del individuo. Es cierto que hay posibilidades de anticipación, pero tienen el sello de la indeterminación y de la incertidumbre: a futuro, el camino es de conjeturas a partir de un hecho inicial.[150]

La dimensión sintética progresiva afirma un suceso, producto de una dinámica propia que excede las condiciones que dieron

---

149   J. P. Sartre, *Crítica de la razón dialéctica*, Bs. As, Losada, 2004, p. 115.
150   *Idem*. Pp. 118-9.

lugar a su formación. Cada configuración es una estructura que tiene su propia legalidad y la síntesis muestra la particular composición que toma esa estructuración y el papel particular que juega en ella, y en cada uno de los sujetos que la integran. La forma en que se unirán los acontecimientos posteriores al presente está abierta, indeterminada y escapa a la necesidad ciega.[151] En palabras de Casale, "el futuro no está escrito, ni puede escribirse; es una construcción siempre abierta"[152]

Esto no quiere decir que no se puedan hacer conjeturas, establecer posibilidades, proyectar alternativas. Quiere decir que el futuro está abierto y puede surgir algo por completo imprevisto que altere el rumbo de los proyectos y de la vida.[153] El futuro está abierto y el azar tercia en él; el proyecto no realizado permite reconocer el significado del "acontecimiento" y conjeturar de algún modo sus contornos. Esto muestra que ni la fase de regresión ni la de progresión son momentos fijos del método. Funcionan, más bien, como un camino que pasa de uno al otro, aunque no quedemos reducidos a la ignorancia.[154]

Como mencionamos, en la tercera parte de *El segundo sexo*, "Hacia la liberación", Beauvoir se esforzó por hacer una síntesis y establecer el modo en que podrían derivarse acontecimientos a partir de la situación de opresión de la mujer. Sin embargo, se cuida muy bien de no hacer ni utopía, ni futurología. Como veremos, las múltiples caras de la opresión que sufre la mujer, pueden tornarse un acontecimiento de múltiples facetas. ¿Cuál de ellas se cristalizará en acción de cambio? Como lo advirtió López Pardina,

---

151   *Idem*. P. 128.
152   Casale, *op.cit.* p. 51.
153   *Idem*. p. 131 y ss.
154   Casale, *op.cit,* p. 51.

la segunda parte de *El Segundo Sexo* puede entenderse como la tarea de llevar adelante lo que posteriormente Sartre concibió como el aspecto sintético progresivo del método.[155]

Las conjeturas anticipatorias de las formas que puede asumir la opresión, permiten vislumbrar un proyecto superador a partir de aquellas opciones más aptas para consolidar el proyecto deseado. Ello, sin embargo, requiere de un mínimo de autonomía, en el sentido de que cuanto más restringida es la libertad de la situación, tanto más difícil será revertirla. No obstante, la mirada de Beauvoir es optimista; no hay determinación completa posible, no hay ley que no tenga algún punto de fuga; hay azar, no hay destino predeterminado. El modo en que cada mujer vive su opresión y/o la resignifica revela precisamente en carácter contingente de esa opresión. Volveremos sobre este asunto.

Para Beauvoir, entonces, como veremos, era imperioso reconocer las formas en que la opresión se materializa en toda su complejidad y, al mismo tiempo, en toda su singularidad: porque cada mujer singular es su *cuerpo vivido: un sexo vivido; una opresión vivida.* Porque, si bien el análisis regresivo muestra una de las caras del hecho, no la muestra de manera completa. En otras palabras, Beauvoir reconstruye cómo bajo aquellas condiciones, las mujeres viven ahora esta vida presente. Su interés es explicitar y comprender las mediaciones que dan lugar (hegelianamente) a lo concreto singular, actual. Es decir, le importa dar cuenta de las *instancias mediadoras* que han hecho posible *este* cierto estado de cosas. En base al comportamiento actual de las mujeres —en tanto resultado

---

155 López Pardina, "Simone de Beauvoir y Sartre: coincidencia y diferencias" Jornada de Homenaje a Simone de Beauvoir en el Cincuentenario de *El segundo sexo*, Buenos Aires, Facultad de Filosofía y Letras, UBA, 5 y 6 de agosto de 1999; Casale, *ibídem.*

de la experiencia vivida bajo ciertas condiciones–, Beauvoir intentó reconstruir cómo se llegó a este estado de las cosas. Para ello, desenmascaró los elementos ideológicos que fundan los hechos actuales.[156] En este sentido también, la segunda parte de *El segundo sexo* se puede entender como la tarea de llevar a cabo el aspecto sintético-progresivo del método.[157] Al poner de manifiesto las múltiples formas singulares que asume la situación de opresión, Beauvoir puede, al mismo tiempo, vislumbrar un proyecto superador. En efecto, cada situación ofrece infinitas opciones, porque –anticipándose a Foucault– sostiene que allí donde se presenta el acontecimiento de la opresión, se revela al mismo tiempo su punto de fuga. En otras palabras –según de Beauvoir– en el modo en que a cada mujer se le revela su opresión, se le revela también su carácter contingente y reversible. Este descubrimiento es un mérito indiscutible de Beauvoir; por eso, cada mujer juega un papel irremplazable en su situación. Despejarlo implicaría la auto-construcción de cierta autonomía, para hacerse cargo de que la situación nunca absorbe por completo ni al individuo ni al grupo. Por tanto, se puede construir autonomía a partir de ese resto de indeterminación contingente.[158]

En la introducción de *El Segundo Sexo*, Beauvoir alerta sobre la responsabilidad ética de cada mujer ante su situación, marcando una línea ética entre complicidad, consentimiento y rechazo. Precisamente el método que implementa, le permite recoger conclusiones parciales sólidamente apoyadas tanto en la revisión histórica que llevó a cabo, en el primer tomo de *El segundo sexo*, como en el minucioso análisis de los prejuicios culturales que aún

---

156 Femenías, *Itinerarios* p. 21.
157 López Pardina, 1994; Casale, 2010.
158 Beauvoir, *op.cit.* II. Chap. X. "Situation".

sobreviven en la educación de las niñas, con lo que inicia el segundo tomo. Como afirma López-Pardina, Beauvoir le brinda en sus escritos un justo espacio al método, pues, como acertadamente sostiene, éste vertebra toda la obra de la filósofa.[159]

Finalmente, como para todos los existencialistas y también para Beauvoir, cada sujeto tiene siempre un margen de maniobrabilidad; siempre tiene un resto que le permite instaurar nuevas leyes para invalidar, contrarrestar, reformar, rechazar o conservar la legalidad de una cierta opresión. Esto sin duda implica un posicionamiento ético que Beauvoir ya había explorado dos años antes en *Para una moral de la ambigüedad*, (1947), obra que veremos en el próximo capítulo.

---

159   López Pardina, *ibídem*.

Capítulo 5

Cuerpos en situación

Los cuerpos

¿Qué es el cuerpo para Beauvoir? ¿Cómo es? En principio, como para todo existencialista, no es una *cosa*, es fundamentalmente *una situación*; el cuerpo constituye "nuestra captación del mundo, el instrumento a través del cual captamos el mundo"; es el vehículo del ser-en-el-mundo y tener un cuerpo es, para un ser vivo, unirse a un medio definido, confundirse con ciertos proyectos y comprometerse con ellos continuamente. Para Beauvoir, el cuerpo es ante todo una *situación* sobre la que se han desarrollado mediaciones históricas que lo califican de "inferior" o de "superior"; de "imperfecto" o de "perfecto"; de "esclavo" o de "libre". Porque el cuerpo es un instrumento de captación del mundo, "El mundo se presenta de una forma diferente según sea aprehendido de una manera o de otra [...] desde un cuerpo de varón o desde un cuerpo de mujer".[160] Si bien Beauvoir enumera las diferencias entre varones y mujeres, comenzando por las anatómicas (que describe con toda la minuciosidad que la ciencia

---

160   *El segundo sexo,* p. 58.

de la época le permitía), no es ese el punto que le interesa subrayar. Por el contrario, pone el acento en que el cuerpo (sano, enfermo, mutilado, ante todo sexuado, etc.) constituye un elemento fundamental de la situación de cada quien, cuya respuesta a la relación con su situación no es mecánica ni está predeterminada.

Mucho se ha discutido sobre las influencias de Sartre y Merleau-Ponty en la concepción beauvoiriana del cuerpo, y en la influencia de la fenomenología husserliana en los desarrollos teóricos de los tres filósofos al respecto. Por un lado, Beauvoir parece rescatar de Merleau-Ponty su esfuerzo por explicar la corporeidad como una modalidad fundamental de ser-en-el-mundo y cómo él, introduce la distinción cuerpo-para-mí / cuerpo-para-otro.[161] Asimismo, retoma de Merleau-Ponty la afirmación "[d]el acontecimiento psicofísico", entendiendo el cerebro como el lugar de la "puesta en forma" que interviene y modula las relaciones del estímulo con el organismo, y de éste con la situación. De ahí que las respuestas de cada ser-en-el-mundo admiten una variabilidad no mecánica, un vaivén donde:

> La unión del *alma* y el cuerpo no está sellada por un decreto arbitrario entre dos términos externos el uno al otro; el uno objeto, el otro sujeto; sino que se cumple a cada instante en el movimiento de la existencia.[162]

Siguiendo a Heidegger, tanto Sartre como Merleau-Ponty, caracterizan al ser humano como un ser-en-el-mundo. En *L´ Être et*

---

161 López-Pardina, Teresa, "La concepción del cuerpo en Simone de Beauvoir en relación con Sartre y Merleau-Ponty" en *Mora*, n° 7, 2001, pp. 65-72; de la misma autora: "Perfiles del existencialismo de Beauvoir, una Filosofía emancipatoria y humanista" en Cagnolati & Femenías, *op.cit,* pp. 55-64.

162 Lopez Pardina, *art.cit,* 2001, p. 67, citando *La estructura del comportamiento* de Merleau-Ponty

le Neant, Sartre no logra superar ni dualismo ni el orden metafísico. Por tanto, Beauvoir sigue preferentemente a Merleau-Ponty, quien viene a colmar el hiato entre en-sí y para-sí, que se encuentra en el Sartre metafísico.[163] Es cierto que Merleau-Ponty sigue en muchos aspectos el existencialismo de Sartre, pero a diferencia de aquel elabora una fenomenología del ser humano como ser-en-el-mundo; es decir, como un ser implicado, sumergido, sin solución de continuidad con el mundo. Esto se prueba en su extenso estudio sobre la percepción en todas sus dimensiones y en su funcionamiento.[164] Donde otros filósofos presuponen la capacidad de actuar, de mover el cuerpo, de percibir, Merleau-Ponty se ocupa de la inteligibilidad de los cuerpos, de su movimiento, y de su comportamiento en el mundo. Este es un aspecto que recoge la filosofía de Beauvoir. Por lo tanto, la diferencia con respecto a Sartre está clara: la fenomenología de Merleau-Ponty es más fiel que la de Sartre a los planteamientos husserlianos –aunque menos original– ofrece una visión del ser humano mucho más unitaria. Aspecto que también retoma nuestra filósofa. Asimismo toma de Merleau-Ponty la idea de que la sexualidad no es una mezcla de representación, de reflejos, sino una intencionalidad: el cuerpo en situación sexuado expresa su existencia realizándola.[165] Otra afirmación merleaupontiana que recoge Beauvoir es que no hay tal cosa como un "cuerpo natural" o un "cuerpo-en-sí". Toda teoría del cuerpo es ya una teoría de la percepción.[166] En suma, como Merleau-Ponty, Beauvoir

---

163 Anzoátegui, M. Bolla, L. y Femenías, M.L. *Antropología filosófica (para no filósofos)*, Buenos Aires, Waldhuter, 2015, pp. 297-337.

164 Merleau-Ponty, Maurice, [1945] *Fenomenología de la percepción*, Barcelona, Planeta-Agostini, 1985,

165 Merleau-Ponty, *op.cit.*, Parte I.v, p, 171 y sig,

166 Merleau-Ponty, *op.cit.*, Parte II.1, pp. 219 y sig.

concibe al hombre –en términos genéricos– no como una especie "natural", sino como una "idea histórica".[167]

Esta afirmación que Beauvoir asume, la lleva a concluir que todos somos seres históricos, por tanto, no son las diferencias "naturales" las que pueden subordinar a las mujeres y jerarquizar a los varones. Los cuerpos se viven culturalmente. De ahí que las mediaciones simbólicas constituyan una restricción o una ampliación de la captación del mundo y de la libertad de cada ser humano, varón o mujer.[168] Es decir, el cuerpo no puede vivirse como un dato en bruto, sino por sus mediaciones culturales. Por tanto, distingue analíticamente entre naturaleza o biología, por un lado, y los modos en que las diferentes sociedades instrumentan "ese dato" generando la "esencialidad" de ciertos rasgos. Esto le permite afirmar (contra Freud) que "la naturaleza no es destino". En efecto, "nada en la naturaleza obliga a un orden social determinado", y menos aún si es discriminatorio; apelar a "esencias" es una de las formas de enmascaramiento de la responsabilidad de elegir oprimir y de aceptar-ser-oprimido/a. El orden social que confina a las mujeres a ciertos roles que describe como "naturales", es sólo un impedimento para el ejercicio de su libertad, de su proyecto, de su trascendencia.[169] Por eso, defiende la autonomía económica y la igualdad de Derechos como bases prioritarias para su emancipación. No obstante, Beauvoir tiene claro que la sola Ley no es suficiente: hay que cambiar costumbres ancestrales. Sostiene, por tanto, que "pueden existir diferencias (materiales) en la igualdad (formal)". Esto significa, entablar relaciones simétricas y recípro-

---

167 Beauvoir, *op.cit.* I, p. 73.

168 Beauvoir, *op.cit*, p.

169 Guadalupe dos Santos, Magda, "A ambigüidade ética da aventura humana em Simone de Beauvoir" en *Cuadernos de Filosofía*, F.F. y L (UBA), 52, 2009: 57-88.

cas entre varones y mujeres, incluyendo las del deseo, la posesión, el amor, la aventura, el proyecto, que para ella conservan todo su sentido.[170]

Volveremos más adelante sobre algunos de estos aspectos. En este orden de cosas, como subraya Amorós, lo biológico se redefine por lo cultural, afirmación que sin duda retomaron Mathieu, Guillaumin o Delphy, que años más tarde conformaron la corriente del Feminismo Materialista.

Para Beauvoir son los valores predominantes de cada cultura los que anteponen la guerra a los partos; o, en otras palabras, ponen los partos al servicio de las guerras, tal como históricamente lo han hecho la mayoría de las políticas demográficas desde la antigüedad hasta el presente. Beauvoir concluye así que, en el plano cultural y social, los cuerpos en situación de las mujeres ven coartada su libertad, su trascendencia, su posibilidad de constituirse en sujetos porque la situación restringe la libertad de las mujeres, *qua* seres humanos, más que la de los varones. En parte, a esto se refiere cuando afirma: "No se nace mujer, se llega a serlo".

La sexualidad

Ahora bien, ni podemos explicarnos los fenómenos perceptivos o la experiencia como una serie de procesos en tercera persona —como bien advirtió Merleau-Ponty—, ni podemos desconocer que la sexualidad impregna la corporalidad. La sexualidad no es un aparato reflejo autónomo, ni el objeto sexual es sólo un determinado órgano de placer, anatómicamente definido. En Merleau-Ponty, tal como lo asume Beauvoir, la sexualidad se entrelaza con la misma existencia; ni

---

170   Beauvoir, (1949), II: 508 ss.

es irreductible en el ser humano, ni es autónoma; está interiormente relacionada a todo el ser cognoscente y actuante en tres niveles de comportamiento: percepción, motricidad y representación, que exhiben una sola estructura de expresión en relación recíproca.[171]

En suma, la sexualidad es coextensiva a la existencia, y la existencia y sus manifestaciones son la expresión de todo nuestro cuerpo-psiquismo-sexualidad. Sólo analíticamente es posible separar con claridad y precisión estos aspectos del cuerpo humano, que somos. Un principio de indeterminación rige la existencia; esta indeterminación es precisamente la estructura fundamental del ser humano, y lejos de constituir una imperfección es la puerta abierta a la libertad. Para Merleau-Ponty, seguido por Beauvoir también en este aspecto, en palabras de López Pardina,

> [...] el azar se hace razón en tanto supone la recuperación de una situación de hecho. Llamaremos trascendencia a ese movimiento por el que la existencia retoma por su cuenta y transforma una situación de hecho.[172]

Más aún, la sexualidad —que no es trascendida ni figurada por representaciones inconscientes— está siempre presente en la vida "como una atmósfera que se muestra difundida en imágenes que no retienen de ella sino ciertas relaciones típicas; cierta fisonomía afectiva",[173] que involucra formas confusas, relaciones privilegiadas, y modos ambiguos. No obstante seguir las consideraciones de Merleau-Ponty en varios aspectos de su teoría, Beauvoir lamenta que en ningún momento sus descripciones fenomenológicas

---

171 López Pardina, *art. cit.*
172 López Pardina, *art. cit.*
173 López Pardina, *art. cit. Ibid.*, pág. 196.

tomen en consideración la diferencia sexual, como lo había advertido Husserl muchas décadas antes. Cuando Merleau-Ponty se refiere al "hombre" o a "los hombres", quizá inadvertidamente, usó el genérico para ambos sexos, pero al hacerlo, presupuso igual experiencia en varones que en mujeres; un filósofo de su talla –a juicio de Beauvoir– no podía cometer esa inconsistencia: la experiencia del cuerpo-mujer es diversa, propia y singular en al menos dos aspectos: la sexualidad y la maternidad, como veremos más adelante en este mismo capítulo.

Las conceptualizaciones de Beauvoir

El existencialismo de Beauvoir tiene, lógicamente, sus antecedentes en Kierkegaard, Husserl, Hegel, por un lado, y en Sartre y Merleau-Ponty, por otro. El debate se centra, entonces, en qué grado de influencia ejerció cada uno de esos filósofos en su propia concepción del cuerpo y de la sexualidad. Como, fiel a su carácter de ensayista, nunca explicó teóricamente sus conceptos, más bien los utilizó, las estudiosas se han empeñado en analizar sus obras a los efectos de dilucidar la mayor o menor influencia de las posiciones de sus colegas. Es decir que, prácticamente –como lo veremos con claridad con las nociones de "ambigüedad" o de "trabajo" en los capítulos siguientes– hay que "desentrañar su particular modo de hacer filosofía" analizando el significado y alcance de los conceptos filosóficos que pone en juego. Como vimos, respecto de "cuerpo", por ejemplo, podemos afirmar, con Heinämaa, que está más cerca de Merleau-Ponty que de Sartre.[174] Heinämaa considera además

---

174 Heinämaa, "¿Qué es ser mujer? Butler y Beauvoir sobre los fundamentos de la diferencia sexual" *Mora* n° 4. Octubre 1998, pp. 27-44.

que coincide con Merleau-Ponty en que el sujeto de la experiencia no es una conciencia separada del mundo, sino un cuerpo viviente que se desarrolla en el mundo con otros cuerpos, otros seres. De modo similar a que el sujeto sea un entrecruzamiento de actos intencionales previos y de la historia, tanto cultural como individual, se trata del trasfondo de nuestros actos originales. Por eso el sujeto no crea unos significados independientemente de otros, sino que, más bien los toma y los reelabora "como ritmos y melodías" ya conocidos. Siempre según Heinämaa, Beauvoir concuerda con Merleau-Ponty en que el cuerpo es ante todo un "cuerpo vivido", distanciándose así de Sartre y de su manera de entenderlo: la experiencia de un cuerpo viviente se desarrolla siempre en el mundo, con otros cuerpos, también en situación. Como ya adelantamos, la presencia en el mundo implica necesariamente una posición del cuerpo en situación que es, a la vez, una cosa *del* mundo y un punto de vista *sobre* el mundo. Para Heinämaa, en *El segundo sexo* Beauvoir ofrece una descripción fenomenológica de "ser mujer" sin pretender explicar la diversidad de los sexo-géneros, ni distinguir analíticamente entre "lo natural" y "lo cultural".[175]

En cambio, según López Pardina, la fenomenología de Beauvoir, si bien está más próxima a la de Hegel que a la de Husserl, se propone separar analíticamente lo natural de lo cultural.[176] Aunque, por mi parte considero que la fenomenología beauvoiriana responde más al estilo de Husserl, aunque esté volcada en el molde dialéctico de Hegel.

Como fuere, lo cierto es que para Beauvoir el cuerpo es también "nuestra captación del mundo; el instrumento a través del cual

---

175 Ver Heinämaa, artículo citado p. 33.
176 López Pardina, *art. cit.*

captamos el mundo".[177] Pero precisamente porque es un instrumento de captación del mundo, Beauvoir sostiene que "El mundo se presenta de una forma diferente según sea aprehendido de una manera o de otra". Esto significa, que difiere según se lo aprehenda desde un cuerpo de varón o de mujer. Precisamente, como Beauvoir tiene conciencia de que ni el cuerpo ni la sexualidad de varones y mujeres es igual, afirma que "por eso las hemos estudiado detenidamente".[178] Si hay ríos de tienta sobre la experiencia corporizada de los varones, esto no era así respecto de las mujeres, mayormente descriptas en tercera persona; Beauvoir suple, según sus posibilidades, esa carencia que involucra a la mitad de la especie.

Cuerpo-mujer

Las mujeres difieren de los varones por sus características anatómicas y funcionales; pero sobre todo por su "situación". Como hembras –sostiene Beauvoir– están más supeditadas a la especie que los machos, debido a la función reproductora, quedando alienadas por ésta.[179] También es más frágil –siempre según Beauvoir–, y vive más dramáticamente su destino. En el varón, la evolución funcional es lineal y su crecimiento regular, además su conexión histórica con la especie hace que se confunda con ésta. De ahí que entienda su deseo como el deseo de la especie y su vivencia como su trascendencia: su deseo es el coito; él *es* su cuerpo.[180]

En cambio, en la mujer su evolución funcional es mucho más compleja. Beauvoir detalla el funcionamiento de los cuerpos

---

177 *Le Deuxième Sexe*, I, pág. 70.
178 Ibid., pág. 70
179 *Le Deuxième Sexe*, Parte II, "Situación" Chap. VI. La mére, pp. 330-390.
180 *Le Deuxième Sexe*, I, ver pp. 74-75.

femeninos, hasta donde los desarrollos de la investigación biológica de su época le permite, en un esfuerzo extremo por dar cuenta de la especificidad del cuerpo de las mujeres.[181] No es necesario repetir aquí sus consideraciones, pero sí es preciso recordar que la niña y la joven toman conciencia de que son "sede de una historia que se desarrolla en ellas pero que no les concierne personalmente".[182] Esto hace que los datos biológicos sean de suma importancia, en tanto son "un elemento esencial de su situación".[183] Al mismo tiempo, experimentan que "el mundo" está organizado "en clave masculina" y que, como lo biológico se redefine por lo cultural, ahí hay que buscar valores y disvalores de los cuerpos.

Es decir, que lo biológico sea o no una desventaja / ventaja para las mujeres dependerá de los valores vigentes en cada cultura. El análisis que lleva a cabo Beauvoir en *Historia* (tomo I. Segunda Parte), incluye un cuidadoso recorrido por diversas civilizaciones y desemboca en nuestras culturas occidentales que, en mayor o menor medida, son patriarcales. La cultura patriarcal valora la producción, pero no la reproducción. No es, entonces, en sentido estricto, la biología la que coarta la libertad de las mujeres, impidiéndoles su trascendencia, sino las mediatizaciones culturales que devalúan esa biología. Para Beauvoir, a diferencia de Sartre y de Merleau-Ponty, *esa* biología (es decir, la valoración que se hace de ella) forma parte de la situación de las mujeres. Así planteado el tema, las mujeres quedan condicionadas por su cuerpo, en tanto cultural y socialmente construido. Esto remite nuevamente al "No se nace mujer, se llega a serlo". Afirmación que en Beauvoir carece de circularidad puesto que, como vimos en el capítulo sobre

---

181 *Le Deuxième Sexe*, I, ch. I; II. Partie I y II.
182 *Le Deuxième Sexe*, I, pág. 64.
183 Ibid., pág. 70.

la traducción, en el original francés la escritora utiliza dos términos diferentes, que bien podríamos traducir por "hembra" en clara referencia a la genitalidad de ese cuerpo, y "mujer" como el constructo cultural que somos.[184] Precisamente, ese complejo tejido socio-cultural en el que se inscriben las mujeres, y que Beauvoir denomina "situación", hace de ese cuerpo inferiorizado el instrumento de captación del mundo. Por eso, los cuerpos condicionan las maneras de aprehender el mundo. Sobre esas maneras se construyó, años más tarde, el concepto de "género", que Beauvoir no utiliza, ni necesita hacerlo en tanto trabaja con la noción de "cuerpo vivido", de "sexo vivido". En base a esa concepción, el tema de la sexualidad femenina merecería un capítulo aparte, tema poco explorado en primera persona en la época en que Beauvoir redactó su obra.[185] Tradicionalmente considerada pasiva o incluso carente de deseo, Beauvoir abre un espacio contestatario a, por ejemplo, las descripciones freudianas de la misma. Invierte el argumento de afirmaciones tales como "ella reconoce el hecho de su castración",[186] y argumenta que la sociedad en su totalidad no devuelve a las mujeres sino imágenes inferiorizadas de sí, carentes de todo aquello que los varones poseen. Autoinstituyéndose en "norma" o "patrón de medida", desde la antigüedad clásica en más, los varones nunca se describieron sino a partir de aquello que poseían. Por ejemplo, nunca se consideraron carentes de útero y de óvulos para producir un nuevo ser humano. Por el contrario, se

---

184 Collin, Françoise, "No se nace mujer y se nace mujer: las ambigüedades de Simone de Beauvoir" en Cagnolati-Femenías, *op.cit.*, p. 65-81.

185 Conviene destacar la obra *Adolescencia, sexo y cultura en Samoa* (1928) de la antropóloga Margaret Mead, quien discute contra Freud la universalidad de sus conclusiones psicoanalíticas.

186 Freud, S. *Sobre la sexualidad femenina*, Buenos Aires, Amorrotu, 1996. tomo XXI, pp. 223-244. La cita está en la pág. 231.

autoafirmaron en términos de "la humanidad", en una clara falacia *pars pro toto*, que recorre la historia, y que Beauvoir denuncia. Por tanto, como para Beauvoir el sexo es ante todo "cuerpo/sexo vivido", la sexualidad se construye en la experiencia y la detección de los mandatos y los valores sociales. La sexualidad se inicia –sostiene Beauvior, rechazando el mito del "infante asexuado"– desde la más tierna infancia, en un aprendizaje práctico que incluye preconceptos, prejuicios, mitos y mandatos culturales.[187] Por eso, la relación de los varones y de las mujeres con su propio cuerpo es profundamente diferente; en principio, porque distinta es la valoración que la sociedad tiene de los mismos. Tras la descripción de los cuerpos de ambos sexos, Beauvoir concluye: "El erotismo de la mujer es mucho más complejo y refleja la complejidad de la situación femenina en la sociedad". Es decir, no es un complejo-en-sí, sino inducido por la mirada compleja y hasta imprecisa que la sociedad occidental tiene sobre ella.[188] De manera similar, descompone la concepción de un supuesto masoquismo femenino, gracias al cual las mujeres se adaptarían a su *destino* en una fusión de erotismo y de dolor.[189]

No hay tal cosa como un destino del que la anatomía sea responsable. Por el contrario, son las condiciones en las que se desarrolla la vida sexual de las mujeres –del conjunto de su situación social, económica y educativa, es decir de su experiencia– que habilitan que encuentren o no placer, seguridad o dignidad frente al

---

187   *El segundo sexo,* tomo II, I. chap. III.

188   Beauvoir, *op.cit.* p. 116.

189   Beauvoir, *op.cit.* p. 145; Rodríguez Duran, Adriana, *Del masoquismo femenino ...o de un discurso masacrante.* (2014) en Repositorio de la FaHCE, UNLP, Disponible en: http://www.memoria.fahce.unlp.edu.ar/trab_eventos/ev.3374/ ev.3374.pdf ; de la misma autora: "Masoquismo femenino: ¿un mito en clave de entidad clínica?, en Femenías, M. L. (comp.) *Violencia cruzadas: miradas y perspectivas*, Rosario, Prohistora, 2015, pp. 139-157.

otro: una empresa difícil y llena de riesgos, dados los condicionamientos que pone la sociedad ante ellas y que le impiden vivir su sexualidad con plenitud.[190]

Otro de los estereotipos contra los que arremete Beauvoir es el de la representación de la lesbiana "con sombrero, cabello corto y corbata; mostrando su virilidad como una anomalía que traduce un desequilibrio hormonal".[191] De hecho, Beauvoir eligió como amantes algunas mujeres con las que se relacionó a lo largo de su vida. ¿Pueden considerarse también estos "amores contingentes" en los mismos términos que sus relaciones con Lanzman o con Algren? Como fuere, lo cierto es que consideró que había que descartar que toda *travestie* fuera un "varón oculto" bajo formas engañosas.[192] La mujer es un existente que hace su "objeto" de deseo en un cuerpo-mujer cuando, como sujeto, no se satisface con un cuerpo masculino o teme a su dominación. Es vano tratar de clasificarlas o de desacreditarlas,

> [...] ni es una perversión ni una maldición fatal; es una actitud elegida en situación, es decir, motivada y a la vez libremente adoptada. Ninguno de los factores que el sujeto asume a causa de su elección –condiciones fisiológicas, historia psicológica, circunstancias sociales– es determinante, pero todos contribuyen a explicarla. [...] Como todas las conductas humanas, arrastrará consigo comedias, desequilibrios,

---

190 Beauvoir *Op.cit,* p. 149.

191 Beauvoir *Op.cit,* Tomo II, segunda parte, cap. IV, p. 151.

192 Recuérdese lo dicho sobre la traducción de este término en el capítulo 3; por eso hemos preferido dejarlo en el francés del original. Levinton, *op.cit,* p. 92; Chaperon, Sylvie *"Simone de Beauvoir et la bisexualité"* " Perturbation, ma soeur ". *Actualité de la pensée beauvoirienne, Journée d'études interdisciplinaire. Université de Toulouse Jean Jaurès,* 20 novembre 2017

fracasos y mentiras o, por el contrario, será fuente de experiencias fecundas, según sea vivida de mala fe, perezosa e inauténticamente, o en lucidez, generosidad y libertad.[193]

Palabras con las que Beauvoir cierra un capítulo en el que se esfuerza por descomponer los consabidos prejuicios sociales entorno al tema y, sobre todo, se ocupa de denunciar cómo los mismos prejuicios se presentan muchas veces bajo el rubro de "conocimiento científico".

La maternidad

Algunas mujeres viven su feminidad como una maldición absoluta: desean o reciben a una hija con el placer amargo de reflejarse en otra víctima; al mismo tiempo, se sienten culpables de haberla traído al mundo: sus remordimientos, la lástima que sienten a través de su hija por ellas mismas se traduce en ansiedades infinitas.[194]

Con mirada psicoanalítica, Levinton analiza la posición de Beauvoir respecto de la maternidad a partir de sus memorias y entrevistas. Quién podría negar –se pregunta– que la maternidad implica "sacrificios y entrega". Sin embargo, parece descripta cruelmente; más bien descarnadamente, sin beneficio o retribución alguna. Las afirmaciones taxativas de Beauvoir supusieron un hito "en lo que actualmente se plantea cómo si es posible identificar un deseo maternal" discerniéndolo de los mandatos socio-culturales

---

193   Beauvoir *Op.cit,* p.153.
194   Citado en Levinton, *op.cit,* p. 93.

a las mujeres: "serás madre", "parirás con dolor", "cuidarás". Es imposible, escribe Beauvoir en *Una muerte muy dulce,*

> [...] que nadie diga "estoy sacrificándome" sin sentir amargura. Una de las contradicciones de mamá era que creía a pies juntillas en la nobleza de la devoción, si bien, al mismo tiempo tenía gustos, aversiones y deseos que eran demasiado poderosos para que ella no odiase cualquier cosa que se opusiera a ellos. Se rebelaba continuamente contra las obligaciones y las restricciones que ella misma se había infligido.[195]

No sabemos cuánto "por el mero placer de no obedecer"[196] hay en esta actitud de rechazo a la maternidad, que claramente involucra a su madre y a la formación católica que le trasmitió, lo cierto es que —y nos gustaría subrayarlo— la tajante distinción conceptual de la que partió entre el orden de la naturaleza y el de la cultura no le dejaba margen para otro tipo de elaboraciones, más sofisticadas sobre la maternidad, sobre todo en una época en la que distinguir entre mujer y madre era fundamental. Según Levinton lo entiende, Beauvoir no sucumbió al ideal maternal tradicionalmente constitutivo de la subjetividad femenina, y citando a Mabel Burín, considera que se sustrajo a la "lógica de la producción de sujetos regida por las leyes del intercambio afectivo estrecho y por la relación bipersonal íntima, exclusiva". Trabajo socialmente desvalorizado respecto de la producción de objetos. En ese sentido, concluye Levinton, Beauvoir no se reconoce como un instrumento

---

195   Citado por Levinton, *op.cit,* p. 94.
196   Beauvoir, Simone de, *Memorias de una joven formal.* Barcelona, Edhasa, 1989, pp. 22-23.

reproductor.[197] De alguna manera da cuenta del modo de sentir de una época en la que muchas mujeres vieron llegar demasiado tempranamente a la tumba a los hijos de sus desvelos, como inversión y proyecto de sus vidas. Claramente resuenan es sus palabras esos ecos, ofreciendo, como sostiene Levinton, "una profunda reflexión sobre la condición del sometimiento de tantas generaciones de mujeres a unas normas e ideales que las esclavizan"[198] condenándolas no solo a una profunda disociación entre sus deseos y la vida en la que están atrapadas, sino también a la sensación de haber contribuido a alimentar con el cadáver de sus hijos el monstruo de la guerra.

Ahora bien, llegadas nuestras consideraciones a este punto, resulta interesante entrecruzar los conceptos de "cuerpo" y de "situación" en Beauvoir con la identidad "naturalizada" de la mujer como madre. En sus análisis sobre "La Madre", Beauvoir se afana en separar ambos conceptos: si bien toda madre es mujer, su inversa no es una necesidad lógica, sino una elección de vida.[199]

Por un lado, ya vimos que Beauvoir consideró el embarazo como un servicio a la especie que, sin duda, cobra fisiológica, pero también psicológicamente, un alto precio a las mujeres. El parto es doloroso, la crianza una servidumbre agotadora, y el riesgo de muerte en el parto, una realidad que las mujeres enfrentan aún hoy. Esta tiranía de la especie es el argumento clásico esgrimido por feministas marxistas, entre ellas la propia Beauvoir, que afirma que las mujeres están en desventaja natural respecto de los varones a causa del embarazo, como lo veremos en Shulamith Firestone.

---

197   Levinton, *op.cit*, p. 94.
198   Levinton, *op.cit*, p. 87.
199   Beauvoir *Op.cit*, Tomo II, segunda parte, cap. VI

Este claro rechazo a la "maternidad obligatoria", acarreó un sin fin de debates y condenas, comenzando por las críticas de Antoinette Fouque, que bosquejaremos más adelante. Sylvianne Agacinski, por ejemplo, consideró que el rechazo de Beauvoir a la maternidad implicaba, en el fondo, una infravaloración implícita de lo femenino en sí mismo y, por consiguiente, el desconocimiento o negación de una de las vías más importantes de realización en la vida de las mujeres. Además de un deseo implícito de homologarse al sujeto masculino, ignorando "el erotismo de la maternidad".[200]

Por su parte, el repudio beauvoiriano a la maternidad también fue severamente criticado por Julia Kristeva, que la responsabilizó de ser la mentora intelectual del desprestigio de la maternidad como institución social. Esta visión, según Kristeva, alejó al movimiento feminista de sus bases; esto es, de las masas femeninas, porque no tiene en cuenta ni absorbe teóricamente la experiencia de la maternidad de las mujeres comunes. Aunque más tarde reconoció que la maternidad sustrae a las mujeres de su unidad, consideró de todos modos que la maternidad les daba la oportunidad de acceder a la eticidad. En efecto, hacia la década de los noventa, Kristeva tomó partido por una visión diferente de maternidad, según la cual ésta "sustrae a las mujeres de su unidad y les da la oportunidad —aunque no la certeza— de acceder a lo otro, es decir, a la ética".[201] En fin, donde Hegel negaba la eticidad a las mujeres

---

200 Agacinski, Sylviane, *Política de sexos*, Madrid, Taurus, 1998, pp. 51-76; de la misma filósofa "Iguales pero no mucho" en *Tres Puntos*, 29 de abril de 1999, pp. 56-59.

201 Ver "extrait une femme de son unicité et lui donne une chance -mais no une certitude- d' accès à l'autre, c'est-à-dire à l'èthique" (la traducción es nuestra). Rodgers, C. (1998) *Le Deuxième Sexe. Un héritage admiré et contesté*. Paris, L' Harmattan, p.190.

por permanecer atadas a la naturaleza, Kristeva se la restituye por vía de la maternidad.

Margaret Simons, por su parte, considera que el rechazo de Beauvoir a la maternidad constituye un hito fundamental en el desarrollo del feminismo, ya que además de denunciar la "enajenación carnal", el dolor y el peligro de muerte, desenmascaró la construcción social de la figura romántica de la "madre como olvido-de-sí", solícita y encubridora de los riesgos que la verdadera maternidad (según la carne) envuelve.[202]

En nuestro medio –donde como ya dijimos se leyó tempranamente *El segundo sexo*–, partiendo de una posición filosófica próxima al existencialismo cristiano, Lucía Piossek Prebisch realizó una interesante y enriquecedora lectura del tema.[203] En efecto, si la afirmación sartreana sostiene "Yo soy mi cuerpo", Piossek describe la experiencia de la maternidad, como "yo soy mi cuerpo, efectivamente; pero mi cuerpo no es mío [...] es la sede de *otro*", y está enajenado (en el sentido de Beauvoir), porque se ha tornado receptáculo y alimento material de otro. Lejos de considerar negativa esta experiencia, califica de "humildad ontológica" reconocer la situación histórica y fáctica de la maternidad que –según Piossek– no permite a las mujeres olvidar su sujeción a un "orden de la naturaleza con un ritmo compartido con otras regiones de la vida vegetal y animal". Es decir, aún habiendo elegido la maternidad, se produce un

---

202   Simons (1999) p. 75.

203   Piossek Prebisch, Lucía, "La mujer y la filosofía" (1973), reeditado en *De la trama de la experiencia* (Ensayos), Tucumán, 1994, p. 95-101; Femenías, María Luisa, "Lucía Piossek Prebisch" en (2019a), pp. 279-293. Lucía falleció el 17 de noviembre de 2020; Smaldone, Mariana, "Una tesis innovadora en la Argentina de los sesenta: Fenomenología de la maternidad: Diálogo con Lucía Piossek Prebisch" en *Mora* n° 19, 2013, pp. 127-136.

fenómeno especial según el cual un ser humano mujer reconoce que sus mejores reservas y energías se desplazan hacia los intereses de la especie; deja de ser un individuo para convertirse, al mismo tiempo, en albergue y custodia de otro. Emprendiendo una tarea de tipo beauvoriano, que la filósofa francesa no llevó a cabo, Piossek sostiene que una experiencia tal —nada desdeñable— conlleva el desafío de pensar filosóficamente cómo afecta al cuerpo ese "estar-para-otro", bajo un proceso que una vez iniciado excede la propia decisión como sujeto. Experiencia exclusiva, propia y única de las mujeres, que debe contribuir a la libertad de pensar a partir de la especificidad de su cuerpo como situación y peculiar captación del mundo. De hacerlo así, muy probablemente —continúa Piossek— la filosofía se alejaría de "la orgullosa afirmación masculina" de que la persona es, ante todo, *individuo* y *autodeterminación* constituyente. Anticipando un conjunto importante las tesis sostenidas mucho más tarde por las defensoras de la ética del cuidado, Piossek invitó a las mujeres a que, desde su situación, abrieran los espacios de su libertad y de su reflexión situada y corporizada.

Ahora bien, cualquiera sea la crítica que analicemos, su tenor o su coherencia argumentativa, llama profundamente la atención que aún se le dediquen tantas páginas a este ejercicio de libertad, según el cual Beauvoir toma una decisión significativa sobre su propio cuerpo y su propio proyecto de vida, e invita a otras mujeres a hacerlo también, rechazando tener los hijos que no desean.

Esto indica cuán afincada está todavía la *naturalidad* de la dupla mujer-madre. Entendemos entonces que Beauvoir rechaza la maternidad como mandato, como destino, como un hecho ineludible en la vida de las mujeres e invita a replantearla como elección, inscripta libremente en el propio proyecto. Sin embargo, anclada en sistemas sociales que creen en el instinto materno, en el deseo natural irrefrenable por la maternidad, o en la maternidad como culminación de la vida de las mujeres, elegir libremente lo contrario –como hizo Beauvoir– exige explicación, a riesgo de sospechas de *anormalidad* psicológica.

Por eso, como sostiene Zirelli, la polémica en torno de la maternidad requiere contextualización para evitar errores de apreciación, producto de lecturas extemporáneas.[204] Por eso también sugerimos que el rechazo de Beauvoir a la maternidad debe leerse desde un doble marco conceptual. Por un lado, el de la Francia de posguerra, caracterizada por intensas campañas antiabortivas y a favor de la concepción de nuevos ciudadanos y ciudadanas, en un proyecto matusiano de repoblación territorial. Por otro, la intención de Beauvoir, mediante una operación desnaturalizadora, de desmontar el complejo sistema semiótico y mítico según el cual el término "mujer" se homologa al de "madre". Ante esta "maternidad obligatoria", casi compulsiva e ideológicamente forzada, emanada de las políticas demográficas del Estado que procuraba incrementar una población diezmada por la guerra, Beauvoir reacciona en contra porque el cuerpo de las mujeres se presenta como un campo apto para la inscripción de la maternidad, entendida casi como un acto patriótico. Así, Beauvoir, por medio de una estrategia discursiva deconstructiva *avant la lettre*, descompone la falsa equivalencia mujer-madre, a los efectos de que la maternidad sea un proyecto electivo de las mujeres y no un mandato del destino a cumplir inexorablemente.

---

204   Para un análisis detallado de los puntos de vista de Beauvoir y de Kristeva sobre la maternidad, Linda M. G. Zerilli, "Un proceso sin sujeto: Simone de Beauvoir y Julia Kristeva, sobre la maternidad", en Tubert, Silvia (ed.) *Figuras de la madre*. Madrid, Cátedra, 1996, pp. 155-188.

La situación

Como sabemos, la noción de situación es fundamental tanto en la filosofía de Sartre y Merleau-Ponty como en la de Beauvoir; también es una de las nociones más discutidas entre ellos, según lo relata la misma de Beauvoir en sus *Memorias* (1950).

El examen de la noción de "situación" que realiza Beauvoir es sumamente interesante, en especial, como veremos, en *Phyrrus y Cineas* (1944). Beauvoir remite al *El ser y la nada* de Sartre, que había sido publicado un año antes, para justamente despegarse de esa conceptualización.

En tanto que para Sartre libertad y situación son como el anverso y el reverso de una sola realidad que es la existencia humana, para Beauvoir, en cambio, la situación favorece o desfavorece la libertad hasta el punto de que se pueden discriminar las situaciones según las posibilidades de su realización. Esta jerarquización de las situaciones "en términos de apertura o cierre" le impone una seria revisión de los resabios de idealismo sartreano, presentes en su teoría. En efecto, en *El ser y la nada* la situación aparece vinculada a la noción de libertad de modo tal que no hay libertad sino en situación y situación sino por la libertad. Para Sartre, la conciencia humana es una nada: un ser "que no es lo que es y es lo que no es". Por tanto, es pura libertad que se encarna en los proyectos y se define "en situación"; es el producto de la contingencia del "en-sí" y de la libertad, con lo que cada quien carga para realizarse como proyecto. En todos los casos, la libertad es absoluta; no hay situación privilegiada; no hay situación alguna en la que su peso asfixie la libertad que nos constituye *qua* humanos. Incluso el esclavo con sus cadenas es libre para romperlas si elige la rebelión.[205] Para

205   Sartre, 1943: 572.

Sartre, el sujeto se caracteriza por ser un permanente proyecto, siempre lanzado hacia el futuro, abierto a la trascendencia. Pero si el sujeto rechaza su libertad, recae en el en-sí y su libertad se torna mera facticidad. Sin condicionamientos sustantivos, sólo el proyecto fija nuevos límites hacia el futuro.

Según Beauvoir, en cambio, el sujeto preserva su autonomía respecto de sus fines sobre los que los otros no pueden incidir; pero su realización está condicionada por la factibilidad de su situación. Incluso hay situaciones en las que la libertad no puede ejercerse y constituye una mera "mitificación".[206] Según sus palabras, se enraíza la dupla libertad / situación en una base material en la que la presencia de los otros se deja sentir con todo el peso de lo social, lo político y lo económico. Para Beauvoir, la situación no se redefine por el proyecto –como en Sartre–, sino que, por el contrario, constituye el afuera de la libertad: son las posibilidades, mayores o menores, que se le ofrecen al sujeto para llevar a cabo sus proyectos. Es decir, para actuar como el ser libre que es *qua* humano.[207] La libertad constitutiva del ser humano, para Beauvoir no es absoluta como para Sartre; tampoco es metafísica: es fáctica. Porque, si nada en el sujeto es absoluto, tampoco lo es su libertad. Justamente los límites a su libertad se tornan singularmente ilustrativos en el caso de las mujeres. Beauvoir descubre que la reciprocidad entre las conciencias como forma auténtica de reconocimiento, falla en el caso de la relación varón/mujer debido a una asimetría histórica, que documentó minuciosamente. Por

---

206 López Pardina, Teresa, *Simone de Beauvoir: una filósofa del siglo XX,* Málaga, Instituto Andaluz de la Mujer, 1998, p. 47

207 Femenías, María Luisa y Herrera, María Marta "El desafío de seguir pensando a Beauvoir" en *Concordia (Internationale Zeitschrift für Philosophie-Revista Internacional de Filosofía),* Aachen-Paris- Avila, n° 54, 2008, pp. 57-77.

eso, para las mujeres, y en general, la libertad viene histórica y tradicionalmente recortada por la situación.[208]

El plano cultural y social, según Beauvoir, perfila la situación de las mujeres, ya desde la educación que reciben las niñas. La educación formal y la socialización en general, las alecciona para lograr que sean esos seres secundarios y sometidos, al servicio de los varones, que son en la adultez. Se trata de una educación que exalta la esbeltez corporal, la delgadez, la flexibilidad y el dinamismo del cuerpo, pero que convierte las menstruaciones, los embarazos y la lactancia en una desventaja. De la educación depende también la fijación de un conjunto de roles que la sociedad asigna a las mujeres en su edad adulta· casada, prostituta, madre, secretaria, enfermera, vendedora y tantos otros oficios que las ratifican en su condición de *Otras*. Por eso, "la situación son los otros", los demás, los que con sus acciones y actitudes facilitan o coartan el ejercicio de la libertad. Retomaremos este problema.[209]

La categoría de género

¿Usó Beauvoir la categoría de "género" en sus escritos, como sostienen algunas comentadoras estadounidenses? Si bien se la instituye como la primera en enunciar ese concepto clave de la teoría feminista posterior, no aparece en su obra ni una definición ni un uso técnico de la palabra "género" en el sentido (complejo, polémico e inestable) que se le ha dado posteriormente.[210] Con todo, hay acuerdo en que —como vimos— Beauvoir enunció (en clave

---

208   Femenías, María Luisa "Libertad y compromiso intelectual: a modo de cierre" en Cagnolati-Femenías, *op.cit*. pp. 133-142.

209   *Ibidem*.

210   Femenías, *Itinerarios*, 2019b pp. 14-17.

existencialista) que el sexo como un aspecto del cuerpo nunca es un dato bruto, sino por el contrario, se lo vive a través de la mediación de definiciones y simbolizaciones culturales.[211] Hay entonces una clara distinción entre la genitalidad biológica, y los modos en que las diferentes sociedades han entendido "ese dato", generando la oportuna "esencialidad" de ciertos rasgos a los fines de extraer los beneficios del caso. Beauvoir expresa esto claramente cuando sostiene con firmeza: "la naturaleza no es destino", invirtiendo la carga de la sentencia del maestro del psicoanálisis. En efecto, ya vimos que subraya que "nada en la naturaleza obliga a un orden social determinado": ni el sexo, ni el color de la piel, ni el lugar de nacimiento. Menos aún si es discriminatorio. Entonces, el orden social que confina a las mujeres a ciertos roles "naturales" no es legítimo; constituye un impedimento para el ejercicio de su libertad, de su proyecto, de su trascendencia y tiene como objetivo implícito confinarla a la inmanencia.

En síntesis, podemos concluir que las feministas estadounidenses que acuñaron la palabra "gender" para referirse a la construcción social de los sexos (probablemente hacia mediados de los setenta), tomaron de Beauvoir la concepción de que varones y mujeres son tales en un entramado social determinado, culturalmente construido. En ese sentido, Beauvoir diseñó y describió un concepto como "lo femenino" entrelazado con la cultura, la sociedad y la situación de las mujeres: la noción de "cuerpo/sexo vivido" da mejor cuenta de esa cuestión.

---

211   Amorós, *Tiempo de feminismo*, Madrid, Cátedra, 1997, p. 120.

Capítulo 6

Por una filosofía de
la ambigüedad

Hemos repetido a lo largo de estas páginas que el feminismo de Beauvoir se inscribe dentro de los parámetros comprensivos de la filosofía existencialista, denominación que debemos a Gabriel Marcel.[212] A simple vista, implicó –como también hemos dicho– una pluralidad de posiciones, una fuerte interdependencia respecto de algunos supuestos teórico-filosóficos básicos compartidos y no pocas disidencias.[213] En la línea atea, hemos señalado divergencias entre Sartre y Merleau-Ponty,[214] pasando casi desapercibidos para los comentadores hasta tiempos muy recientes los disensos teóricos entre Sartre y la propia Beauvoir, cuyos lectores de esa época no supieron reconocer en la originalidad de su obra.

Iris M. Young fue quizá una de las primeras que intentó explicar una teoría estructural de la dominación patriarcal, esbozada como

---

212   Beauvoir, 1960:74-575)

213   Una versión de este capítulo se publicó con el título de "Filosofía de la ambigüedad o el ambiguo lugar de las mujeres" en *Cadernos de Pagú*, n° 56, 2019, pp. 1-29.

214   Beauvoir, Simone de, "Merleau-Ponty et le pseudo-sartrisme" en *Privilèges*, Paris, Gallimard, 1955.

veremos por Kate Millett y Shulamith Firestone. En efecto, Young advirtió con agudeza que más allá del sistema de ideas, símbolos, modos de concienciación y variables singulares de mujeres y varones, era necesario indagar y explicar las maneras en que los varones concretos se apropian de los beneficios también concretos que obtienen de las mujeres de su entorno, ya sea de modo real, simbólico o supra-estructural.[215] La relación entre varones y mujeres letrados, poetas o plásticos no era una excepción, y el análisis de Young puso de manifiesto la densidad del problema. Independientemente de rasgos individuales de carácter psicológico, Young mostró cómo las diferencias jerárquicas entre varones y mujeres se mantienen en el tiempo, sostenidas por lo que denominó una "ideología metafísica", que acumula siglos de anisomorfismo valorativo a la hora de examinar los lugares que, entendidos como *naturales*, varones y mujeres ocupan en la sociedad, confirmando y profundizando análisis anticipados por la filósofa francesa.

Pasaron por lo menos dos décadas hasta que la obra de Simone de Beauvoir comenzó a agigantarse. Cuando la filosofía de Beauvoir empezó a investigarse por su propio peso, pudieron verse los singulares aportes de su pensamiento y la influencia conceptual recíproca que circuló entre Sartre y ella, como lo puso de manifiesto la exégesis que se inició en ocasión del cincuentenario de la publicación de *El segundo sexo* (1949). Como lo ha señalado Magda Guadalupe dos Santos, retomando a Michèlle Le Doeuff, el carácter especulativo del pensamiento de Beauvoir fue capaz de proponer nuevas formas discursivas, inscribiéndola —a pesar de su propia percepción de sí como escritora— como una verdadera filósofa. Sustentadora de valores y problemáticas propias, las

---

215   Young, [1983]:129-147 (1990).

cuestiones que instaló marcaron la segunda mitad del siglo XX bajo la figura de "filosofía de la ambigüedad".[216]

Para ilustrar esa propuesta beauvoiriana, analizaremos brevemente dos ensayos: *Pyrrhus et Cinéas*, escrito en 1944, y *Pour une morale de l'ambigüité* de 1947,[217] redactado dos años antes de la publicación de *El segundo sexo*, y poco años antes de la ruptura de la pareja Sartre-Beauvoir con el novelista de origen argelino Albert Camus (1913-1960) en 1952. Ambos ensayos responden a lo que su autora denominó su "período moral" (*période morale*) que se inicia en 1939, casi al comienzo de la Segunda Guerra Mundial, y culmina a finales de la década del 40. Durante ese período, ante la conmoción del nazismo, su interés se centró en la ética, preocupándose por dos problemas fundamentales, según declara en sus memorias.[218] Por un lado, los fines de la existencia humana y, por otro, las relaciones con los *otros* (o relaciones intersubjetivas), porque a su criterio, sobre ambas cuestiones gira la historia del ser humano. Beauvoir quiso mostrar que la libertad (*liberté*) es el único fin capaz de justificar las acciones de los hombres y el fundamento de todo valor particular de la existencia humana. Dado que los seres humanos estamos vinculados los unos a los otros de modo fundamental e interdependiente, todo proyecto es, ante todo —tanto en Sartre y Merleau-Ponty como en Beauvoir— un "proyecto con los otros". Es decir, como destino nos rige la interdependencia mutua y la responsabilidad moral en aras de la libertad de todos los hombres.[219]

---

216 Guadalupe dos Santos, 2009:57-88

217 Beauvoir, Simone, *Pour une morale de l'ambigüité*, Paris, Gallimard, 1947; que incluye "Pyrrhus et Cinéas" [1944], publicado en castellano de modo independiente como: *Para qué la acción*, Buenos Aires, Siglo Veinte, 1965.

218 Beauvoir, Simone de, *La force de l'âge*. Paris, Gallimard, 1960:574-576.

219 Beauvoir, 1960: 576, 638. Nótese cómo Butler resignifica estos conceptos con su noción de "convivencia" (en inglés *cohabitation*).

¿Para qué la acción?

En *¿Para qué la acción?* Beauvoir apela a un supuesto diálogo entre Pirro y Cineas —dos personajes de las *Vidas Paralelas* de Plutarco— para proponer una lectura existencialista sobre los fines de la vida. El primero es un conquistador ambicioso y el segundo, cauto y reflexivo, constantemente se pregunta: ¿Y después qué? ¿Para qué? ¿Por qué no descansar entonces, inmediatamente? ¿Para qué comenzar si hay que detenerse? A continuación, Beauvoir examina la filosofía de Hegel criticándole no reconocer el fracaso existencial de su fuga hacia la unidad sintética del Espíritu Absoluto. No es la primera vez que Beauvoir rechaza el punto de partida del Absoluto hegeliano a favor del existencialismo, que representa —a su juicio— "el paradigma filosófico-existencial del esfuerzo por *avoir à être*, gracias a cuyo fracaso se encuentra la auténtica afirmación de la existencia humana". En consecuencia, Beauvoir reemplaza la idea de "totalidad espiritual", con la que Hegel encubre la ambigüedad y el fracaso existenciales, por "la existencia misma", un punto arquímico que, en un sentido materialista, implica partir del aquí y el ahora de la existencia. En sus memorias leemos:

Este diálogo de *Pirro y Cineas* [*¿Para qué la acción?*] me recuerda al que se desarrolló desde mí misma para mí misma y que anoté en mi cuaderno íntimo el día que cumplí veinte años; en ambos casos una voz preguntaba: "¿Para qué?" En 1927, había denunciado la vanidad de las ocupaciones terrenales en nombre de lo absoluto y de la eternidad; en 1943, invocaba la historia universal contra la finitud de los proyectos singulares: siempre invitaba a la indiferencia y a la abstención. Hoy [1960] como ayer la respuesta es la misma: yo oponía la razón inerte, la nada, el todo, a la ineluctable evidencia de una *afirmación viviente.*[220]

Beauvoir pone profundamente en cuestión las acciones de los hombres; cada nueva acción nos arroja a una tarea nueva, y otra, y otra, sin descanso. Todo proyecto humano parece absurdo, inexistente cuando no se le asignan límites, y esos límites son siempre franqueables. Cabe preguntarse: ¿Por qué quedarme aquí? ¿Por qué ir más allá? ¿Por qué razón?"[221] La filosofía no vale sin esfuerzo –sostiene Beauvoir–, el ser humano tiene la posibilidad de superar sus propios límites y en esa superación siembra, lucha, conquista, desea, ama, aunque siempre haya un después. Por tanto, ¿hasta dónde irá el hombre con sus decisiones, con sus actos? ¿Para qué la acción? ¿No es el hombre acaso extranjero en el mundo? El ser humano puede establecer relaciones totalmente exteriores con los objetos, pero también puede extender su lugar sobre la tierra, dilatar su ser más allá de los límites de su cuerpo y de su memoria: puede trascender. Los objetos permanecen extraños a cada quien; pero al propio ser no se lo puede reconocer sino ahí donde hay compromiso. Este objeto (o cualquier otro) "me pertenece" externamente, porque lo único que en realidad me pertenece por completo es mi acto, porque es lo que yo soy. Por tanto, lo único realmente mío es precisamente "el cumplimiento de mi proyecto". Y ese proyecto, se hace en el mundo en un movimiento hacia el otro: un prójimo, una trascendencia. Un objeto se nos escapa; una fotografía coagula el instante; pero, porque –citando a Heidegger– "El hombre

---

220 Beauvoir, Simone de, *La force de l'âge*, Paris, Gallimard, 1960, pp. 456-457; traducida como *La plenitud de la vida*, cf. Bibliografía final.

221 Beauvoir, Simone de, *Una muerte muy dulce*, Buenos Aires, Sudamericana, 1965, p. 10 y sig.

es un ser de lejanías", sólo proyectando el instante al porvenir, se hace trascendencia. Así, "los únicos lazos seguros entre los hombres son aquellos que cada quien ha creado, trascendiéndose en un mundo común mediante proyectos comunes". Es decir, Beauvoir impugna la existencia *a priori* de una relación esencial entre un "Yo" y un "Otro", sobre la cual la conducta deba regularse en abstracto. De modo que, contrariamente a lo sugerido por Pirro, el fin del hombre no es el descanso, donde sólo caeríamos en el aburrimiento de la vida, sino que ese "volverse hacia los hombres" implica "encontrar en la propia humanidad ese fin absoluto que, en primer término, el hombre había buscado en el cielo".

¿Cómo debemos entender "humanidad", entonces? Beauvoir sostiene que la humanidad es "una serie discontinua de hombres libres, aislados irremediablemente por su subjetividad". Este aislamiento implica "momentos de una vida" porque "el tiempo no es progreso sino división", separación en tanto "nunca [...] puede actuar jamás para la humanidad entera y no se puede superar un proyecto sino realizándolo". En otras palabras, trascendiendo una trascendencia. Es interesante resaltar que, para Beauvoir, la vida del hombre no se presenta como un progreso lineal sino, por el contrario, como un ser de trascendencia; siempre se puede escapar hacia "más allá" que no es sino lo propio de la condición humana. Sólo *con* y *por* la condición humana se definen el bien y el mal, la palabra utilidad, el progreso, el miedo, y el sentido. Precisamente el sentido hace aparecer en el mundo el proyecto, los puntos de vista y los fines.

Ahora bien, el hombre no conoce nada fuera de sí mismo y no puede sino soñar lo humano, entonces: ¿a quién compararlo? ¿Qué hombre puede juzgar al hombre? ¿En nombre de quién hablaría?[222]

---

222   Beauvoir, Simone de, *Para qué la acción*, Buenos Aires, Siglo XX, 1965, pp. 71-73.

Beauvoir, como todos los existencialistas, define al hombre como "proyecto"; el proyecto de cada hombre en particular se une en la dimensión de su temporalidad con los otros proyectos particulares, y se arrojan al porvenir, adquiriendo unidad a partir de ese marco.[223]

La humanidad no tiene un fin prefijado; en cada una de sus sucesivas etapas conserva (*se conserve*) y se reviste de una forma más elevada (*une forme plus haute*). ¿Hay progreso? El devenir de la realidad creada por el proyecto particular no es algo impuesto desde afuera, sino que parte del devenir mismo del acto y de la realidad que se funda. En este sentido, cada proyecto se cumple verdaderamente en y a través de las transformaciones internas de la historia universal de la humanidad. Ahora bien, la propuesta de Beauvoir es que el hombre es proyecto, y que en su responsabilidad ante el proyecto reside su libertad. Lo que somos, lo somos sobre la base de "una situación de hecho", que hacemos nuestra y transformamos sin cesar por una especie de escape que, a diferencia de Sartre, como vimos, nunca es una libertad absoluta, incondicionada o metafísica, sino fáctica y reconoce limitaciones y posibilidades. El proyecto es exactamente, entonces, lo que quien lo hace decide que sea y tiene un sentido que no puede definirse desde afuera: "Cada hombre decide el lugar que ocupa en el mundo; pero es necesario que ocupe uno, jamás puede retirarse".[224] Porque hombre no se es sino eligiéndose mediante actos, y quien se rehúsa a elegir, se aniquila eligiendo no elegir: esa es la paradoja en la que estamos inscriptos: rehusar la acción es elegir aproximarse a la cosa. En otro texto, Beauvoir llega a sostener que incluso "El rico que acepta pasivamente sus privilegios no existe más que en el modo de ser de una

---

223   López Pardina, 1998: 44-45.
224   Beauvoir, *Idem.*, pp. 34.

cosa".[225] Esa es la paradoja de la condición humana: todo fin puede ser superado y, no obstante, el proyecto define al fin como tal. En otras palabras, para superar un fin es necesario, en primer término, haberlo proyectado como algo que no va a ser superado; para luego superarlo. Paradojalmente, el hombre no tiene otro modo de existir: "Un hombre no encuentra su lugar en la tierra sino transformándose para los otros hombres en un objeto dado; y todo lo dado está destinado a ser trascendido".[226] Más aún, sostiene Beauvoir, "Si pongo un hijo en el mundo, él será tal vez mañana un malhechor, un tirano; [pero] él es quién decidirá y cada uno de los hijos de esos hijos decidirá por sí".[227] Así pues, cada uno, cada yo, a solas consigo mismo, experimenta un vacío en su corazón "un hueco siempre futuro" y aun siendo alguien distinto de mí, "creo en su ser".[228] Yo que no soy nada, creo en su ser y en que él es también es otra cosa que un objeto: la infinitud de su existencia puede extender sin cesar el horizonte hacia el cual se arroja. Beauvoir, como Sartre, apela a un argumento por analogía, garantía débil de que el otro individuo siente, sufre, ama, *como* yo. Sin embargo, se apoya en este tipo de argumentos para objetar el solipsismo hedonista del Marqués de Sade, quien sostiene: "para mí no hay verdad más que la envuelta en mi experiencia, y la íntima presencia del otro, escapa radicalmente a ella, pues no me concierne y no puede dictarme ningún deber" y "No hay ninguna comparación posible entre lo que sienten los demás y lo que nosotros mismos sentimos".[229]

---

225 Beauvoir, Simone de *¿Hay que quemar a Sade?*[1955] Madrid, Mínimo Tránsito, 2000; p. 89.

226 Beauvoir, (1965) *Idem.*, pp. 51.

227 Beauvoir, (1965) *Idem.*, pp. 54-55.

228 Beauvoir, 2000, p. 95.

229 *Ibidem.*

Ahora bien, no hay en Beauvoir un optimismo hegeliano ni en la superación de la síntesis, ni en el hombre, que ni el cumplimiento del propio proyecto, se recuperará el devenir universal.[230] ¿Y después? Y después se verá. Férrea existencialista, Beauvoir argumenta nuevamente a favor de la libertad del hombre; un hombre que no puede jamás abdicar de su libertad porque cuando pretende renunciar a ella, no hace sino enmascararla, y la enmascara libremente para huir de la responsabilidad individual (como contracara de la libertad). Obedecer a dios, a un amo, al tirano, al padre, a la naturaleza, a unas órdenes, o a quien fuere, es sólo "elegir obedecer" respondiendo a un llamado que emana de la propia voluntad. Porque "el hombre no es sino eligiéndose y si se rehúsa a elegir, se aniquila" porque "el hombre no tiene otro modo de existir" que en tanto libertad y en tanto libertad debe hacerse cargo de ella.[231]

El Otro está radicalmente separado; es pura interioridad que me es escamoteada. No obstante, sabemos que no estamos solos en el mundo y que cada uno de nuestros actos crea una situación nueva a la que todos debemos responder, comunicándonos los unos con los otros, porque los otros sólo existen para mí cuando entran en relación conmigo. Uno frente a otro/a, esa es la situación. En suma, suspendida en un vacío, la humanidad sólo es libre para la acción trascendiendo toda trascendencia.[232]

La humanidad como fin de la existencia

Enmarcando al hombre en la fugacidad del acontecimiento, Sartre sostiene que "se define por su proyecto".[233] Este ser ma-

---

230 Beauvoir, (1965) *Idem.*, pp. 58-59.
231 *Idem*, p. 63.
232 *Idem,* p. 128.
233 Sartre, Jean Paul, *Critique de la raison dialectique*, Paris, Gallimard, 1960. Traducción, Buenos Aires, Losada, 1963, cito por esta edición.

terial supera perpetuamente su condición por su acción y por su gesto. Sin embargo, no debe confundirse "voluntad" con "proyecto". Mientras que la "voluntad" es una entidad abstracta, el "proyecto" es una *praxis* en "perpetua producción de sí mismo por el trabajo"; no es ni una necesidad ni una pasión, tampoco una voluntad, sino que

> [...] **nuestras necesidades, nuestras pasiones y nuestros pensamientos participan de esa estructura:** *siempre están fuera de ellos mismos hacia...* **Esto es lo que llamamos existencia, no entendiendo por ello una sustancia estable que descansa en sí misma, sino un perpetuo desequilibrio, un arrancamiento de sí de todo el cuerpo. [...] un impulso [...] que se proyecta a través de un campo de posibilidades, algunas de las cuales realizamos, excluyendo otras; también lo llamamos elección o libertad.**[234]

El ser humano, tanto para sí mismo como para los demás, es un ser significante y nunca se "puede comprender el menor de sus gestos sin superar el puro presente y explicarlo con el porvenir". Por eso, el sentido de la comprensión es simultáneamente progresivo (hacia el mundo objetivo) y regresivo (elevándome a la condición original) (v.I:121). Ahora bien, estamos en un mundo con otros y nuestra comprensión de esos otros nunca es contemplativa, por el contrario, implica convivencia, relaciones concretas y humanas, *praxis* y hechos colectivos. ¿Qué puede haber de más exacto y riguroso que estudiar al hombre, *reconocerlo en sus propiedades humanas*, inspeccionando el campo social de relaciones, de estructuras,

---

234 *Idem.*, p. 119, subrayado en el original.

de empresas humanas con otros hombres reales, las acciones, y las instituciones que tienen lugar *según esta relación*? (subrayado en el original, v. I:123). Si el método a emplear debe ser dar cuenta de la "razón dialéctica", se la debe aprehender allí donde se "deje ver", apartándose de los dogmatismos. (v. I: 166-167)

Leídas detenidamente las palabras de Sartre tienen un fuerte eco beauvoiriano, al menos tal como las había presentado años antes en *¿Para qué la acción?* Beauvoir propone que fijemos primero la mirada en cada uno de nosotros para analizarnos, definirnos, conocernos y asumir nuestra propia libertad comprometida con el mundo; una libertad que se hace con conductas y acciones que responden a preguntas en primera persona como: ¿Qué hacer? ¿Qué creer?[235] También en *Para una moral de la ambigüedad* emprende Beauvoir el estudio de la libertad de los individuos y cómo entenderla, siempre subrayando la importancia de la responsabilidad individual. Nuevamente, años más tarde retomando una sentencia de Sade –"En una sociedad criminal, es necesario ser criminal"– Beauvoir niega validez a la afirmación del pensador libertino y, partiendo de sus propias palabras, en nombre del individuo, elabora una firme crítica: No estamos solos en el mundo y "pues[to que] el individuo es completamente real, el crimen lo ultraja realmente".[236] No hay, pues, descargos a la libertad/responsabilidad de elegir: toda "obediencia" no es más que una fuga de la libertad de "elegir obedecer" y hay que hacerse cargo de ello. No obstante, sobre todo en *El segundo sexo*, Beauvoir indaga los matices que marcan cada elección-situación. Porque toda acción

---

235   Beauvoir, 1956, p. 47.
236   Beauvoir, 2000, p. 95.

está doblemente limitada por la situación y por el modo en que se la lee. Es ahí dónde yace la ambigüedad.

¿Moral, cuerpos y escritura en la ambigüedad?

Este subtítulo invita a considerar dos cuestiones: por un lado "la ambigüedad"; y, por otro, la relación entre los cuerpos, cómo los describimos-inscribimos y la moral. ¿Qué es la ambigüedad? ¿Una expresión, un hecho, una palabra? Su raíz etimológica latina es *ambiguus*, que significa "aquello que no tienen un sentido o un significado único y que por tanto puede interpretarse de diferentes maneras, que pueden generar confusión o indeterminación"[237] En sus novelas, Beauvoir da buena cuenta de la ambigüedad de las situaciones, de las palabras y de los comportamientos de personas y de personajes. Sartre también. Ahora bien, ¿Adjetivos, sustantivos, acciones ambiguas? ¿Morales ambiguas? ¿Cómo entenderlos? ¿Cómo despejar equívocos? ¿Cómo precisar sentidos? ¿Cómo establecer la ambigüedad de los cuerpos y de la moral?

Beauvoir considera el develamiento del ser como una dimensión del ser humano que convierte el *vano deseo de ser* (la "pasión inútil" como la había denominado Sartre), en una *asunción de la existencia*. Según relata Teresa López Pardina, en febrero de 1945, Beauvoir le comentó a Misrahi, discípulo de Sartre, que se podía fundar una moral si se convertía el "vano deseo de ser en una asunción de la existencia". Misrahi la animó a escribirlo, y así se gestó el ensayo *Para una moral de la ambigüedad*.[238] Beauvoir apela a la noción de ambigüedad remitiendo a la situación del

---

237 Corominas, Joan, *Breve Diccionario Etimológico*, Madrid, Gredos, 1998.

238 López Pardina, 2013. Nótese que siempre la originalidad de la mirada de Beauvoir aparece en los relatos tamizada por la sugerencia de un varón.

hombre-en-el-mundo. Merleau-Ponty reconoció que el hombre era un *être-au-monde*, y se opuso al intelectualismo racionalista sin renunciar a una filosofía del sujeto de raigambre husserliana.[239] Eso lo llevó a atribuir a la noción de *cogito* cartesiano una ambigüedad que se corresponde con una doble y simultánea consideración. Por un lado, pertenecer al mundo y, por otro, distinguirse de él. Es cierto que tenemos conciencia de nuestro cuerpo en el mundo, como en el Sartre del *cogito* pre-reflexivo, y que *mi cuerpo* es el centro del mundo, alrededor del que todo objeto gira, porque, en cierto sentido, "mi cuerpo es el quicio del mundo".[240] La paradoja aparece porque Merleau-Ponty adopta una posición anti-idealista y, al mismo tiempo, mantiene su punto de vista fenomenológico.

Sin embargo, contrariamente a Descartes, "el yo que piensa y que quiere" no es para Merleau-Ponty distinto del propio cuerpo. Por eso, ni él ni Beauvoir pueden considerar al cuerpo como un objeto más en el mundo: *mi cuerpo* es el medio de mi comunicación con todos los objetos del mundo; es el horizonte de *mi experiencia*. Beauvoir retoma de Merleau-Ponty la noción de conciencia de nuestros cuerpos, no como objetos, sino como experiencia pre-objetiva del cuerpo.[241] Es decir, que la conciencia-que-tengo-del-cuerpo equivale al cuerpo-que-se-hace-consciente de un modo prerreflexivo. Si el cuerpo es la cosa del "yo pienso" en Descartes, para Merleau-Ponty como para Beauvoir, "Yo soy mi cuerpo". Y, como subraya Beauvoir, "mi cuerpo" es un cuerpo sexuado, con marcas diferenciales.[242] En un sentido, "mi cuerpo" es aquello que

---

239 Álvarez González, Eduardo, "La ambigüedad de la existencia en Merlau Ponty"!, *Estudios filosóficos*, 43, 2011, pp.149-177

240 Merleau-Ponty.

241 *Idem* p. 165

242 Beauvoir, *El segundo sexo*, 1954, p. 20.

precede mi distinción entre sujeto y objeto y un sistema sinérgico cuyas funciones se recogen y se vinculan en el movimiento general del *être-au-monde* como figura estable de la existencia.[243]

De modo que la conciencia es, más bien, un tejido de intencionalidades. El sujeto que piensa es el mismo que el que siente y que el que experimenta (o vivencia) el mundo a través de su cuerpo. La vida de la conciencia es una totalidad que proyecta intencionalmente la situación en la que nos hallamos alrededor de nosotros como un acto intencional. Es decir, *se vive* la unidad del sujeto y la unidad intersensorial de la cosa; no se los piensa. Por eso, por un lado, *mi cuerpo-yo* determina la textura de los objetos y les da sentido; pero, por otro, permanece como una alteridad efectiva. Sin embargo, lo dado ni es la cosa ni es la idea sino la experiencia de la cosa, cuya percepción es, antes que nada, una vivencia que no rompe mi vivencia primordial de que hay un mundo anterior a toda mi experiencia concreta. "Así, pues, yo soy mi cuerpo, al menos en la medida en que tengo uno, y, recíprocamente, mi cuerpo es como un sujeto natural, como un esbozo provisional de mi ser total".[244]

En *Para una moral de la ambigüedad,* Beauvoir plantea una serie de aporías vinculadas al cuerpo, al yo, y a la situación, que retoma en todas sus obras subsiguientes. Sobre todo en *El segundo sexo*, pero también, como muchos críticos lo han advertido, en su obra literaria, Beauvoir ilustra algunas de estas nociones que elaboró teóricamente. Eso sucede con la "mala fe", por ejemplo, en el caso de las mujeres que son víctimas-cómplices de su sometimiento. Contrariamente, cuando la opresión es infligida, es

---

243 La distinción castellana entre "ser" y "estar" dificulta la traducción y el sentido de la afirmación.

244 Beauvoir, *Ibidem*; López Pardina, *art.cit.* 2009, p.102: Merleau-Ponty, *op.cit*, 1985, pp. 165; 171-189.

decir, cuando ese sometimiento no es consentido pero sí padecido, y especialmente, en la libertad, la situación y la ambigüedad de la situación. En su obra literaria y en sus textos ensayísticos, esos conceptos aparecen entramados formando un sistema que da coherencia a su proyecto creador.[245]

Pongamos por caso *Una muerte muy dulce* donde Beauvoir narra los últimos días de vida de su madre, víctima de una enfermedad terminal.[246] La narración, fiel al método fenomenológico, hace un relato pormenorizado del rol de la maternidad en la sociedad occidental y de su lugar simbólico. Implacable, Beauvoir describe el deterioro físico de su madre, y, al mismo tiempo, indaga las complejas relaciones que mantuvo con ella, con su hermana y con su padre. A su juicio, las diferencias que la separan de su madre y el modo en que ambas construyeron respectivamente su femineidad, ponen en evidencia el progreso de las mujeres: han accedido a una mejor educación, tienen más poder de decisión, exigen derechos desafiando el *destino* que la sociedad les había prescripto. Ahora, ¿las experiencias de vida predisponen a afrontar la experiencia de la muerte? En ese punto, la existencia humana enfrenta sus propias ambigüedades; trágicas ambivalencias que desembocan *sine qua non* en la muerte como único horizonte universal, aunque —contra Heidegger— el hombre no sea un ser-*para*-la muerte.[247]

Cada individuo singular vive en el contexto de su libertad y se manifiesta en su propio proyecto, construido sobre esa realidad

245 Ferrero, A. *art. cit.* 2006, pp. 17-38. La noción de "proyecto creador" es de Pierre Bourdieu, cf. "Campo intelectual y proyecto creador", en Pouillon, J. y otros, *Problemas del estructuralismo*, México, Siglo XXI Editores, 1967, pp. 35-182, citado por Ferrero.

246 Beauvoir, *op.cit.*, 1965.

247 Beauvoir, (1965) *Idem.*, pp. 65.

ambigua que se llama existencia, y que no existe sino haciéndose-la.[248] Las "nuevas mujeres" con las que Beauvoir compara a su madre moribunda han luchado por sus conquistas, alcanzado logros y vivido frustraciones. Pero la situación de las "nuevas mujeres" se apoya en los logros de las generaciones que las antecedieron: sus propias madres sanguíneas o simbólicas. Esto no quiere decir que Beauvoir misma no hubiera tenido que enfrentar a su familia y a todos los prejuicios de clase y de género de su época. Para ejercer su propia libertad y su propio proyecto debió chocar, aliarse, distanciarse y aceptar los proyectos de/con los otros. La delicadeza metafórica con que describe la muerte, exhibe un sustrato ético de configuraciones históricas, de situaciones que quedaron plasmadas en su literatura. Como figura de la ambigüedad, la muerte personifica la alteridad absoluta de la existencia. Y, en la ambivalencia pendular de existencia y muerte se desenvuelve una moral ambigua hecha de encuentros y desencuentros.[249]

Existir tiene sus incongruencias. La existencia no es clara, no es lineal, no es siquiera coherente: por eso, con Merleau-Ponty, para Beauvoir un cuerpo es, sobre todo −como ya hemos dicho− un "cuerpo vivido" y el sexo, "un sexo vivido", en un extraño juego de inclusiones y exclusiones que hace que los seres humanos experimentemos esa "trágica ambigüedad de la vida". No se puede negar la vida; no se puede suprimir la ambigüedad. La ambigüedad es propia de la condición humana en tanto se define en relación con lo Otro, la categoría más antigua que se conozca.[250] "Yo soy parte de este mundo, no un mero espectador", y esta inherencia explica mi finitud, pero también mi apertura. Mi situación −en tanto yo

---

248 Beauvoir, *op.cit.* 1954:73.
249 Guadalupe dos Santos, *art. Cit.* 2009, p. 60.
250 Beauvoir, *op.cit*, 1954, p.73.

soy cuerpo— es lo que me limita, pero también lo que me comunica con todas las cosas. Mi cuerpo es la cosa para la que hay cosas; la cosa y el mundo me son dados con mi cuerpo en una conexión activa.[251]

En suma, Para Beauvoir, como para Merleau-Ponty, el cuerpo condiciona nuestra situación, y se constituye en la estructura de nuestra existencia, a la cual pertenece también el poder de trascender. La existencia es, por tanto, un movimiento permanente en el que cada quien asume una situación de hecho y le concede un sentido cuya trascendencia trasciende. De modo que todas las funciones humanas, en tanto existenciales, son al mismo tiempo biológicas y espirituales, incluida la sexualidad, y revisten siempre la ambigüedad que define todo lo humano. El ser humano no es esencia cerrada y acabada como la piedra. Por el contrario, es apertura, inconclusión, actividad, manifestación de la acción que se proyecta al mundo del que forma parte y al que, al mismo tiempo, revierte en situaciones nuevas en las que todos y cada uno estamos inscriptos.[252] Por eso, la unidad de la existencia es confusa y esa confusión es ambigüedad en el cuerpo-yo que escribe, que está enraizado en la situación y, a la par, está en la libertad.

Libertad y condiciones fácticas de la existencia

La lectura que hace Beauvoir del mundo, tanto en sus ensayos filosóficos como en sus novelas, se liga fuertemente a las condiciones fácticas de la existencia humana. En consecuencia, crea o se apropia de un conjunto de categorías estrechamente vinculadas a la filosofía

---

251   Álvarez González, *art. cit.* 2011, p. 167
252   Beauvoir, *art. cit.* 1965, pp. 63-69.

existencialista –proyecto, situación, libertad, liberación, trascendencia, ambigüedad– que cobran una particular relevancia en sus análisis teóricos.[253] Y, quizá, porque la moralidad de cada ser humano se mide en términos de su capacidad de acción, el horizonte de la acción moral está dado por su experiencia individual y su posibilidad de universalización, bajo la pregunta ¿cuáles son los límites de mis proyectos como ser humano en relación a los otros seres humanos?[254] De modo que para analizar la acción, en general, y la acción moral, en particular, hay que examinar nuevamente las nociones de "situación" y de "libertad", ambas estrechamente relacionadas.

Ahora, si como sostiene Sartre, los sentidos y los significados están en el mundo y son parte del *factum* de la existencia humana, está en cada uno de nosotros/as apropiárnoslos desde la singular situación que nos constituye.[255] La situación es, pues, el afuera de la libertad y está constituida por el mundo, las cosas y los otros, sean obstáculos infranqueables o posibilitadores máximos de la libertad de cada quien. Si cada conciencia no es testigo más que a partir de sí, y los valores no pueden invocar ningún derecho natural que imponer al otro, sólo se los puede reinvindicar de manera singular y viviente en los actos: en la acción.[256] La ambigüedad se define en la acción y en la interpretación, aunque nunca por completo, porque la acción no cesa y los significados ni son estáticos ni responden a esencias que los determinen. Como subraya López

---

253 También, Sartre, Jean Paul *El existencialismo es un humanismo*, Buenos Aires, Sur, 1978; Merleau-Ponty, Maurice, *Selección de Textos: Merleau-Ponty Existencialista*, Buenos Aires, Godot-Crítica, 2012.

254 Femenías, *art. cit.* 2008, pp. 57-77

255 Beauvoir, art. cit. 2000, p. 72; Beauvoir sostiene: "nuestros gustos son motivados no por las cualidades intrínsecas del objeto sino por la relación que éste tiene con el sujeto"; es decir, un objeto carece de cualidades *per se*, intrínsecas, más allá de la significación que le damos y que lo sobrepasa.

256 Beauvoir, *op.cit.* 2000, p. 96.

Pardina, apelando a la terminología beauvoiriana, se trata de una hermenéutica siempre contextualizada por la situación de quien la utiliza: en el caso de Beauvoir, la de una persona privilegiada por sus extraordinarias dotes intelectuales, por la atmósfera cultural familiar y por una sólida formación académica, que su situación de mujer contribuyó a aguzar sin duda alguna sobre la observación de la conducta y la situación de los demás.[257]

Es verdad que para Beauvoir la libertad se encuentra primero, como vimos, en cada individuo, pero no acaba ahí.[258] Si bien "La moral es el triunfo de la libertad sobre la facticidad; el *sub*hombre sólo realiza la facticidad de su existencia; porque en lugar de engrandecer el reino humano, opone a los proyectos de los otros hombres su resistencia inerte".[259] En principio porque debe comprender que cada hombre depende de los otros y lo que a cada quien le llega de los otros depende de cada uno en cuanto sentido; es decir, interpretación. Esa libertad, entonces, se encuentra en el individuo que la ejerce, pero ni es exclusiva o excluyente de los otros, ni es un modo de egocentrismo. Por el contrario, es una libertad personal como derecho universal; es de "mi vida" tanto como de "mi vida con los otros". Por eso, habiendo comprometido toda la vida en la libertad, trágica y paradójicamente mi libertad depende de los otros.[260]

En *¿Para qué la acción?* Beauvoir dedica un capítulo completo precisamente a la noción de situación, con la que termina la parte

---

257 López Pardina, Teresa "De Simone de Beauvoir a Judith Butler: el género y el sujeto" en *Pasajes: Revista de pensamiento contemporáneo*, n° 37, 2012, pp. 101-107; Fraisse, Geneviève, *Le Privilège de Simone de Beauvoir*, France, Actes Sud, 2008, p. 64.

258 Beauvoir, *op.cit*, 1956, p. 72.

259 *Idem.*, p. 45.

260 *Idem.*, pp. 63-64

I del libro.[261] Mientras que para Sartre el concepto de situación apunta a la afirmación de la libertad absoluta del sujeto, concibiendo la situación como un producto de la interpretación que la libertad del sujeto hace del en-sí contingente, para Beauvoir, en cambio, en la situación no siempre existen las mismas posibilidades de interpretación y de realización de la libertad. Como sostiene Celia Amorós, retomando palabras del propio Sartre, estamos "condenados a ser libres". En *Cahiers pour une morale,* Sartre mismo se lamenta –continúa Amorós– reconociendo[262]:

> Nunca he comprendido bien lo que [eso] significa [...] Sin embargo, es la base de mi moral. Partamos del hecho de que el hombre es en-el-mundo, es decir, al mismo tiempo una facticidad investida y un proyecto-superación. En tanto qué proyecto asume, para superarla, su situación [...] Toda superación que no conserva es una huída a la abstracción. Solamente puedo desembarazarme de mi situación de burgués, de judío, etc. si la asumo para cambiarla.[263]

Para Sartre, el proyecto se asume para superar la situación. La libertad tiene, pues, como las monedas, un reverso que es la facticidad. Si para Sartre, la situación no es el límite de la libertad, para Beauvoir en cambio –como dijimos– la situación siempre limita el alcance de la libertad. Por eso, tanto en *¿Para qué la acción?* como

---

261 Beauvoir, *op.cit.* 1965, pp. 63-73.

262 Sartre, 1983. Sartre la anuncia al concluir *El ser y la nada,* pero no la escribe nunca. Solo quedan notas tomadas entre los años 1947 y 1948, publicadas en Gallimard por Arlette Elkaïm-Sartre en 1983.

263 Amorós, Celia, *Mujeres e imaginarios de la globalización*, Rosario, Homo Sapiens, 2008, pp. 58.

en *Para una moral de la ambigüedad*, el peso de lo exterior contingente es mucho mayor que en Sartre.

En *Para una moral de la ambigüedad,* por ejemplo, se distancia fuertemente del planteo metafísico de Sartre, e introduce la novedosa concepción de que las situaciones se jerarquizan de modo tal que abren o cierran espacios de libertad. Hay situaciones privilegiadas en las que la libertad se cumple en grado máximo y otras en las que sus posibilidades de realización son mínimas. Situaciones como la de las mujeres del harén, los esclavos negros o los parias de la India, son ejemplos patentes de grados mínimos de libertad;[264] la situación la limita en mayor o en menor medida, además de ser su condición fáctica de posibilidad. La facticidad (lo dado) para perpetuarse debe sobrepasarse, y, en todos los casos, "lo dado está presente en su sobrepasamiento".[265]

Diferenciándose entonces de la moral y de la libertad sartreanas, Beauvoir subraya los condicionamientos sociales de la acción moral. Tanto es así que incluso algunos especialistas concluyen que esta perspectiva habría influido fuertemente en el Sartre posterior, el de la *Crítica de la razón dialéctica*, donde no sólo reconoce la fuerza de los condicionamientos sociales sobre la libertad individual, sino que trata de explicar el funcionamiento de los diversos modos de presión/opresión social.[266] Volviendo a Beauvoir, si el ser humano (varón o mujer) se constituye en sus proyectos y si éstos no se realizan al margen de la libertad en situación, entonces, un margen demasiado estrecho de libertad incide constitutivamente en ese humano. Beauvoir estudia las figuras de la subordinación, las de la fuga, las del sometimiento para mostrar cómo la mengua

---

264 Beauvoir, *op.cit.* 1956, p. 82; *op.cit,*1954, p. 8.
265 Beauvoir, *op.cit.* 1956, pp. 80-81.
266 López Pardina, *op.cit.* 1998, p. 75.

de la libertad incide no sólo en el cumplimiento de un proyecto, sino (y fundamentalmente) en quién es y cómo es ese individuo. *El segundo sexo* da buena cuenta de ello. En otro registro, el famoso prólogo de Sartre a *Los condenados de la tierra* de Fanon, también.

Ahora bien, cada proyecto concluido es simplemente el punto de partida de otro, enmarcado siempre en el horizonte de la finitud humana. En cada proyecto se entreteje la situación y la libertad de cada quien, con el deseo (imposible de satisfacer) de encontrar un fin absoluto en cuyo cumplimiento pretendemos constituirnos como seres plenos. Tarea imposible, sin duda, que lo finito alcance lo absoluto, que resuelve la existencia en una búsqueda constante de su contenido. De clara herencia kierkegaardiana, en este campo pendular y ambiguo, la moral beauvoriana de la responsabilidad individual no admite la aceptación de un hacer que nos propongan otros para constituir nuestras propias vidas bajo el *ilusorio* descargo de la obediencia. Ilusorio, por cierto, en tanto siempre elegimos, incluso cuando elegimos no elegir. Situación y libertad son pues inseparables y la libertad de los unos se metamorfosea en la situación que será destino de los otros.[267] Para Beauvoir, entonces, la situación es límite de la libertad (no su contra cara), y cada quien se compromete de hecho, en nombre de su propia existencia con los otros: Si yo soy libre, tú serás libre pues solo la libertad del otro es capaz de necesitar de la mía.[268]

¿Cómo conciliar –se pregunta Beauvoir– la presencia de estos límites con la idea de libertad, confirmándose como unidad y movimiento indefinidos? Para responder esta pregunta, Beauvoir distingue entre *puissance*, como potencia que no tiene límites, y *liberté*, como libertad fáctica, constitutiva de la realidad humana.[269] En el

---

267 Beauvoir, *op.cit.* 2000, p. 97.
268 Beauvoir, *op.cit.* 2000, p. 99; Beauvoir, *op.cit.* 1965, p.100.
269 Beauvoir, *op.cit.* 1965, p. 29 y pp. 116-118.

primer caso, la *puissance* implica una suerte de "desde dentro" una potencia infinita; metafísica, casi de estilo sartreano. En el segundo caso, las posibilidades que se le ofrecen al individuo humano concreto implican que siempre son finitas y que pueden aumentar o disminuir "desde fuera" desde la situación. Son las condiciones (circunstancias) de ese "desde fuera" que inciden y jerarquizan la situación, imprimiendo muy posiblemente alguna cuota de violencia. Incluso "desde fuera" proviene nuestro propio nacimiento, producto del proyecto de la libertad de otros, de la cual no fuimos partícipes.

Los límites de la libertad (*liberté*) tienen además una cara negativa: la opresión que algunos hombres realizan, ejercen y justifican sobre otros. Su origen no está en el mal entendido como una entidad metafísica, sino por el contrario, en el ejercicio mismo de la libertad ajena.

> **Porque hay hombres que no pueden justificar su vida más que por medio de una acción negativa. Ya lo hemos visto, todo hombre se trasciende. Más sucede que la trascendencia está condenada a rodar inútilmente sobre sí misma porque se la separa de sus objetivos. Esto es lo que define una situación de opresión.[270]**

Por tanto, para Beauvoir, la situación en la que se inscribe mi libertad y la de los otros implica mi responsabilidad ante ellos y ante mí mismo/a, y viceversa. Queremos la libertad por la libertad y a través de cada circunstancia particular. Pero, cuando queremos la libertad descubrimos que ella depende enteramente de la libertad de los otros, y que la libertad de los otros depende de la nuestra. Beauvoir ve con claridad que, sin duda, la libertad como definición, como categoría metafísica no depende de otros; pero la libertad

---

270 Beauvoir, *op.cit*, 1965, p.79.

fáctica sí; y esa es la que a ella le interesa investigar. Por eso se pregunta: ¿Cuál es *mi* situación ante los otros? ¿Desde dónde efectúo el deseo de asumirme como existente? ¿Cómo evalúo la situación para superarla y trascenderla? Si el respeto por la libertad de otro no es una regla abstracta, sino la primera condición del éxito de mi esfuerzo, entonces sólo puedo dirigirme a la libertad de otro, sin violentarla. En otras palabras, sólo si el otro es libre, y si yo respeto su libertad, tengo garantizada la mía.[271] De la no reciprocidad en el cumplimiento de este *dictum*, nace la falta moral, la acción de opresión, la negación del otro como persona. Como yo soy mi "cuerpo vivido", toda la libertad se inscribe en la ambigüedad irreductible de la realidad humana; de un cuerpo encarnado, que es un cuerpo en situación, desde donde esa libertad se limita y se ejerce a la vez.[272]

En ese contexto, Beauvoir apela a la noción *avoir à être*, de difícil traducción. Su posicionamiento es existencial y –a diferencia de Heidegger– Beauvoir adopta la concepción existencial desde una lectura antropológica de *Ser y Tiempo*, como la que había introducido Alexander Kojève en los seminarios que se mencionaron anteriormente. En algunas investigaciones, *avoir à être* se traduce como "tener que ser", basándose en la idea heideggeriana de *Zu-sein*.[273]

Sin embargo, la idea de *conatus* (en el sentido de Spinoza) tal como la entiende Celia Amorós, me parece más próxima al pensamiento beauvoirinao. *Conatus* es algo más que un participio latino. En textos antiguos es difícil distinguir su uso técnico del vulgar, y también es difícil distinguirlos en las traducciones. Hoy en día, se usa poco en el sentido técnico, ya que tanto la física

---

271 Beauvoir, *op.cit*, 1965, p. 117.
272 Amorós, Celia, "Simone de Beauvoir: un hito clave de una tradición", *Arenal*, 6.1, 1999, pp. 113-134.
273 Abellón, *op.cit*. 2017, p. 77.

cuanto la biología modernas lo han reemplazado por otros conceptos. Sin embargo, fue muy influyente en pensadores del siglo XIX como Nietzsche y Schopenhauer. Amorós lo toma libremente en su versión spinoziana, en el sentido de esfuerzo por "perseverar en el ser". Esto es, deseo de permanecer en orden del ser o de la naturaleza. Ahora bien, el *conatus*, así entendido, no es algo peculiar del ser humano, ni siquiera de los seres animados; tampoco es instinto o movimiento voluntario. No es el modo en que todo "individuo de naturaleza animada" actúa en aras de su propia conservación y la de su especie. Más bien, es una suerte de tendencia de cualquier cosa singular, animada o no, una piedra o un ser humano, de persistir como es. Si para Spinoza esa era la esencia, tal y como Amorós lo entiende y lo aplica a Beauvoir, es un término que excluye cualquier finalidad inmanente o trascendente; cualquier esencia o determinación consciente y sólo apunta a la *permanencia en el ser*. [274]

Ahora bien, tanto para Beauvoir como para Sartre, el hombre no es (*n'est pas*) porque, no tiene una esencia pre-dada, sino que tiene que hacerse (*a à être son être*), y su existencia consiste precisamente en la acción. Quizás la vida no sea sino un azar y el *homo sapiens* solo una excrecencia azarosa de esa vida. Pero, como sostenía Mallarmé, que el hombre sea solo "un ser de azar que niega el azar" —la referencia es de Beauvoir— no hace sino conminarlo a la acción, a un hacerse, que sólo concluirá con su muerte: ahí en el cierre definitivo de la apertura, de la indeterminación, de la elección constante, alcanzará su esencia. [275] El *conatus* es pues un intento por negar el azar, que se resuelve en la voluntad de legiti-

---

274   Amorós, 1997, pp. 24, 28, 123-128; 2000, pp.10, 49, 62, 106.
275   Beauvoir, *op. cit.* 1965, p. 31.

mar la vida mediante opciones racionales y libres. Si la razón va más allá de sí misma en su propia autocrítica, en la conciencia de sus límites y de su propia posición de razón práctica, el *conatus* es autonomía y voluntad de auto regulación, y entonces es libertad. Es libertad limitada por la situación, que se abre en la incompletitud y en la indeterminación del hombre. El ser humano es, pues, esa incompletitud, esa apertura, esa indeterminación que solo se clausura con la muerte. Así, el hombre se mantiene en un vacío, creado por la reflexión pendiendo de la ambigüedad.[276] Pero puesto que ese vacío no es sino el reverso de la reflexión, ahí donde se detiene mi reflexión, se detiene mi porvenir; sólo lanzándome al porvenir incierto, fundo con certidumbre mi presente.[277]

Mujeres, situación y libertad

Beauvoir, como ya hemos dicho, entiende "hombre" en el sentido formal ilustrado de "ser humano", independientemente de su sexo y de sus opciones sexuales, del color de su piel y de su clase social. Sin embargo, la universalidad formal ilustrada tiene sus claroscuros. En la introducción de *El segundo sexo*, Beauvoir llama la atención sobre la falacia nominal que oculta a las mujeres bajo el universal "hombre", y llama a un estado de alerta respecto del uso de los términos generales. Por tanto, si bien afirma que el hombre no es, sólo al actuar se hace, advierte que esta sentencia se modula de modo diferente cuando este "hombre" es una mujer.[278] Esta convicción lleva a Beauvoir a especificar los modos en que las mujeres históricamente fueron excluidas del reconocimiento de sus derechos *qua* humanas, a grandes rasgos,

---

276 Beauvoir, *op. cit.* 1965, p. 126.
277 Beauvoir, *op. cit.* 1965, p. 124.
278 Beauvoir, *op.cit,* 1954, pp. 9-25.

objetivo de *El segundo sexo*. Por esto, Sonia Kruks considera que precisamente las nociones que Beauvoir analiza y desarrolla en los dos ensayos previos —en especial la noción de situación, que Beauvoir asume firmemente— son fundamentales para los desarrollos posteriores de las teorías y de las prácticas feministas.[279]

Beauvoir examina y desmonta los límites en que la situación pone a los humanos; indaga y revisa las posibilidades que tienen de lanzarse a un porvenir incierto para fundar sus certidumbres; escudriña los espacios de reflexión humanos que alejan de la densidad de la inmanencia. Como Sartre, entiende que es imprescindible comprender cómo funcionan las construcciones sociales impuestas por una sociedad clasista, pero además marcada por la diferencia sexual. Es preciso para ambos desmontar sus mecanismos y generar las condiciones de la vida en libertad, a partir del *locus* que a cada quien le ha tocado. Donde Sartre se centra en la clase, Beauvoir, sin descuidar la cuestión de clases, se centra en el sexo, para concluir que todas las marcas son ambiguas; no dependen de relaciones *a priori* o *en-sí*, sino de mediaciones sociales y simbólicas que se construyen históricamente. Se las debe revisar una y otra vez; se debe examinar también la situación porque no debe entendérsela como si estuviera petrificada y dada de antemano de una vez y para siempre. Por el contrario, las opresiones responden a razones históricas que hay que develar.

Sin embargo, algo extraño sucede a las mujeres supuestamente incluidas en el universal hombre: carecen de historia, de individualidad, de proyecto, son simplemente "el eterno femenino". La denuncia beauvoiriana no es nueva, pero las guerras habían dejado trunco todo debate al respecto. Concluida la Segunda Guerra, mérito de Simone de Beauvoir

---

279   Kruks, Sonia. "Gender and Subjectivity: Simone de Beauvoir and Contemporay Feminism", *Signs*, 18.1, 1992, p. 1.

(aunque no sólo de ella) fue retomar el hilo que se había cortado décadas antes. Mérito exclusivo de Beauvoir fue haber insertado los reclamos de las mujeres en una construcción filosófica y argumentativa que atisbaba en las articulaciones estructurales de esa invisibilidad. En *El segundo sexo*, al recuperar el ensayo, Beauvoir recupera también un debate y una problemática que el siglo XIX denominó la "cuestión femenina", que se enlazaba profundamente con las luchas ilustradas por la igualdad.

Constituirse en sujeto

López Pardina identifica en *El segundo sexo* tres razones históricas por las que las mujeres no pudieron reivindicarse como sujetos, en un sentido filosófico-político. En primer término, porque no tenían medios materiales para hacerlo; además, porque sentían un vínculo de dependencia o de necesidad, que las ataba al varón; por último, porque muchas veces se complacían en su papel de *Otras* como víctimas. Si la última razón constituye una falta moral en términos beauvoirianos, pues la mujer se veda a sí misma el ejercicio pleno de su libertad, las otras razones exigían revisar las estructuras históricas y sociales que favorecieron la caída y permanencia de las mujeres en la inmanencia, más próximas a la cosa que al sujeto humano, como muchos años después lo sintetizaría Catherine MacKinnon.[280]

Si un acto es tanto más moral cuanto más abre el horizonte de las libertades propias y ajenas, el punto de origen de esos actos corporizados es lo que Beauvoir identifica como "sujeto". Los actos de los sujetos varones –autodefinidos como sujetos de razón, ciudadanos éticos, responsables, y creativos– deben asumirse

---

280 MacKinnon, Catherine, *Are Women human?* Massachusetts: Harvard University Press, 2006.

y censurarse como faltas morales. En efecto, entre otras muchas cosas, durante siglos impidieron a las mujeres prolongarse a través de la libertad de/con los otros, de sobrepasar la muerte, realizarse como una unidad indefinida; en suma, de trascender. Esos sujetos sólo les permitieron trascender en la materialidad de la carne con la maternidad. Y, si una acción es inmoral cuando suprime o reprime las libertades de los otro/as, es decir, cuando una libertad no se abre a otras libertades, sino que simplemente las coarta, esa opresión merece sanción y condena. Para Beauvoir, eso sucedió —y sucede aún— con la libertad de las mujeres. Las relaciones estructurales asimétricas entre los sexos sólo favorecen la falta que comete un sexo respecto del otro y la mala fe sobre la que ambos construyen sus relaciones, sus explicaciones, sus teorías y sus naturalizaciones, aceptándolas como si de verdades supremas se tratara. Sin embargo, si hay auto-complacencia en el lugar de víctima y complicidad en la mala fe, las mujeres cometen falta cayendo en la inautenticidad.

Para Beauvoir, constituirse en "sujeto" implica, pues, rechazar la condición de inmanencia a fin de elaborar un proyecto que se abra a la trascendencia. Para ello, las mujeres debieron recuperar su historia, y su capacidad de decisión autónoma. *El Segundo sexo* al sustraerlas de la naturaleza y al iluminar los factores que las llevaban a caer en la inmanencia, les restituyó *en* la historia y *su* historia, generando las condiciones de su visibilidad retrospectiva y prospectiva. Como los relatos convencionales no las representan, Beauvoir las inscribe frente a un proyecto de espaldas a un pasado del que nada saben, proporcionándoles un conjunto de herramientas conceptuales para revertir su sumisión tradicional. Asumir las críticas al androcentrismo de los relatos, el vacío de sus memorias, la descalificación constante de sí mismas constituyó, sin duda, un punto de inflexión que las tornó protagonistas de su situación, al punto de forzar los límites de su *locus,* mostrando el carácter de construcción cultural de sus limitaciones, entendidas como naturales o esenciales. Como advierte López Pardina, tanto las formas de ser mujer como de ser varón, están configuradas por la cultura, que, al significar los cuerpos los abre o los cierra a la libertad.[281] En el punto de juntura de la triple vertiente de proyecto, de constructor y de memoria, la mujer se asume y se identifica como sujeto; un sujeto no sustantivo. Un sujeto de derechos, de reclamos, de reivindicaciones, de proyecto, ético, moral, abierto, pero, sobre todo, consciente de sí y de su libertad.

Un sujeto autorrepresentado

Nora Levinton –a cuyo trabajo ya nos referiremos– ensaya, a la manera de un psicoanálisis aplicado a la obra de Simone de Beauvoir –según sus propias palabras– interpretar algunos aspectos cruciales de los relatos autobiográficos de la escritora francesa. En efecto, fundamentalmente en *Memorias de una joven formal, Una muerte muy dulce,* y *La ceremonia del adiós,* Beauvoir va dejando testimonio de su vida y de cómo –en palabras de Levinton– llegó a ser la Simone de Beauvoir que conocemos, la teórica y militante que abrió la brecha que permitió reformular el feminismo del siglo XX.

Es cierto que Beauvoir encarnó, un nuevo modelo de mujer con el que identificarse y su trabajo es, en ese sentido, una suerte de espejo que, en palabras de Levinton, constituye:

---

281 López Pardina, *op.cit.* 2000, pp. 26-27.

[...] una valiosa muestra de la naturaleza proyectiva de muchos de sus enunciados, donde a partir de su irreemplazable experiencia Simone arriba a conclusiones en las que podemos seguir el rastro de sus vivencias personales, en el contexto singular de su historia personal y en cómo es relatada.[282]

Sin duda, sus minuciosos relatos autobiográficos y las diversas entrevistas que concedió, sobre todo a partir de la década de los setenta cuando el impacto de *El segundo sexo* comenzó a hacerse sentir fuertemente, han dado lugar a diferentes interpretaciones de todo tipo, aunque es imposible contrastarlos y analizarlos ahora, por cuestiones de espacio pero también por la propia incapacidad de hacerlo, límite que prudentemente tenemos en cuenta. Sin embargo, podríamos considerar —con Levinton y, en parte, con Amorós—, que el punto de partida para la construcción de la subjetividad de Beauvoir (entendida como proceso psicológico), en cuanto a la valoración de su "capacidad de afectar a los demás", y su conciencia de ello, fue precoz. Se trató de una niña que tempranamente detectó y registró sus emociones y que posteriormente reflexionó sobre ellas, ajustándose siempre a un férreo imperativo moral, que trató de respetar durante toda su vida. Quizá sea ese el origen de las difundidas descripciones sobre la severidad de Beauvoir y también sobre su intolerancia.[283] Es decir, Beauvoir relataba cómo fueron apareciendo sus interrogantes y sus dudas, pero a la vez, cómo apostaba siempre al futuro:

---

282   *Ibiden*, p. 83.

283   Fouque Antoinette "Beauvoir est mort" en *Liberation,* avril, 15 1986, p. 1-5.

De pronto el porvenir existía y me transformaría en otra que podrá decir Yo, pero yo no sería ya la misma. Presentí todos los rompimientos, los renunciamientos, los abandonos y la sucesión de mis muertes[284]

Y agrega "Puedo pensar sobre mi misma, sobre mis pensamientos y emociones si escribo sobre ellos. Al leerme encuentro a quien también soy. Me puedo sentir sujeto de mi propia historia". Narrarse parece la constatación de una existencia, que sólo corrobora al leerse. Como agrega Levinton, "elige reconocerse como mujer, en tanto 'verdad sobre la cual se yergue toda otra afirmación' y a través de esa exploración ofrece ya un modelo de relación con la propia mismidad: la escritura".[285]

Puesto que narrarse como "sujeto autónomo" supone para Beauvoir independencia económica, veamos a continuación sus consideraciones sobre el trabajo, en *El segundo sexo*, que muy esquemáticamente compararemos con las de otra feminista, Simone Weil.

---

284 Levinton, *Ibiden*, p. 83.
285 Levinton, *Ibiden*, p. 97.

Capítulo 7

Mujer, clase y trabajo: las derivas materialistas

Mucho se ha debatido, como hemos visto en los capítulos previos, sobre las influencias que operaron en la filosofía de Simone de Beauvoir. Como también vimos, se suele sistemáticamente destacar la figura de Jean Paul Sartre y también —siempre dentro del existencialismo— la de Maurice Merleau-Ponty, de quien ella misma se reconoce deudora. Otros nombres que se destacan críticamente son Hegel, Marx, Freud, Levy Strauss, mencionándose especialmente la influencia metodológica de la fenomenología husserliana. Sin embargo, en este capítulo nos interesa mostrar algunos (posiblemente) "referentes ocultos" de la obra beauvoiriana, cuya presencia por contraste nos es imposible desconocer. Llamamos con Celia Amorós "referente oculto" a aquel pensador/a o filósofo/a con quién un cierto autor entabla diálogo (por lo general contestatario) aludiéndolo sin citar expresamente ni sus obras ni sus ideas. Por lo general se trata de referentes conocidos por todos, donde aún sin esa mención se sabe a quién se alude, por formar parte esos datos de un acervo compartido por sus contemporáneos o los miembros de una determinada especialidad.

En esta línea, siempre llamó la atención que Beauvoir no hiciese referencias explícitas a la obra de su coetánea inglesa Virginia Woolf, atribuyéndose esto al "típico" *chauvinismo* francés. Pero esta excusa no alcanza para explicar la escasa filiación genealógica que suscribe Beauvoir respecto de las figuras femeninas de la propia filosofía francesa, y menos aún la distancia que toma respecto de sus contemporáneas. Quizá se pueda entender como excepción, la relectura no consignada explícitamente de los debates ilustrados entorno a qué es una mujer y el problema de su ciudadanía. En ese caso, se suele suavizar tal omisión apelando al desconocimiento general de las obras de aquellas ilustradas en el momento en que Beauvoir escribió *El Segundo Sexo*; argumento que, si bien en una primera lectura puede aceptarse, no es suficiente una vez que se han comenzado a explorar las vinculaciones históricas de su obra con aquellos debates. Bien podría concluirse, entonces, que para alguien que pasó meses enteros en la Biblioteca Nacional de París, desempolvando ediciones del siglo XVII y XVIII, como hemos visto, se trata incluso de una excusa débil.

Por otro lado, la insuficiencia de la explicación previa que es manifiesta, se constata cuando Beauvoir ignora o cita sólo al pasar obras de sus coetáneas francesas. Con el correr de las décadas, esto ha dejado en el o la lectora desprevenida la impresión de que sólo ella se ocupó de la situación de las mujeres en la Francia de pre y postguerra. O, al menos, que sólo ella lo hizo desde un punto de vista filosófico. En esta breve presentación, trataremos de mostrar que esto no fue así y que Beauvoir debe haber tenido fuertes motivos y razones bien fundadas para adoptar esa postura, aunque las desconozcamos. Por tanto, no emitiré opinión sobre causas y motivos que la llevarían a eso, pero adelantaré alguna conjetura sobre las razones teóricas que podrían haberla inclinado a no tomar en cuenta tales escritos. Preliminarmente, desde luego, descarto apelar a las rápidas explicaciones que remiten al carácter soberbio y displicente de Beauvoir, cuando no descalificatorio, de sus contemporáneas. También me aparto del silencio (piadoso) que sobre este punto suele hacerse al examinar su obra.

Dejamos abierta, entonces, la pregunta de qué razones teóricas pudo haber tenido Beauvoir para no tomar en cuenta los textos de otras filósofas coetáneas suyas y viceversa. Por un lado, está claro que las consideraciones sobre el sexo de Simone de Beauvoir están atravesadas por su propia construcción de sí, como intelectual francesa, y que, desde ese lugar, acepta críticamente, primero, el marxismo declarada y, segundo, una posición universalista fuertemente ligada a la ciudadanía ilustrada *qua* francesa. Ambos ejes, sólidamente anclados en el racionalismo existencialista operan –a mi modo de ver– como parámetro y punto de apoyo para sus propias exégesis. Probablemente por ello deja de lado las posiciones de tipo espiritualista de algunas de sus coetáneas, con las que, sin embargo, no polemiza. Tal es el caso de *la* otra Simone: Simone Weil (1908-1943), de quién nos vamos a ocupar muy sintéticamente ahora.

Beauvoir le sobrevive a Weil unos cuarenta años y sólo la menciona una vez, positivamente, en sus escritos autobiográficos, a raíz de la sensibilidad de su personalidad.[286] De familia intelectual de origen judío pero laica, en 1928, rindió su examen de ingreso para realizar estudios universitarios, con la calificación más alta, seguida por Simone de Beauvoir, quien obtuvo el segundo lugar.[287] A

---

286 Beauvoir recuerda; "Me intrigaba por su gran reputación de mujer inteligente y audaz. Por ese tiempo, una terrible hambruna había devastado China y me contaron que cuando ella escuchó la noticia lloró. Estas lágrimas motivaron mi respeto, mucho más que sus dones como filósofa. Envidiaba un corazón capaz de latir a través del universo entero".

287 Sobre esta y otras cuestiones, cf. la extensa y documentada introducción de F. de Lussy en *Simone Weil, OEuvres*, édition etablie sous la direction de Florence de Lussy, Paris, Quarto-Gallimard, 1999, pp. 11-93. Su hermano André Weil

diferencia de Beauvoir, se graduó cuatro años más tarde, iniciando una azarosa carrera docente, intercalada por trabajos como obrera en la empresa Renault, campesina en Marsella y redactora de *France Libre* en Londres. Hacia 1941, se convirtió al catolicismo iniciando un período místico, que es casi lo único que se recuerda de ella actualmente.[288] En este capítulo, mi interés es encuadrar la obra de Weil y su concepto de "trabajo" bajo la noción de "micropolítica". Por el contrario, comprenderemos la noción de "trabajo" en Beauvoir en el marco de una concepción de "macropolítica", que entenderemos en la línea de Felix Guattari y Gille Deleuze (1980), pero sólo como punto de apoyo para establecer algunas derivas feministas. Comenzaremos analizando un artículo de Weil, que repasaremos brevemente.[289]

Weil, la obrera

Weil rechazó desde joven la distinción entre la teoría, por un lado, y las prácticas, por otro: "Se trata —sostiene Revilla— de un pensamiento tan rigurosamente unido a la experiencia que [...] se arraiga en una obra que simultáneamente transcribe la experiencia del pensar y el sentido de lo real".[290] Por eso, declaradamente

---

(1906-1998) fue un importante matemático.

288 Para más datos, Revilla, C. *Simone Weil: nombrar la experiencia*, Barcelona, Trotta, 2003, pp. 217-225; M. Paraire, *Femmes philosophes, femmes d'action*, Pantin, Le Temps des Cerises, 2004, pp. 87-102.

289 Este capítulo es deudor de mis artículos "La cuestión del trabajo: Dos filósofas, dos miradas" en *Nomadías*, Santiago de Chile, n° 26, Diciembre de 2018, pp. 69-83; "Simone-Simone: De la *praxis* obrera a la intelectual marxista" *Actas de las Primeras Jornadas CINIG de Estudios de Género y Feminismos:* Facultad de Humanidades y Ciencias de la Educación (UNLP), octubre 29 y 30 de 2009. Ver también Anzoátegui, Bolla, Femenías, *op.cit.* pp. 78-87.

290 Revilla, Carmen "Introducción" en C. Revilla (ed.) *Simone Weil: Descifrar el silencio*, Madrid, Trotta, 1995, p. 10.

marxista, hacia 1936, decide ingresar a la fábrica de automóviles Renault, como operaria, para experimentar la condición de obrera. Recién en 1942 publica esa experiencia en un artículo titulado "Experiencia de la vida en la fábrica".[291] Claro antecedente de la noción foucaultiana de "disciplinamiento",[292] su objetivo era describir las rutinas laborales conociéndolas experiencialmente. Weil maneja dos hipótesis fuertes para su época: No hay obreros, sino que la fábrica los produce, tal y como los necesita; y los produce a partir de reglas basadas en "la monotonía y la repetición". Concedidas estas hipótesis, Weil se hace cargo del desafío de dar cuenta de cómo "se hace un obrero". Es decir, cuáles son los factores materiales intervinientes y sus consecuencias a nivel psicológico y social. Muy brevemente, Weil examina metódicamente el trabajo en la línea de ensamblaje, e inicia su artículo con una descripción general de la condición proletaria. En principio, considera que los obreros sufren una suerte de "exilio en su propio país", lo que los lleva a una sensación de desdicha que provoca mecanismos de evasión y de negación. Resumimos drásticamente su descripción de la situación en la línea de ensamblaje, centrándonos en los principales pasos de su análisis:

- Aspectos positivos: la sensación de una vida colectiva de imprescindibilidad, en tanto cada quien, en la línea de ensamblaje, es imprescindible; caso contrario la cadena se corta.

---

291 Weil, S. "Expérience de la vie de l'usine" en *Economie et Humanisme*, 2, 1942; reeditado en *OEuvres*, édition etablie sous la direction de F. de Lussy, Paris, Quarto-Gallimard, 1999. En castellano: "La experiencia de la vida en la fábrica" en Weil, S. *Escritos históricos y políticos*, Madrid, Trotta, 2007: 129-144.

292 Foucault, M. "El ojo del poder. Entrevista con Michel Foucault" en Bentham, 1989: 12-13.

- Aspectos negativos: la vida colectiva no altera la sensación de soledad; la máquina imprime sus ritmos al trabajo del individuo; se constituye en un sistema de control, basado en marcar el reloj a la entrada y a la salida, y se mide el tiempo en términos de "tiempo de producción" (o tiempo de la máquina); se refuerza la sensación de servidumbre y la "brutalidad de la norma", porque la norma no descansa ni admite imprevisión.[293]

Además, como observa Weil, hay obligación de cumplir órdenes aun las contradictorias, inútiles o de imposible cumplimiento. Es decir, se impone la disciplina de la fábrica en términos de obediencia, pues sólo un "mal obrero" (como un "mal soldado") discute órdenes. Resalta Weil que ese tipo de organización laboral, implica angustia inútil, humillación y carencia de ejercicio pleno de los derechos de ciudadanía. Es decir, el individuo (varón o mujer) *opera* como intermediario entre la máquina y la pieza fabricada, a la que no le deja su firma. En otras palabras, la máquina, que marca los ritmos, marca también las relaciones de tiempo y espacio del operario. Así el sujeto-obrero queda sujetado al ritmo de la máquina. Por tanto, Weil concluye que la relación temporal es de monotonía, repetición y hábito, generándose un desplazamiento del placer de producir, que tiene un artesano, a la rigidez de la repetición en la máquina, cuyo placer se ha transferido al placer de cobrar un salario.[294] En conclusión, según Weil, la fábrica no sólo produce las "piezas de ensamblaje", sino que y por sobre todo, produce "al obrero" en cuanto tal, generando a la vez una suerte de tabla de valores vinculados a la producción (identidad, autoestima,

---

293   Weil (2007) pp. 130-131.
294   *Ibid.* p. 132.

necesidad, lealtad, docilidad, obediencia, automatización de la conciencia, entre otros) Para Weil, entonces, es muy importante la relación cuerpo/tiempo; el cuerpo sólo debe obedecer la administración externa del tiempo. Para ello hay que desoír los propios ritmos para responder solamente a la marcación externa de los ritmos de la máquina. Según Weil, esto implica un pensamiento anclado en el futuro inmediato, que impide planificar a largo plazo; el obrero sólo "ve" la inmediatez del instante en términos de la próxima pieza. Weil supone que este esquema rige también su uso del dinero.[295] Es decir, la repetición y la subordinación a la norma y a las reglas implican un desplazamiento del placer de hacer, que obliga a posponerse para adecuarse a la imposición de la máquina. El placer que no se alcanza en la producción del objeto, se desvía a la obtención del dinero. Es decir, ya que el obrero no administra ni su tiempo ni su cuerpo, administra su dinero; y en él centra todos los desplazamientos de su deseo.

Si bien el análisis de Weil es mucho más extenso y minucioso, bastan estas pocas líneas para comprender el punto de mira desde el que aborda y examina el trabajo. Su conclusión es que la "cosificación de la pieza" supone primero la cosificación de quien la fabrica: el "obrero", que es tal, no *a priori*, sino a partir de su relación con las cosas, no con los demás obreros. Como consecuencia, cosas y obreros son productos intercambiables en el marco de las estructuras reguladas de la fábrica; ninguno tiene derecho a la conciencia, sus consecuencias morales son fácilmente vislumbrables: lograr en el obrero virtudes que serán beneficio para la fábrica. La noción de trabajo, que Weil radicaliza, le hace concluir que son precisamente las condiciones supraestructurales del trabajo las

---

295 *Ibidem.*

que producen tanto obreros cuanto piezas. Una estructura previa, con sus normas y reglas, produce sus objetos; algunos de los cuales son obreros, es decir, humanos. El trabajo, entonces, para Weil, es aquello que fabrica piezas y obreros.[296] Deleuze y Guattari denominan "micropolítica" a este tipo de análisis, que entenderemos como el examen de los modos de agenciamiento social, de producción de subjetividad en el capitalismo y de los problemas que se siguen de ello.

Si nos hemos detenido en Simone Weil, es para mostrar que paralelamente a los desarrollos universalistas de raíz ilustrada de Beauvoir, se desplegaron otras miradas sobre la situación de las mujeres –obreras o no– próximas o ancladas en la diferencia, que veremos reaparecer una y otra vez como referentes polémicos y a la vez ocultos de Beuvoir. Pasemos a continuación a revisar su noción de "trabajo".[297]

El trabajo en El segundo sexo

¿Conocía Beauvoir el artículo de Weil, al que acabamos de referirnos, en el momento en que escribió *El Segundo Sexo*? Ya advertimos sobre las pocas (casi ninguna) referencias que mutuamente se hacen ambas filósofas y lo curioso que ello resulta. Calificativos tales como monotonía, subordinación, opresión, (entre otros), aplicadas por Beauvoir a las labores domésticas, hasta configurar "un ama de casa", pueden consistir en meras coincidencias sin más (o

---

296   Weil carece de algunos conceptos aportados, décadas después, por Foucault; el concepto de dispositivo, por ejemplo, el de subjetivización o el de disciplinamiento. Además, Foucault radicaliza el concepto para concluir, por ejemplo, "no existe el hombre", "existe el enfermo". Butler, vía Foucault, retoma también algunas de estas contribuciones.

297   Amorós, 1985, pp. 123-142.

no). Por nuestra parte, nos interesa ahora revisar cómo comprende Beauvoir –más cercana a Engels que a Marx– la noción de trabajo.

En primer término, preocupa a la filósofa, que las mujeres vivan dispersas, atadas por el medio ambiente, el trabajo, los intereses económicos y su condición social, a padres o maridos; es decir, a varones. Esto sucede –observa agudamente Beauvoir– entre las burguesas más que entre las proletarias, para quienes la solidaridad con sus varones es más relativa.[298] Incluso, la capacitación de las mujeres en el uso de máquinas, que en ese momento ya no exigían la fuerza de tiempos pasados, sigue siendo mínimo o al menos inferior que el uso que de ellas hacen los varones.[299] Incluso hoy, se mantiene ese sesgo en la cibernética. Esto significa para nuestra filósofa, que la fuerza femenina aún sigue siendo socializada en mayor medida en el trabajo de explotación primaria, que en el de la fabricación y de la producción.[300]

Beauvoir analiza también *El Origen de la familia, la propiedad privada y el Estado* de Engels –como ya hemos dicho– y después de haber sintetizado las tesis engelsianas fundamentales, elabora sus objeciones a las explicaciones de Engels, y señala los argumentos faltantes o inconsecuentes, ya que –según opinión de Beauvoir– Engels no podía ofrecer explicaciones suficientes a partir de su monismo económico, sin desbordar el materialismo histórico. Beauvoir considera asimismo que la presentación de Engels es superficial, y además que su conclusión de que la familia patriarcal se basa en la propiedad privada, omite analizar suficientemente la relación entre varón y propiedad. De igual modo descuida la

---

298 Citamos según *El segundo sexo* (traducción de Pablo Palant), Buenos Aires, Siglo XX, 1987, en dos volúmenes, en adelante: ESS.1 y ESS.2. ESS.1: 6

299 Beauvoir, *El segundo sexo,* 1:22.

300 Beauvoir, *El segundo sexo* Parte 1:, pp 23.

división sexual del trabajo, que Engels considera natural y que –según observa Beauvoir– marca las relaciones entre varones y mujeres, inscribiéndolas en una estructura de poder. Así, se constituyen los varones en opresores y las mujeres en oprimidas, siguiendo la dialéctica Uno/Otro que revisamos en capítulos previos. Esto da pie a Beauvoir para sostener que "la gran derrota histórica del sexo femenino", de la que habla Engels, se consolidó gracias a la convulsión que produjo la división sexual del trabajo y no solo a consecuencia de la invención de nuevas herramientas. Esa división "aseguró" a las mujeres la autoridad en la casa (con empleo exclusivo en "las labores" domésticas),[301] y la autoridad absoluta de los varones en el espacio público. Según Engels, consecuentemente, se produjo un desplazamiento del derecho materno (Bachofen) al derecho paterno (Engels). Al mismo tiempo se comenzó a transmitir el dominio y el poder por vía genealógica masculina, consolidándose así una estructura de dominación. En esa familia patriarcal –concluye Beauvoir–, la mujer está oprimida y constituye un mero accesorio insignificante, cuya única capacidad valiosa es su función reproductiva.[302] Entonces, según su examen, si el varón es trascendencia y ambición, la mujer, en cambio, es inmanencia y renuncia. De modo que –para Beauvoir– la división sexual del trabajo implica, al mismo tiempo, la división de los espacios público y privado, y la socialización de varones y mujeres en las virtudes consideradas naturales y propias de cada uno de esos espacios y de los sexos que los habitan. Es decir, donde el esclavo adquiere conciencia de sí frente al amo, las mujeres, en cambio, desaparecen

---

301 No en tiempos de Beauvoir, pero ahora conocemos la distinción entre trabajo y empleo, que la filósofa utiliza como sinónimos.

302 Beauvoir, *El segundo sexo*, 1, p. 23; 36.

en tanto clase,[303] se tornan solidarias con los varones y establecen una especie de complicidad en su subordinación.[304] Consecuencia de ello, a juicio de Beauvoir, es que la emancipación de las mujeres constituiría un debilitamiento de la sociedad burguesa donde, liberada del varón, la mujer estaría condenada al trabajo y hasta podría lamentar haber perdido sus derechos subordinados sobre la propiedad privada de su marido. Bajo esas condiciones, incluso podría deplorar que esa propiedad privada fuese abolida, no sintiendo solidaridad respecto de las demás mujeres, ya que se sentiría mucho más cerca del marido que de las trabajadoras, en tanto haría suyos los intereses de aquel. Más aún, como las obreras no ganan lo suficiente para cubrir sus propias necesidades, ya que son más explotadas que los varones, aunque sus patrones reconozcan que trabajaban mejor, la sociedad conyugal se consolidaría. Para Beauvoir, esa fórmula "Trabajan mejor y más barato" muestra el drama del trabajo femenino en el capitalismo. Sólo muy lenta y tardíamente el trabajo permitió a las mujeres conquistar su dignidad.[305]

Incluso muchas veces la legislación social, rodeada de garantías de higiene, prohíbe a las mujeres jornadas de trabajo prolongadas o nocturnas y otorga extensos permisos por embarazo y maternidad, todo lo cual constituye un impedimento para el acceso igualitario de las mujeres en el mundo del trabajo. Por eso, también con frecuencia, se contentan con llevar a casa una "ayuda" económica, sin tratar de solventar la totalidad de sus necesidades, obligadas a

---

303 Beauvoir, *El segundo sexo*, 1, p. 25. Beauvoir prefiere denominar "casta" apelando a la base biológica de la división. Delphy trabajará para mostrar que sí constituyen una "clase". Cf. *L'Enemi principal* (1973).

304 Beauvoir, *El segundo sexo*, 1, p. 36; 51.

305 Beauvoir, *El segundo sexo*, 1, p. 53-55.

aceptar una remuneración inferior y además a realizar las tareas de la casa. A esto, le suma Beauvoir el problema de tener que conciliar su papel reproductor con su trabajo productivo.[306] Por eso, con una mirada un poco romantizada, deja sólo para las campesinas acomodadas "que se hacen ayudar por sirvientas o que están dispensadas del trabajo en los campos" la posibilidad de llevar una vida felizmente equilibrada entre la autoridad que gozan en el hogar y las labores domésticas. También las comerciantes o las patronas que regentan pequeños negocios, son privilegiadas, gracias a códigos que así las reconocen, desde la Edad Media.[307] Obviamente, Beauvoir se limita a la legislación francesa, lo que no deja de llamar la atención, sabiéndola siempre atenta al universalismo.

En cambio, la situación es muy distinta para la obrera, la empleada, la secretaria, la vendedora, que debe trabajar fuera del hogar. A ellas les resulta mucho más difícil conciliar su oficio con el cuidado de la casa, en la que se invierte (calcula Beauvoir) al menos tres horas con cuarenta y cinco minutos (3:45 hs.) diarios y unas seis horas (6 hs.) los días feriados; que hay que sumar a las horas de oficina o de fábrica. Respecto de las profesionales, Beauvoir advierte que aunque tengan ayuda en las faenas domésticas (ayuda que brinda otra mujer), igualmente el hogar y los hijos representan otro trabajo, con sus cargas y sus preocupaciones de cuidado. Es decir, aun una mujer independiente tiene cargas que un varón no tiene. Por tanto, incluso en pie de igualdad profesional, las mujeres carecen del tiempo, el descanso y las oportunidades de los varones. Y además, ganan menos. Si para la mayoría de los varones, el trabajo es una forma de conquista y ascenso personal, para las

---

306 Beauvoir, *El segundo sexo*, 1, p. 55.
307 Beauvoir, *El segundo sexo*, 1, p. 68.

mujeres no implica ni autonomía económica, ni plena dignidad social ni libertad de costumbres.[308] Por eso, bajo el capitalismo, la libertad de trabajo es para ellas, con frecuencia, una obligación más. Beauvoir sostiene que igualmente el trabajo implica una liberación para las mujeres en tanto rompe el encierro doméstico. Aunque, lo ideal sería que en una verdadera sociedad socialista, varones y mujeres fueran trabajadores por igual, en tanto se hubieran creado las condiciones materiales para su igualdad.[309]

Beauvoir pone el acento en la gran cantidad de faenas domésticas que las mujeres realizan desde pequeñas, de las que, por lo general, "se dispensa a los varoncitos". Aun cuando en las últimas décadas la socialización de niñas y niños haya cambiado significativamente, ese cambio sigue reducido a ciertos ámbitos socio-culturales y, aún así, las niñas siguen siendo socializadas, más que los niños, en las tareas domésticas y de cuidado. Signo de esa socialización en lo doméstico es –a juicio de Beauvoir– que muestran desinterés manifiesto a partir de la pubertad, por las cuestiones intelectuales y artísticas.[310] Si bien muchas razones podrían explicarlo, para Beauvoir, la más frecuente es que (todavía hoy) la imagen identificatoria de ser mujer, tanto pública como privada, se liga fuertemente a la maternidad y a la domesticidad, lo que las aparta de los intereses profesionales. Esto implica –concluye Beauvoir– que mientras que socialmente, el varón es un individuo autónomo y completo, considerado productor y proveedor, para las mujeres el papel reproductor y doméstico es preponderante.[311] Si esto era

---

308 Beauvoir, *El segundo sexo*, 1, p. 68-69.

309 En 1978, en *Final de cuentas* (*Tout compte fait*), Beauvoir es más escéptica respecto del socialismo, inclinándose por una posición feminista que exija primero la igualdad entre los sexos.

310 Beauvoir, *El segundo sexo*, 1, p. 150.

311 Beauvoir, *El segundo sexo*, 1, p. 206.

así hace más de setenta años, cuando Beauvoir escribió *El segundo sexo*, los cambios sociales no han producido todavía una "garantía de dignidad igualitaria" entre mujeres y varones, incluso entre las profesionales. Con agudeza, detecta Beauvoir que quienes exaltan líricamente los triunfos de las mujeres son sobre todo los varones y agrega no sin cierta ironía "porque ellos no realizan las faenas domésticas o lo hacen rara vez". Porque las faenas domésticas son

> [...] ese trabajo [...] **monótono y maquinal; que está plagado de esperas: hay que esperar que el agua hierva, que el asado esté en su punto, que se haya secado la ropa; incluso si se organizan las diferentes tareas, quedan largos momentos de pasividad y vacío, que transcurren la mayor parte de las veces en medio del aburrimiento; y no son entre la vida presente y la de mañana más que un intermediario inesencial.**[312]

Todas esas horas y tiempos vacantes hacen ingratas las tareas domésticas y marcan la suerte de la mujer-sirvienta o ama de casa.[313] Porque la división sexual del trabajo consagra a las mujeres a lo general y a lo inesencial, al hábitat y el alimento, que son útiles para la vida, pero no le confieren sentido.[314] Los fines inmediatos del ama de casa son medios para los verdaderos fines, y no conllevan ningún proyecto propio: constituyen un monótono ciclo de repeticiones. Sin embargo, es un trabajo que se corresponde a "las dos cuartas partes de la duración del jornal semanal de una obrera o de una empleada". Si a esa labor se le agregan niños, la tarea es enorme, consume altos niveles de energía a lo largo del día, lo

---

312 Beauvoir, *El segundo sexo*, 1, p. 235.
313 Beauvoir, *El segundo sexo*, 1, p. 237.
314 Beauvoir, *El segundo sexo*, 1, p. 499.

desordena, y puede abarcar parte de la noche, si están enfermos. Lo más triste es que ese esfuerzo no desemboca siquiera en una creación perdurable; se agota en mantener un *statu quo*, porque el orden y la limpieza parecen naturales y se dan por supuestos. Con crudeza Beauvoir concluye que, salvo el trabajo de la cocinera, el resto de las tareas que realizan las mujeres en el hogar no le confieren ni autonomía, ni son directamente útiles a la sociedad, ni desembocan en el porvenir: no producen nada; mantienen un cierto estado de cosas.[315]

En *El segundo sexo*, Beauvoir alerta también que el tipo de socialización que reciben las mujeres, las lleva a sacrificar sus propios intereses en pos de las carreras de sus maridos;[316] por eso, para ellas el trabajo "fuera de casa" no es más que una fatiga suplementaria. Tal trabajo no ocupa su espíritu, no desafía su formación, no produce gusto, realización o independencia, y además muchas veces transcurre en plena soledad. El ejemplo de Beauvoir es crudo: remite a las lamentaciones de Sofía Tolstoi y el conjunto de abandonos y frustraciones que la convirtieron en una mujer perversa.[317] Los ejemplos que la historia de las mujeres está rescatando de situaciones similares son sumamente extensos, Beauvoir los anticipó con agudeza. Ese análisis, bastante demoledor, lleva sin embargo a Beauvoir a concluir que solo un trabajo autónomo puede asegurar a la mujer su auténtica autonomía.[318] Como Engels, cree que sólo el trabajo genera las condiciones de la emancipación, por eso una sociedad socialista es una condición fundamental para la liberación de las mujeres y garantía de su libertad. Beauvoir reconoce que,

---

315   Beauvoir, *El segundo sexo*, 1, p. 236-237.
316   Beauvoir, *El segundo sexo*, 1, p 263.
317   Beauvoir, *El segundo sexo*, 1, p 303.
318   Beauvoir, *El segundo sexo*, 1, p. 256.

gracias al trabajo, las mujeres han sorteado, en parte, la distancia que las separaba de los varones, comprendiendo que únicamente el trabajo podría garantizarles autonomía y libertad concretas. Aun así, esta mujer independiente –como la denomina Beauvoir– se encuentra dividida entre sus intereses profesionales y sus preocupaciones domésticas; en esa tensión le cuesta hallar su equilibrio. Si lo consigue, es a costa de concesiones, sacrificios y acrobacias que exigen de ella un perpetuo juego de equilibrios en tensión.[319]

Solo años más tarde, Beauvoir se apartó de esta posición para advertir que la profunda desigualdad entre el varón que se realiza en su trabajo o en la acción, y su esposa, aunque también trabaje, adquieren una configuración negativa y sólo adoptando una posición más fuertemente feminista, se lograría acortar la distancia entre ambos. Porque, aunque las mujeres se vayan afirmando en sus propios deseos y necesidades, no superaron todavía por completo los mandatos milenarios que las definen en su feminidad. Ni han podido tampoco derrumbar las estructuras que las repliegan a su lugar doméstico.[320]

Como consecuencia de su análisis, Beauvoir denuncia que la revolución del proletariado no lo fue por igual para "proletarios" y "proletarias". Las clases sociales, y la clase obrera no es una excepción, están atravesadas por el dimorfismo sexual; es decir por relaciones de dominación estructurales históricamente establecidas entre los sexos, que atraviesan las clases como un resabio estamentario en las sociedades modernas. La experiencia histórica de muchas revoluciones (paradigmáticamente, la Francesa de 1789 o la Bolchevique de 1917, tal como lo informa Alejandra Kollontai)[321]

---

319   Beauvoir, *El segundo sexo*, 1, p. 388-389.
320   Beauvoir, *El segundo sexo*, 1, p. 405.
321   Femenías, 2019, pp. 189-203.

muestra que las mujeres pasan de revolucionarias a sumisas amas de casa, sin haber obtenido beneficio alguno de la puesta en riego de sus propias vidas. Svetlana Alexiévich hace un relato afín en *La guerra no tiene rostro de mujer* (2016).

Algunas consideraciones

Se ha dibujado a grandes rasgos la lectura que hace Beauvoir de las mujeres en relación al trabajo en general. Se subrayó que inscribe como "trabajo" las labores domésticas, desnaturalizándolas con el mero uso del término, una novedad en su época que, como veremos, retoma y desarrolla, entre otras, Christine Delphy. Ahora bien, entenderemos la lectura que hace Beauvoir de la relación entre las mujeres, los varones y el trabajo como "macropolítica". En efecto, su descripción atiende a la estructura patriarcal de los Estados en tanto tales, e incluso al modo en que se organizan las naciones, dándole a la mencionada relación un carácter universal. Además, le confiere a la división sexual del trabajo un carácter también planetario. Beauvoir elabora el problema de modo abstracto y teórico, propio de la filosofía o de la teoría política, sin abandonar referencias precisas en su pretensión de reformar, resolver o analizar cuestiones de alto nivel, en las que están involucrados, varones y mujeres en todos los países del mundo.

El concepto de macropolítica que ha sido aplicado al análisis de Beauvoir supone un sistema –sobre la base de la división sexual del trabajo–, que incluye subsistemas sobre los que se estructura toda la organización social, incluido el trabajo doméstico impago, bajo la responsabilidad mayoritaria (sino total) de mujeres y niñas. Este trabajo impago e invisible es la condición de posibilidad del trabajo remunerado. En suma, se pueden concebir diversos niveles en un sistema de tipo impersonal, que no comprende un cara a cara de todos los miembros participantes, donde las relaciones son más bien indirectas. Dicho más sencillamente, se trata de un sistema – como el capitalista o el patriarcal– que implica, estructuralmente, a todos pero que Beauvoir no examina en términos de relaciones particulares. No hace una inscripción psico-sociológica del tema, sino filosófica y política.

Por eso, a diferencia de otras interpretaciones, considero que, en *El segundo sexo* hay una toma de conciencia política y feminista, que Beauvoir profundiza en las décadas siguientes. Tomar conciencia de que entre varones y mujeres también hay relaciones de poder constituye uno de los logros más significativos de su obra. No creo que Beauvoir pensara el poder en términos necesariamente de violencia física (aunque sí puede producir ese tipo de efectos); más bien considero que lo entendía en el sentido en que años más tarde lo definió Amorós: "poder" es la capacidad de incidir en otros más de lo que los otros incidan en nosotros.[322] Mérito de Beauvoir es haber advertido que la clase, en el sentido marxista del concepto, estaba atravesada por los sexos, y que por tanto no eran homogéneas: unos detentan poder; otras no. Consecuentemente, siguiendo su raíz etimológica, Beauvoir debe haber entendido la "revolución", como un cambio efectivo de estructuras sexistas, y que realmente igualara a mujeres y a varones. Esa igualación no estaba dada en su época (ahora tampoco) y señalarla marcó una diferencia entre el obrero y la obrera. Esta toma de conciencia desembocó en una corriente con conciencia de clase, pero atravesada por la conciencia de sexo; por tanto, era una lectura marxista heterodoxa, cuyas integrantes se autodenominan "materialistas",

---

322   Amorós, *Hacia una crítica de la razón patriarcal,* Barcelona, Anthropos, 1985, p. 25.

y desarrollaron estudios y teorías que muy brevemente se presentarán más adelante.

Trabajo: problema abierto

En varios escritos, Marx insiste en que el hombre es realmente un ser productivo, y el trabajo no es otra cosa que la transformación de la realidad para la satisfacción de sus necesidades, y transformando la realidad se transforma a sí mismo. En otras palabras, el trabajo es un proceso entre el hombre y la naturaleza, un proceso en el cual el hombre media, regula y controla gracias a su propia actividad su relación con la naturaleza; se enfrenta con la materia natural como fuerza natural, y la pone en movimiento con su corporeidad. El hombre desarrolla así sus potencias, las somete a su dominio y las subordina a su voluntad, pero, al mismo tiempo, su voluntad se somete al control capitalista al que también pertenece su trabajo.[323] Hago una pausa para que nos preguntemos ¿Qué significa "hombre" en este largo pasaje? ¿Ser humano? ¿Varón y mujer? ¿O solamente varón?

Tanto Weil como Beauvoir parecen compartir que, en algún sentido, la felicidad, la perfección humana y el propio bien provienen de la acción, de la ocupación con las cosas; por tanto, del trabajo, incluido el intelectual. Ambas pareen coincidir también en que el hombre (*qua* ser humano) se realiza en *el trabajo*. Sin embargo, se lo vive como un ámbito carente de creatividad e impropio para la autorrealización. En consecuencia, cada una describe, según su metodología y su enfoque, el trabajo más bien como un lugar de alienación, de sufrimiento y de limitación de las

---

323   Muñoz, J. *Marx*, Barcelona, Península, 1988: 135s.

facultades físicas y espirituales. Weil, por su parte, parece considerar al obrero u operario de modo general, incluyendo varones y mujeres, sin tomar en cuenta que entre ambos también se instala una relación de poder. En sus descripciones, los obreros parecen más que mujeres o varones, seres asexuados, y no marca tensión alguna entre unos y otras.

Beauvoir, en cambio, identifica –con claridad creciente a lo largo de su vida y de su obra– la situación en que se encuentran las mujeres, más allá de ser obreras o profesionales: las mujeres padecen limitaciones y exclusiones en mayor medida que los varones. Claramente, Beauvoir apunta que, a las cargas que tienen las obreras o las trabajadoras, se le suman las propias de su condición de mujer, en las que Weil no incursiona. Como Marx, ambas filósofas creen que la razón esencial de la insatisfacción de/la obrero/a radica en que viven su actividad personal o trabajo como algo que no les pertenece propiamente a sí mismos; algo que les es ajeno respecto de su voluntad y de sus proyectos, donde el producto de su esfuerzo tampoco les pertenece. A grandes rasgos, probablemente ambas estarían de acuerdo también en eso. Pero Beauvoir suma otro aspecto, el doméstico, que puede analizar gracias a que reconoce y da importancia a la división sexual del trabajo, como estructura universal naturalizada.

Además de identificar su alienación como sujeto en el proceso del trabajo –ya que como obrero/trabajador se enajena de sus propias facultades creadoras, del objeto producido, y económicamente del objeto que no le pertenece–, el acento en el nivel estructural le permite a Beauvoir comprender que la liberación de los trabajadores *no implica necesariamente* la liberación de las mujeres trabajadoras. No vemos en Weil esta claridad. Por eso, la crítica que Beauvoir extiende a Engels y a Marx se centra en el hecho de que no identificaron la previa exclusión de las mujeres del proceso dialéctico mismo, con sus consecuencias político-sociales y económico-productivas. Más aún, su concepto de trabajo, vinculado a la remuneración y al espacio público será criticado por Delphy, como veremos más adelante. Que Beauvoir haya puesto la mirada en esa exclusión *ab originis* de las mujeres, le permitió entender cómo históricamente se configuraron como "lo Otro". Por eso mismo, Beauvoir se atreve a decir:

> [...] la peor maldición que pesa sobre la mujer es estar excluida de estas expediciones guerreras, si el hombre se eleva por encima del animal, no es dando la vida, sino arriesgándola; por esta razón, en la humanidad la superioridad no la tiene el sexo que engendra, sino el que mata.[324]

Beauvoir parece centrarse en el poder como capacidad de control de individuos y de recursos; por cierto, ambas cuestiones de carácter económico. Pero, al identificar claramente la exclusión de las mujeres de ese primer acto de dominio, da cuenta de cómo se encadenaron las subsiguientes exclusiones.

Si denominamos micropolítica al examen de Weil, que permite ver cómo se subjetivizan los obreros, tomando en cuenta su día a día, la conformación de su conciencia y los modos posibles de evasión o fuga en una suerte de fracaso del disciplinamiento –me alejo del vocabulario de Weil–, la macropolítica en la que se mueve Beauvoir ilumina una escena más amplia de la estructura de poder, que sitúa a mujeres y a varones en escenarios jerárquicamente establecidos de antemano. Si la micropolítica de Weil parece más apta

---

324   Beauvoir, *El segundo sexo*, I, p. 28.

para ilustrar las tramas vinculares y las potenciales resistencias a las presiones del poder inmediato, la macropolítica de Beauvoir resulta, a mi modo de ver, más adecuada para iluminar los grandes objetivos de una hoja de ruta revolucionaria de carácter estructural para lograr la igualdad de las mujeres. Sin embargo, en algún punto, ambas miradas se complementan. No creo que una mirada sea más importante que la otra; más bien considero que dos miradas diferentes ofrecen dos cartografías también diferentes de los modos posibles en que se conforma la estructura de la sociedad, y cómo los espacios que delimitan a uno y otro sexo cobran significado. Sin duda, el esquema conceptual diseñado por Beauvoir ilumina con más claridad el espacio de las mujeres y su proyecto.

Capítulo 8

Libertad, compromiso intelectual y el rescate del sujeto

Beauvoir cierra *El segundo sexo* instando al hombre, es decir, a los seres humanos, a "hacer triunfar el reino de la libertad en la entrañas del mundo de lo dado"[325] Pocas páginas antes, había imaginado –utópicamente casi– un mundo en el que varones y mujeres fuesen iguales, como el que había prometido la revolución francesa o la revolución rusa. "Igualdad" no significa para ella ni homologación, ni copia, ni instanciación, ni calco, ni duplicación, ni réplica, ni facsímil, (u otros) del modelo masculino.[326] Por el contrario, "igualdad" significa que varones y mujeres puedan estudiar, trabajar, desear, disfrutar, tener libertad erótica, relacionarse, valorarse, proyectarse, disponer de sus bienes, responsabilizarse de sus hechos, etc. en pie de igualdad. Para ello –insiste Beauvoir– es insuficiente cambiar las leyes; hay que cambiar las costumbres, la opinión pública,

---

325   *Ob cit,* t.II. pp. 518.

326   *Ob cit,* t. II. pp. 511. Santa Cruz, María Isabel, "Sobre el concepto de igualdad: algunas observaciones" *Isegoría* 6, 1992, pp.145-152.

la estructuración social, y lograr relaciones vinculares que los conviertan realmente en semejantes. Porque en la "colectividad humana nada es natural y la mujer es uno de los tantos productos elaborados por la civilización".[327] La mujer debe reconstruir su relación con el mundo, pero no puede hacerlo sola: las conciencias extrañas deben devolverle una imagen nueva de sí.

Beauvoir apela a la libertad desde su particular modo de leer el existencialismo. Volveré sobre eso, pero ahora centrémonos en su particular tratamiento de ciertos conceptos fundamentales.

Considero que, apartándose de la filosofía metafísico-teórica de sus compañeros de ruta, Beauvoir sostiene un "existencialismo práctico", tal y como lo denomina Abellón, quien prefiere ese rótulo al de "existencialismo moral". En todo caso, a mi modo de ver, ambas denominaciones guardan igual sentido y hasta quizá extensión, dado que "moral" en Beauvoir remite al viejo significado de "costumbre"; es decir, remite a aquellos rasgos que se mencionaron más arriba y que relacionan a la sociedad y su estructura con el lugar, los vínculos de los diversos grupos y sus estilos de vida. También examinaré su concepción de "sujeto" que –como veremos en capítulos siguientes, ha hecho correr ríos de tinta crítica– y destacaré su compromiso intelectual con la sociedad de su tiempo.[328]

---

327   *Ibidem*

328   Para un análisis detallado desde el punto de vista filosófico de estas y otras cuestiones vinculadas, cf. Abellón, Pamela (M), "Las nociones de "existencia humana" y de "sujeto" en las filosofías de Simone de Beauvoir y Judith Butler a partir de sus recepciones de la *Phänomenologie des Geistes* (1807) de Hegel" Tesis de doctorado dirigida por María Luisa Femenías y Daniel Brauer. Repositorio de la Facultad de Filosofía y Letras de la Universidad de Buenos Aires, 2017, Disponible en: http://repositorio.filo.uba.ar/handle/filodigital/10002

El existencialismo moral de Beauvoir

En primer término, el existencialismo de Beauvoir profundiza el aspecto práctico (moral) de la filosofía existencial, principalmente a través la noción de "proyecto" en términos de "proyecto de sí" o "proyecto propio", aunque siempre es un proyecto con otros. Obviamente la noción de proyecto propio se vincula a la noción de "sujeto", como categoría filosófica diversa de la de "subjetividad". Como hemos visto, Beauvoir, en una línea ilustrada, sustenta la categoría de "sujeto", como de orden formal, considerando la de "subjetividad" como de orden material. Hecha esta aclaración, cabe recordar que Beauvoir publicó sus textos sobre existencialismo moral en el marco de los intensos debates sobre el humanismo que se sucedieron tras la Segunda Guerra.

El existencialismo, definido como un humanismo por Sartre, no estaba exento de críticas, tanto de sectores religiosos como del marxismo más ortodoxo.[329] No es extraño, entonces, que si los filósofos se preguntaban ¿Qué es el hombre? Y ¿Cómo es capaz de tanto horror?, Beauvoir haga lo propio, y se pregunte ¿Qué es la mujer? Y ¿Cómo está subordinada de tal manera al varón? Esta actitud cuestionadora de "la civilización", va de la mano del rechazo de ambos a aquellas posiciones humanistas que "rinden honor a la naturaleza humana" y "culto a la humanidad".[330] Claramente alejándose de posiciones idealistas, Beauvoir no solo se opone a la

---

329   Sartre, Jean Paul, *El existencialismo es un humanismo*, Buenos Aires, Sur, [1957], 1978.

330   Blackham, H. J. *Objections to humanism*, London, Constable, 1961; Beauvoir da cuenta de este debate en *La fuerza de las cosas*, donde argumenta sobre su paso del anti-humanismo al humanismo. En *El existenciaismo y la sabiduría de los pueblos* (1945), escribe en defensa del existencialismo "tan mal conocido". También, Simons, Margaret, y Todd, Jane Marie "Two Interviews with Simone de Beauvoir" *Hypatia*, 1988. 2. Disponible en: https://doi.org/10.1111/j.1527-2001.1988.tb00185.x. Consulta: 5 de enero de 2021.

noción de "naturaleza humana" y de "esencia" sino que su idea de "humanidad" nunca pierde vista a los seres humanos concretos en términos de éste o de aquel hombre. En parte, esta mirada coincide con la de Sartre, aunque la de Beauvoir está –si se nos permite la expresión– más anclada en la facticidad; en el mundo.

Intemperie teológica

Como Sartre y Merleau-Ponty, la posición de Beauvoir es la de un existencialismo ateo, pero se diferencia de ambos en que no hace mención expresa de su ateísmo. Más bien, en sus *Memorias de una joven forma* reconoce haber sido educada en el Cristianismo y haberlo practicado.[331] En el apartado que, en *Pyrrhus et Cinéas*, dedica a la relación del hombre con Dios elabora dos ideas interesantes: la primera, que aún habiendo Dios, éste no tendría ninguna incidencia en los asuntos humanos (quizá a la manera de un *nous* aristotélico) y, la segunda, que el hombre crea a Dios y no su inversa. Como señala López Pardina, Dios sería una "proyección del hombre".[332]

Esta suerte de intemperie teológica pone a la existencia del hombre "ahí", en un tiempo y un espacio propios y en una historia que puede reconstruir, en la que debe insertarse y trascender trascendiéndose. Hasta cierto punto, también en *Pyrrhus et Cinéas*, Beauvoir retoma una lectura antropológica de Hegel y Heidegger, centrándose en la idea de "carencia de ser" que aparece también en el existencialismo de Sartre. De ahí la fuerza de la noción de "avoir à être" (tener que ser), que siguiendo a Amorós interpretamos más arriba según la idea espinoziana de *conatus*. Por eso Beauvoir repite

---

331 *Op.cit. pp.* 137-138, 140-141, 231.
332 Beauvoir, *Pyrrhus et Cinéas* pp. López Pardina 1998, pp. 42.

que el "ser del ser humano" es precisamente "ese no-ser", porque no es dado, sino que, en ese esfuerzo de permanencia en el ser, somos, nos hacemos: por eso también *qua* humana, la mujer "no nace, sino que se hace". Beauvoir extrae dos consecuencias positivas de esta situación. Por un lado, no habiendo una esencia predeterminada, se abre un espacio de libertad, teóricamente infinito, aunque fácticamente limitado. Por otro, precisamente esta apertura niega todo tipo de determinación previa; todo determinismo. Ambos aspectos consolidan su concepción de libertad. Ahora bien, si la filosofía sartreana pone el acento en la libertad casi como categoría metafísica del ser del hombre, Beauvoir asume fundamentalmente la facticidad de la libertad. Como hemos visto, atiende así a cuáles son las circunstancias que la aumentan o la disminuyen en el mundo cotidiano.

Una de esas limitaciones está dada por lo que, con Sartre, denomina el "espíritu de seriedad".

El espíritu de seriedad

Esta actitud confiere al fin del proyecto un valor en sí mismo; considerándolo objetivo; el ser humano se trascendería a sí mismo en el cumplimiento de ese fin esencial. En otras palabras, se trataría de un retorno de las concepciones esencialistas que Beauvoir rechaza: la acción quedaría reducida a la obtención de un fin predeterminado; lo que a juicio de Beauvoir, determinaría "desde fuera" el curso mismo de la acción del hombre. Entonces, la acción ya no nacería de la voluntad de cada quien, sino que generaría la "ilusión de la falsa objetividad".[333] Por eso, Beauvoir afirma que

---

333 Beauvoir, *op. cit,* p. 27.

[...] el político lúcido y que verdaderamente tiene ascendiente sobre las cosas es aquel que es consciente [74] del poder de la libertad en sí misma y en los otros [...] Así, los fines de la acción no están dados en la realidad, y ni siquiera prefigurados: es preciso quererlos.

De ahí que cierre el párrafo con una referencia a Marx: "Poco a poco los hombres tomaron conciencia de esta verdad: que ellos mismos son su propio fin, cosa que Marx fomuló [75] con estas palabras: 'El hombre es lo más elevado para el hombre'".[334]

Gratuidad y proyecto

Parte del desmontaje que hace Beauvoir de la compleja trama de la filosofía de la inmanencia, es mostrar que el ser humano es puramente contingente. Contrariamente a la concepción de que las acciones tienen un fin en sí mismo, en tanto pertenecen al orden del Ser, Beauvoir –junto con otros existencialistas ateos– les opone la noción de trascendencia, en su particular acepción. Si el mundo infantil es similar al mundo del espíritu de seriedad, como sostiene en *Por una moral de la ambigüedad*, la libertad, hasta entonces encubierta, se revela en la adolescencia. En efecto, en ese momento se derrumban las certezas de la infancia, y se abre, efectivamente; la conciencia de la libertad y de la gratuidad de la existencia. El mundo por sí, no tiene razón de ser: cada quien le da sentido con/en su proyecto.

Afirmar al hombre como fundamento, como en la cita de Marx, implica tanto reconocer el carácter gratuito de la vida como

---

334   Beauvoir, Simone de *El existencialismo y la sabiduría de los pueblos,* Barcelona, Eshasa, 2009, pp. 59-76. Las citas corresponden a las pp. 73-75.

su carencia de Ser, de densidad ontológica. El ser humano, ante todo, es autodeterminación. Sin embargo, la idea de proyecto no consiste en formular un plan racional para alcanzar un fin preciso. El proyecto no es un plan sistemático, ni responde a una racionalidad instrumental. Más bien, consiste en abrir posibilidades y estar abierto a ellas, rechazando un modelo predeterminado de vida, ya sea en cumplimiento de un mandato social o alguna otra imposición externa. Como sostiene Sartre en *El ser y la nada*, el hombre es *pro-jecto*; concepción que Beauvoir retoma en *Pirro y Cineas*, donde considera que precisamente el proyecto es la estructura de la condición humana.[335] En la acción, el hombre se lanza al mundo, al porvenir que aún no es. El proyecto hace que el hombre siempre esté más allá de sí mismo; adelantándose a él mismo, como el propio Heidegger sostuviera, se halla "más allá de sí". Esta es la idea que —según Moser— retoma Beauvoir.[336]

La condición de sujeto

Beauvoir se distancia de Sartre y de Merlau Ponty, al mismo tiempo que rompe con el cartesianismo aún presente en ambos. Es decir que, si bien acepta la categoría de "sujeto", no afirma ni el dualismo de aquellos, ni —según Ulrika Björk— la base antropológica de Heidegger; entendemos que, según Björk, Beauvoir se aleja de la ontología del filósofo alemán y de sus existenciarios, lectura con la que acuerdo. No obstante, Beauvoir misma reconoce que la noción heideggeriana de *Dasain* incidió en la elaboración de su

---

335 Beauvoir, *op.cit*, pp. 14, 16, 23-26, 63.
336 Moser, Susanne, *Freedom and Recognition in the Work of Simone de Beauvoir*, Vienna, Peter Lang, 2008, p. 40.

propia concepción de "sujeto".[337] No obstante, de algún modo, Beauvoir logra conciliar, la herencia que acabamos de describir con la fenomenología de Husserl, afirmando que "la verdadera condición de la conciencia, es la trascendencia". O, en otras palabras, "la intencionalidad de la conciencia proyecta al sujeto fuera de sí".[338] Por todo esto, Beauvoir puede afirmar que el sujeto es movimiento hacia el otro; es decir, no es cosa sino proyecto, espontaneidad, trascendencia, acción, anhelo y conciencia de desear, amar, temer, pensar... En palabras de López Pardina:

> Para Beauvoir el sujeto humano *qua* humano es absolutamente libre, pero la libertad se encarna en situaciones. La situación puede ser una coacción –una opresión–, una barrera, o un factor que libera la libertad. La situación para las mujeres es su cuerpo sexuado –que para ellas supone una facticidad más "pesada" que para los hombres [varones] el suyo–, su entorno, los otros, la cultura y la sociedad patriarcales que las oprimen. Pero hay vías de liberación; la liberación es posible.[339]

Es decir, el sujeto beauvoiriano no es una realidad sustantiva; es acción y movimiento hacia *otro* fuera de sí. Precisamente esa es la condición de la trascendencia: su lanzarse más allá. En eso radica la no-identidad de la realidad humana consigo misma, la falta de completitud y la distinción respecto de *otro*.[340] La trascendencia impide la cosificación, es apertura; la limitación de la libertad

---

337   Björk, Ulrika, *Poetics of Subjectivity Existence and Expressivity in Simone de Beauvoir's Philosophy*, Helsinki, Helsinki University Print, 2008, pp. 52-53.

338   Beauvoir, *Pour une moral...* pp. 15-16.

339   López Pardina, Teresa "De Simone de Beauvoir a Judith Butler: el género y el sujeto" en *Pasajes: Revista de pensamiento contemporáneo*, N°. 37, 2012, pp. 101-107.

340   Beauvoir, *Pyrrhus et Cinéas* pp. 20; 33.

es cierre y caída en la inmanencia. El proyecto, en tanto que es estructura de la realidad humana, pone de relieve que el hombre no es un ser-en-sí, y en la acción hace estallar la idea estática de plenitud y de identidad. Beauvoir toma esta noción, desarrollada por Sartre en *El ser y la nada*, y la aplica a los condicionamientos que estancan a la mujer en la inmanencia, la privan de su libertad y le impiden ser proyecto: es decir proyectarse.

La acción como ejercicio de la libertad

Podríamos preguntarnos –siguiendo un estilo beauvoiriano– qué es la acción y para qué la acción. Como hemos visto, para el existencialismo, la acción es ante todo el movimiento que lanza al hombre fuera de sí, hacia lo que no es; hacia el futuro abierto, hacia lo posible, y al hacerlo modifica el mundo y alcanza un fin. La acción es movimiento *hacia*, implica siempre un *para* y supone esfuerzo. En *Pirro y Cineas*, Beauvoir sostiene que:

> Un fin es siempre un sentido y la conclusión de un esfuerzo; separado de ese esfuerzo, ninguna realidad es un fin, sino solamente algo dado para ser superado. Eso no significa, como se dice a veces, que solo cuenta la lucha, que la meta apostada es indiferente; pues la lucha es lucha por una apuesta; si ésta desaparece, aquella pierde todo sentido y toda su verdad; no es ya una lucha, sino un empecinamiento estúpido.[341]

Beauvoir utiliza la palabra *"enjeu"*, que hemos traducido por "apuesta", en el sentido de "aquello a lo que yo 'apuesto' mi vida…

---

341   Beauvoir, *Idem*, p. 26; hemos modificado ligeramente la traducción.

mis acciones…". La afirmación de Beauvoir es muy fuerte: "yo le apuesto mi vida a…", "yo me juego la vida a… / en…"; ese es el profundo sentido de una vida auténtica. Tanto para Sartre como para Beauvoir, la acción guarda intencionalidad como la conciencia. Su estructura cuenta con tres elementos constitutivos: el motivo (*motif*) o móvil (*mobile*);[342] el acto como tal y el fin.[343] El motivo es aquello que justifica el acto. El acto en cuanto tal es ese movimiento hacia, del que ya hablamos. Por último, el fin es aquello a lo el movimiento se dirige, el límite que trascenderemos constantemente para no caer en la inmanencia. Nuevamente, tanto en Sartre como en Beauvoir, la estructura de la acción se corresponde con los tres *ek-stasis* temporales de la realidad humana: los móviles corresponden al tiempo pasado; la acción al presente, y el fin al porvenir.[344]

Ahora bien, para Beauvoir, el ser del hombre se "determina" en/por su proyecto; por lanzarse al futuro, por la acción.[345] Al proyectarse, al arrojarse al mundo proyecta una configuración del mundo distinta de aquella de la que parte. Al mismo tiempo que se proyecta a sí mismo al porvenir modifica el mundo: abre el espacio indeterminado de lo posible. El hombre es un *ser posible*; no *es* en sentido estricto salvo como posibilidad. De ahí que el hombre sea un *ser* del que se pone precisamente en cuestión su ser; un ser distante de sí mismo, que tiene que *hacerse*.[346] El ejemplo con el que Beauvoir ilustra esta formulación es, como ya dijimos,

---

342 Sartre, *L´être…*, II. I. Ni Sartre ni Beauvoir diferencian entre motivos y razones.

343 *Idem*, p. 591, 596

344 Sartre, *L´Être et…* p. 595; Beauvoir, *Pyrrhus et Cinéas*, pp. 24, 78, 129; *Pour une Morale…* p. 28.

345 Beauvoir, *Pyrrhus et Cinéas*, pp. 109, 129.

346 Beauvoir, *Pour une Morale…* p. 13.

Pirro, el conquistador heleno. Su objetivo era anexar a su reino la mayor cantidad de territorios en disputa. Por eso, no solo proyectó una nueva organización de territorios, sino que se ubicó en el porvenir, cuando se vio a sí mismo como "el gran rey conquistador"; es decir, como el ser posible y futuro que aún no era.[347]

Sin embargo, esto no quiere decir que Pirro "se *destine* a sí mismo". No; el destino está completo y acabado de antemano, como un libreto escrito que el actor repite. Pirro, en cambio, se lanza al mundo y no existe sino por el proyecto singular, propio y abierto con el que precisamente se lanza a él y lo modifica (conquiste o no esos territorios). Para Beauvoir, el proyecto tampoco debe entenderse como egoísmo. Es un arrojarse a sus posibilidades: a un no-ser que le permitirá ser, aunque aún no tenga realidad efectiva.[348] Más aún, el hombre no se lanza hacia cualquier fin sino hacia sus propios fines.[349] Justamente a través de su proyecto, el hombre se arroja al porvenir, al futuro. El porvenir, el tiempo abierto es, para Beauvoir, condición y sentido de la acción. El movimiento de la acción es siempre *hacia*, la libertad se temporaliza desde el seno del todavía no-ser;[350] de lo que aún no es. Para ello, se debe entender que en ese arrojarse hacia delante, debe *hacer suyas* todas sus propias posibilidades (sus propios posibles) y lanzarse hacia una configuración del mundo aún ausente, pero propia.[351]

Para Beauvoir, el mundo es, entonces, tanto el correlato de las posibilidades humanas como "la imagen fija del porvenir".[352] Ese

---

347   Beauvoir, *Pyrrhus et Cinéas*, pp. 5-8.
348   *Idem*, p. 112.
349   *Idem*: p. 129.
350   Beauvoir, *Pour une Morale* p. 111.
351   Beauvoir, *Pyrrhus et Cinéas*, p. 15
352   Beauvoir, *Pyrrhus et Cinéas*, p. 21

porvenir se corresponde a la condición ambigua del hombre que es, a la vez, carencia de ser y existencia.[353] Cuando se proyecta a sí mismo hacia el porvenir, lo hace como un ser-para-sí, que todavía es ausencia. De modo que el proyecto no es separación del mundo, sino que supone al hombre en el mundo con su pasado. Su situación es algo así como su "plataforma de lanzamiento", el conjunto de condiciones desde las que actúa y elije; el fundamento de su facticidad y lo contrario a cualquier concepción determinista. Al arrojarse al porvenir, el ser humano se nihiliza; emprende un movimiento hacia lo que aún no-es; pero también se nihiliza por su pasado, en tanto lo que ya no-es. Tal como lo conceptualizó Sartre, suspendido entre dos "nada", el hombre es conciencia de su conciencia-de-sí. En ese sentido, el "yo" es un "unificador de vivencias".[354]

Beauvoir matiza esta concepción de hombre. Existir *es* hacerse y todo hombre arrojado al mundo *se hace*; no puede negarse a ser. El en-sí es y en ese ser pleno, en esta pura positividad, la negación ni se toma en cuenta, ni se puede huir de esa plenitud. El para-sí que proyecta lleva en su corazón la nada y, acaso, se nihiliza porque todo hombre en el mundo va haciéndose carencia de ser y por eso se humaniza.[355] El mundo para Beauvoir es un conjunto de entidades organizadas en función de las posibilidades y las acciones humanas. Es una organización significativa, que remite al ser humano que revela sus sentidos. Por eso, todo humano es un mundo parlante, un mundo dotado de sentidos que se manifiestan en los proyectos humanos.[356] Por eso también, Beauvoir considera que el hombre

---

353 Beauvoir, *Pour une Morale* p. 111.

354 Beauvoir, *Être et N...*, pp. 225, 235-236; Anzoátegui, Bolla, Femenías, *op.cit.* pp. 225-237.

355 Beauvoir, *Pour une Morale,* pp. 32, 42.

356 Beauvoir, *Pour une Morale,* pp. 72-73.

significa al mundo con su proyecto y, al mismo tiempo, se significa a sí mismo. Un mismo proyecto los define a ambos y, al hacerlo, los funda.[357] En otras palabras, el hombre define al mundo y el mundo, a su vez, lo define a él. En suma, el hombre sólo se alcanza proyectándose; no tiene otro modo de existencia y para hacerlo debe elegir*se* y al mismo tiempo elige un mundo frente a él.

Otra vez la libertad

Para Beauvoir, como vimos, la *libertad* es algo constitutivo de la realidad humana, aunque las posibilidades concretas de cada quien para realizarla son finitas y, además, pueden aumentar o disminuir desde fuera. Contrariamente a la interpretación sartreana, para Beauvoir desde fuera –por la situación– se puede aumentar o disminuir de hecho la libertad de cada quien, por eso advierte: "[…] el que no tiene trabajo, el prisionero, el enfermo son tan libres como yo [...] pero [...] yo, que me abstengo de ayudarles, soy el rostro mismo de su miseria [...], yo soy la facticidad de su situación".[358] De modo que las relaciones con los otros encierran la peculiaridad de que, si bien no se puede incidir en el sentido de sus fines, sí se puede incidir, en cambio, en la posibilidad de su cumplimiento. Cada quien influye en la configuración de la situación de los demás. Por eso –para Beauvoir– la situación posibilita y ensancha la libertad, o la coarta y la constriñe.

Tanto es así, que en *Para una moral de la ambigüedad*, Beauvoir establece una jerarquía de situaciones: "Las situaciones que la libertad desvela a través de su proyecto […] no aparecen como equivalentes;

---

357 Beauvoir, *Pyrrhus et Cinéas*, pp. 24, 47, 108.
358 Beauvoir, *Pour une Morale*, pp. 30-31.

la libertad establece como privilegiadas las que le permiten realizarse como movimiento indefinido".[359] Esta noción de situación es la que utiliza en *El segundo sexo* y la situación cuerpo-mujer limita el alcance de la libertad. El sexo, la sexualidad, la edad, el lugar de nacimiento, el color de la piel, la clase social de pertenencia, la educación, entre otros, son aspectos de la situación. Por tanto, en Beauvoir la situación es más opaca que en Sartre. A diferencia de lo que sucede en su conceptualización, Beauvoir no considera que se interpenetre con la libertad. Por el contrario, para ella, el límite situación-libertad puede levantarse como una barrera infranqueable para el sujeto. De ahí que establezca la jerarquía de situaciones de la que hablábamos, erigida por diferentes grados de posibilidad de cumplimiento de la libertad. Las situaciones en las que la libertad se cumple al máximo son "privilegiadas". En cambio, en la esclavitud, un harén, bajo gobiernos totalitarios, o en campos de concentración la realización de la libertad es mínima o inexistente.[360]

En la "Introducción" de *El segundo sexo,* Beauvoir retoma esta caracterización de la *libertad.* La libertad de las mujeres se modela desde "afuera" por los otros, que constituyen la facticidad de su situación. Por ello, la *libertad* no es equivalente a la situación. Cuando una mujer no puede ejercer su libertad plenamente, debido a los límites que le imponen desde afuera, le es infligida una degradación a su trascendencia, empujándola a la inmanencia.[361] Cuando esto es así, desde un punto de vista ético, no es culpable; no se trata de un caso de mala fe; se trata, por el contrario, de una existencia degradada en la que intervienen los elementos externos

---

359   Beauvoir, *op.cit.* p. 45.

360   Beauvoir, *op.ci. cit.* p. 56.

361   Para un análisis más profundo de esta cuestión López Pardina, Teresa, "Simone de Beauvoir y Sartre. Consideraciones hermenéuticas en torno a *El segundo sexo*" en *Agora,* vol. 28, nº 1, 2009.

que configuran el límite. En Beauvoir, la frustración y la opresión revelan la asimetría Uno-Otra, no la "mala fe" de las mujeres. La construcción de relaciones simétricas y recíprocas es la única salida a la opresión y a la mala fe como mengua de la libertad de los seres humanos en general, y de las mujeres en particular.

Como vimos, en sus *Memorias* Beauvoir reconocía que desde pequeña había obedecido sus deseos y tomado sus decisiones. Con esa misma determinación configuró un existencialismo propio, no intercambiable con ninguna de sus fuentes, aunque sí influenciada por Merleau-Ponty y Sartre. Resumiendo mucho, en su introducción de *El segundo sexo,* cuando anuncia que la base de su investigación es la moral existencialista, la sintetiza en cinco proposiciones fundamentales:

1. Todo sujeto se afirma como trascendencia a través de sus proyectos con otros.

2. El sujeto no realiza su libertad sino mediante una perpetua superación hacia otras libertades.

3. No existe otra justificación de la existencia que su expansión hacia un futuro indefinidamente abierto.

4. Cada vez que la trascendencia recae en inmanencia hay degradación de la existencia en el "en-sí" y de la libertad, en la facticidad.

5. Esa caída es una falta moral si es consentida por el sujeto. Si le es infligida, toma la figura de la frustración o de la opresión. En ambos casos, se trata de un mal absoluto.

Estas proposiciones orientan todo el desarrollo filosófico beauvoiriano.

Sujeto y libertad

Volvamos ahora a la pareja de conceptos sujeto y libertad que mencioné al inicio de este capítulo. En *Para una moral de la ambigüedad*, Beauvoir recuerda que ella y Sartre discutieron mucho, antes de la primera redacción completa de *El Ser y la Nada*, sobre cómo entender la "libertad" de las personas. Beauvoir insiste en que Sartre, en principio, suponía que la libertad era igual para todos, mientras que ella la consideró siempre una contrapartida de la situación, reconociendo –como vimos– que hay situaciones en las que la libertad no puede ejercerse y constituye una mera mistificación.[362] Es decir, como se subrayó en páginas anteriores, la mirada que sobre el mundo tiene Beauvoir es diferente de la de Sartre y se vincula fuertemente a los condicionamientos fácticos de la existencia humana.[363] Quizá, porque la moralidad de cada ser humano se mide en términos de su capacidad de acción, y el horizonte de la acción moral está dado por la experiencia individual y su posibilidad de universalización, bajo la pregunta ¿cuáles son los límites de mis proyectos como ser humano en relación a los otros seres humanos? Así, para analizar la acción, en general, y la acción moral, en particular, ya revisamos las nociones de situación y de libertad, estrechamente relacionadas. Como respuesta a estas

---

362 López Pardina, T. *Simone de Beauvoir: una filósofa del siglo XX*, Málaga, Instituto Andaluz de la Mujer, 1998, p. 47.

363 Femenías, M.L. "Simone de Beauvoir: hacer triunfar el reino de la libertad" en *Oficios Terrestres* XIV.23, Primer Semestre 2008, pp. 32-45; también, M. L. Femenías y M. M. Herrera "El desafío de seguir pensando a Beauvoir" en *Concordia*, 54, 2008, pp. 57-77.

cuestiones, Beauvoir también adopta aquí una posición propia. En Sartre, el sujeto moral es pura libertad; libertad que constituye esa "universalidad humana", como afirma en *El existencialismo es un humanismo*.[364] Ya vimos que, en tanto proyecto, no somos lo que somos y somos lo que no somos, es decir, somos trascendencia permanente. Pero, como no elegimos la libertad que nos es dada, somos al mismo tiempo facticidad. Nuestra libertad es un hecho. Por eso, estamos condenados a ser libres, a angustiarnos y (en un proyecto de buena fe) a hacernos cargo de nuestra libertad-facticidad, tal como se entreteje en la realidad humana. Para Beauvoir, como se ha dicho, la dimensión social modula la libertad y hasta puede coartarla por completo. La situación, como el afuera de la libertad, está constituida por el mundo, las cosas y los otros. En el caso de las mujeres, todo contribuye (e históricamente ha contribuido en grado sumo) a la limitación de su libertad: desde la educación recibida en la más tierna infancia hasta los usos sociales que se les imponen a lo largo de sus vidas. Todo el tomo II de *El segundo sexo* es un extenso examen de cómo se hace a las mujeres "femeninas", según los cánones de uso de la sociedad patriarcal en que se encuentran. Entonces, no todos los sujetos son igualmente libres; cada uno debe vivir su libertad en el *locus* que a cada uno le ha tocado. De esta manera hay una ineludible relación entre la libertad y la situación en el proceso mismo de devenir; en ese continuo evitar la caída en la inmanencia.

Beauvoir se separa de Sartre también al insistir que la situación marca formas de opresión de tal manera que, en determinadas situaciones, a las mujeres les ha sido (o aún le es) imposible convertirse en un ser humano pleno, en un sujeto trascendente.

---

364   Sartre, *op.cit.* p. 33

Según Beauvoir, la libertad siempre surge como movimiento de liberación. Sólo prolongándose a través de la libertad de los otros se consigue sobrepasar la muerte y realizarse como unidad indefinida.[365]

Las relaciones asimétricas entre los sexos son precisamente las que subrayan la falta de un sexo respecto del otro. Un claro ejemplo de ello lo ofrece el problema de la violencia, mal denominada "doméstica". El nivel estructural, denunciado por Iris M. Young, supera las acciones individuales y genera patrones que, lejos de ser una estructura del pasado, continúan limitando la libertad de las mujeres. Es decir, las mujeres continúan siendo víctimas de violencia en tanto continúan –en palabras de Beauvoir– en posición de "otra", muchas veces por medio de entramados de mala fe compartida. De manera que, si la opresión y la mala fe menguan la libertad de varones y de mujeres, aunque de distinto modo, sólo gracias a la superación de la asimetría Uno-Otra y de la construcción de relaciones simétricas y recíprocas, se podrán ampliar los espacios de libertad para todos.

En suma, Beauvoir subrayó los condicionamientos sociales de la acción moral donde el ser humano (varón y mujer) se constituye en tanto tal en sus proyectos, donde cada proyecto concluido es simplemente el punto de partida del próximo, bajo el horizonte de la finitud humana. Se trata del deseo de encontrar un fin absoluto, en cuyo cumplimiento pretendemos hacernos un ser pleno. Tarea imposible, sin duda, pues es imposible para lo finito alcanzar lo absoluto; la existencia se resuelve en la búsqueda constante de su contenido. De ahí que, la moral beauvoriana no admita aceptar la propuesta de otros para nuestras propias vidas, bajo el *ilusorio*

---

365 Beauvoir, *Para una moral,* p.33.

descargo de la responsabilidad individual. Ilusorio, por cierto, en tanto que siempre elegimos, incluso cuando elegimos que otros elijan por nosotros. Por eso también, Beauvoir insta a las mujeres a asumirse plenamente en su libertad y constituirse en sujetos auténticos.

Debemos ahora detenernos un momento para precisar qué entiende Beauvoir por "sujeto".

Invocación al sujeto

Jean-Luc Nancy sostuvo que aquello a lo que estamos constreñidos a llamar "sujeto", a falta a veces de otro término mejor para designar a "un existente singular expuesto al mundo", no es nada que pueda tratarse como el sujeto de atribuciones posibles (por ejemplo, "x es grande, moreno, erudito, orgulloso…"), sino que solamente es en el movimiento que lo expone al mundo; es decir, a las posibilidades de su sentido.[366] Estas consideraciones de Nancy no parecen demasiado alejadas de las explicaciones que venimos viendo en palabras de Beauvoir y también de Sartre; no al menos tal como la leemos aislada de sus contextos.

Pues bien, "sujeto" es un término complejo por diversos motivos. En principio porque no es sencillo deslindarlo de su tradición metafísica sustantiva, y aproximarlo a la idea de una categoría formal, vacía, tal como parece funcionar en la obra de Beauvoir. Pero además, porque un cierto conjunto de términos le disputan el sentido: subjetividad, yo, ego, individuo, persona, prójimo, ser, todos ellos considerados sinónimos por el *Diccionario de la Real*

---

366 Nancy, Jean-Luc, *¿Un sujeto?*, Buenos Aires, La Cebra, 2014. Para un panorama más completo de la noción de "sujeto", cf. Anzoátegui-Bolla-Femenías, *op.cit.* Capítulo III.

Academia.[367] La noción de "sujeto" conserva un sentido constituyente, aglomerante y unificante, por eso se lo entiende también como frásico o dialéctico; pero siempre bajo la característica de una primera persona con la que se comienza un discurso. Dicho esto, hemos avanzado poco pues el significado filosófico de sujeto, en cada caso, dependerá de la teoría que lo defina. Por tanto, qué significa "sujeto" en Hume, por ejemplo, dista mucho de lo que significa en Descartes, sólo por dar dos ejemplos ampliamente conocidos.

Particularmente en Beauvoir y en el existencialismo, en general, el "sujeto" ni es sustantivo, ni es esencia, ni está previamente determinado. Fundamentalmente es facticidad y acción; es decir, praxis. Beauvoir desmonta los mecanismos que fijan al sujeto-mujer en la inmanencia, y la insta a trascender. Quizá sobre esta idea pivotan sus memorias. Fiel a su filosofía de la ambigüedad o a su escritura de la ambigüedad, como quiere Olga Grau, Beauvoir advierte: "he escrito estas memorias, podía haber escrito otras" reforzando nuevamente la incidencia del afuera. Es decir, "podría haber escrito otras" tanto porque su situación hubiera podido ser fácticamente diferente, cuanto porque ella misma podría haber hecho una selección y ordenamiento diferentes de los hechos que narra como constituyentes de su propia vida. Es decir, en *Memorias de una joven formal*, al narrar se narra "atreviéndose a construirse y a emerger más allá del mundo dado". ¿Es *eso* un "sujeto"? ¿Es *eso* el sujeto-Beauvoir? ¿Es el sujeto la posibilidad de trascender, de salirse de la inmanencia para abrirse a un espacio de libertad propia de y con otros? Beauvoir alienta a las lectoras a seguir el derrotero

---

367 Se toman en consideración en Anzoátegui-Bolla-Femenías, *op.cit.* 2015.

que implica la profunda toma de conciencia de sí y de su situación, para que cada mujer se haga cargo de sí. La tarea no es proseguir en el itinerario y los fines beauvoirianos, ni en ningunos otros propuestos desde fuera, sino por el contrario abrir, labrar, construir el propio; cada cual el suyo. Esa recomendación se recoge también en *Las bellas imágenes*. Beauvoir al exhibir un proceso de disolución de una conciencia atada a los mandatos, en tanto resuelve enfrentar su dislocación y su angustia, enfrenta el vacío que su existencia abre ante sí, y consecuentemente labra su camino de salida para no recaer en la inmanencia.

La libertad, condición primera

Sartre sostenía que "la condición primera de la acción es la libertad" y, más adelante agregaba: "La acción decide acerca de sus fines y sus móviles, y es la expresión de la libertad".[368] Beauvoir, amante de la libertad fáctica más que de la metafísica, atiende a las diferencias de raza, clase, género y etnicidad de sujetos también fácticos. Como señala Elaine Stavro-Pearce, todas ellas son variables que Sartre había relativizado o puesto entre paréntesis en sus indagaciones filosóficas, por considerarlas determinaciones contingentes de la tan mentada libertad.[369] Por el contrario, Simone de Beauvoir no entiende la libertad sino encarnada en un cuerpo situado históricamente y anclado en ciertas condiciones materiales que son a la vez sus posibilidades de realización y sus límites. Por tanto, le interesa una

---

368   Sartre, Jean Paul, *El ser y la nada*. Barcelona, Editorial Altaya, 1993, p.459 y 464.

369   Stravro-Pierce, E. "Transgreding Sartre: embodied situated subjects in *The second sex*". *Labyrinth*. Vol. 1, Number 1, 1999.

teoría que ancle en los comportamientos humanos, y décuenta de una categorización de las situaciones, según su grado de beneficio o de adversidad. Ventajosa o desventajosa, la situación no se convierte en el otro vértice complementario de la libertad, sino que delimita su alcance. En este aspecto, Beauvoir es una verdadera innovadora de la filosofía existencialista.

Capítulo 9

El matricidio y las recepciones de Beauvoir

Según Michel Le Doeuff el camino teórico que realizó Beauvoir fue "serpenteante", sintetizando ese camino "serpenteante" de *El segundo sexo* de manera sumaria y contundente.[370] "El pensamiento de Beauvoir es explícitamente dualista" —sostuvo Le Doeuff— y, como en casi todo el pensamiento occidental, las nociones que propone pueden agruparse en pares dicotómicos: "... inmanencia/trascendencia; en sí/para sí; auténtico/inauténtico; asumirse/mala fe; sujeto y proyecto/objeto y reificación".

De modo que, para Le Doeuff, se trata de una ontología ética, donde el individuo sólo es "sujeto" cuando se afirma en tanto que tal. El punto de partida de Beauvoir —la dialéctica hegeliana uno/otro— favorece la interpretación de Le Doeuff.[371]

---

370 Le Doeuff, *op.cit*, pp. 91-92. Edición francesa: *L'étude le rouet. Des femmes, de la philosophie*, etc., Paris, Seuil, 1989, p. 72; Guadalupe dos Santos, Magda "Recepção e leitura dialógica na história. A interlocução entre Kate Millett, Simone de Beauvoir e o Feminismo atual" *Sapere Aude*, Belo Horizonte, v. 2, n. 3, 1º semestre 2011, p. 97-103.

371 Abellon, P. (M), *op.cit.*

Pero aún así, no todas las teóricas sustentarían su tesis. Brevemente, a juicio de sus seguidoras, la problemática que abordó Beauvoir fue la de la conciencia donde "el sujeto sólo se plantea como oposición. Pretende afirmarse como esencial sin construir al otro como inesencial" porque la Libertad debe ser el objetivo de la humanidad. Rechazando la definición de "inesencialidad" de Kierkegaard, continúan en la línea de rechazo a las esencias, y afirmación de la existencia.

Las construcciones genealógicas

Las genealogías masculinas remiten sólo a *tumbas blanqueadas*, por tomar prestadas libremente las palabras de Nietzsche.[372] Y las tumbas blanquean la escena original del parricidio. Tema que reaparece de forma recurrentemente en la literatura occidental: Zeus después de asesinar a su padre, Cronos, instituyó su propia genealogía de Dioses Olímpicos; Platón se autoinstituyó en padre legítimo de una nueva genealogía filosófica tras asesinar simbólicamente al Padre, Parménides; Freud partió de la horda primordial y del asesinato del padre por parte de los hermanos a fin de instaurar la Ley entre los iguales (varones), y devela el hecho mítico en toda su abismal profundidad cuando analiza la personalidad de Fedor Dostoievski forjada bajo "aquella vivencia amedrentadora, el asesinato del padre".[373] También Foucault presentó el tema del "parricidio" en *Yo, Pierre Rivière, habiendo degollado a mi madre, mi hermana y mi hermano... Un caso de*

---

372 Foucault, M. "Nietzsche, la genealogía, la historia", en: *Microfísica del poder*, Madrid, La Piqueta, 1980, p. 7.

373 Hesíodo, *Teogonía*; Platón, *Sofista*, 258c-259d; Freud, S. *Obras completas*, Buenos Aires, Amorrortu, 1997, vols. XVIII, pp. 116 ss; XXI, pp. 175 ss.

parricidio del siglo XIX.[374] Curiosamente en este último caso, se trata claramente de un "matricidio", no nombrado como tal, de un fratricidio, —y si se me permite la licencia de inventar al menos un término— de un sororicidio. Es curioso, o al menos da qué pensar, que siendo la madre la persona asesinada, queda borrada en la inmediatez del título de la obra ya en su versión original, que el traductor respeta.[375]

Sea como fuere, el parricidio como momento fundante del orden socio-político occidental es, al mismo tiempo, instaurador del orden simbólico del padre. Es decir, el asesinato del padre no solo instaura genealogía, sino que asimismo puede llevar a la locura. Sin embargo, curiosamente, que no hay inscripción lingüística del asesinato de la madre con el efectivamente preciso y existente término de "matricidio". Nos interesa esta última cuestión: ¿Es que no hubo asesinatos de la madre? O, por el contrario, ¿se trata de un *asesinato* negado?

La mitología y la novelística dan sobrada cuenta de asesinatos de mujeres —en especial vírgenes— pocas madres y ninguna a manos de hijas mujeres. Orestes mata a su madre, Clitemnestra, la a su vez asesina de su padre, Agamenón, y de Casandra, su enloquecida concubina troyana. Pero Agamenón había sido el asesino ritual de Ifigenia, su propia hija, la hermana de Orestes. En la ignorancia, Edipo mata a su padre, Layo, mientras que su madre-esposa, Yocasta, se suicida. Fedra, la enamorada no correspondida

---

374 Foucault, M (presentación) *Yo, Pierre Rivière, habiendo degollado a mi madre, mi hermana y mi hermano... Un caso de parricidio del siglo XIX* (Traducción de Joan Viñoly) Barcelona, Tusquets, 1976.

375 Sanchez Dominguez, Juan Pablo, llama la atención sobre las controversias filológicas entorno a la raíz del término "parricidio" en "Una crítica de la racionalidad científica acerca del abordaje del parricidio" en *Civilizar. Ciencias Sociales y Humanas*, 16. 31, 2016, pp. 263-280, pero no afectan nuestra tesis.

de Hipólito, también se ahorca como Leda, la madre de Helena y de Clitemnestra. Eurídice, tras la muerte de su hijo Hemón se suicida "como un hombre", con la espada.[376] Rascolnicov mata a la vieja, sólo por darle muerte y probarse a sí mismo el capricho de la sin razón. Algunas mujeres se suicidan como varones, pero la mayoría muere a manos de estos. El suicidio aparece como un acto de autonomía inadecuado para ellas; el asesinato ritual o la venganza parecen más apropiados.

Dicho esto, queda claro que "el sexo que engendra", son palabras de Beauvoir, muere sin dejar genealogía. De las mujeres no queda, pues, ni huella ni memoria genealógica propia. Si es cierto que la genealogía es gris, meticulosa y pacientemente documentalista —como quiere Foucault— también es cierto que es masculina. El hecho de ser "nacidos de mujer" —en palabras de Adrianne Rich— tradicionalmente se invisibiliza; es el punto ciego, el límite inasible de las interpretaciones de Luce Irigaray. El dos invisible condición de posibilidad del Uno autoinstituido. A esto último apela Irigaray, cuando en su *Speculum* invierte el signo de las lecturas corrientes de la obra de Simone de Beauvoir.[377]

Veamos. Por un lado, se reconoce a Beauvoir como el punto de referencia ineludible al que las feministas posteriores necesariamente se remiten. Abre, por así decirlo, un inmenso e intenso abanico de problemáticas que con sus más y sus menos se fueron desarrollando durante el siglo XX, a partir de la década de los sesenta y hasta nuestros días. Sin embargo, no obstante, sus méritos y el reconocimiento público de que fue objeto en vida, muchas teóricas consideraron que tras su muerte al fin el feminismo

---

376   Loreaux, N. *Maneras trágicas de matar a una mujer*, Madrid, Visor, 1989.
377   Irigaray, Luce *Espéculo de la otra mujer*, [1974]) Madrid, Akal, 2007.

entraría en el siglo XX, tal como lo anunció Antoinette Fouque al día siguiente de su muerte. Amorós describe esa escena en términos de un "matricidio simbólico" que sí instauró genealogía.[378] En ese sentido, Beauvoir fue una madre instauradora de genealogía (quizá la primera que reconocemos como tal), y que la crítica se encargó de popularizar en términos de "hijas de Beauvoir". Pero, en ese espacio simbólico, y tomándola como referencia ineludible conviven sus "hijas legítimas" continuadoras más o menos obsecuentes o críticas de su obra, y sus "hijas bastardas", contestatarias rebeldes, iniciadoras de sus propias líneas genealógicas. Porque en su emblemático hito dinástico —como gusta llamarlo Amorós— pueden identificarse teóricas tan diversas como Sylvie Chaperon, Luce Irigaray o Judith Butler. Si bien por cuestiones analíticas deberemos exponer de modo sucesivo las líneas teóricas fundamentales, debemos tener presente que muchas de esas corrientes se desarrollaron de manera simultánea.

Profundizar un Legado

Vamos a considerar "legado" en un doble sentido: Por un lado, Beauvoir receptora de un legado, no material sino conceptual, ilustrado, marxista, igualitarista del que ya dimos cuenta en la "ceremonia de adopción" y, por otro, Beauvoir transmisora de un bagaje teórico argumentativo tan novedoso como rico y debatible. En este capítulo nos ocuparemos del segundo se los sentidos. En primer término, muy brevemente, de sus "hijas legítimas" en su línea anglófona. En suma, Beauvoir se constituye en un nudo gordiano de la teoría feminista, a la que se reconoce como "madre

---

378   Amorós, *art. cit,* 1999.

simbólica", continuada o "asesinada" en el sentido que acabamos de presentar. Esto es así, por que, en palabras de Ana de Miguel:

> **[...] la filósofa [...] tras recoger el legado del feminismo ilustrado polemiza con las grandes corrientes hegemónicas de su tiempo como el marxismo y el psicoanálisis para desvelar el androcentrismo del ser y de la existencia humanas.**[379]

De este modo, *El segundo sexo* se convierte en pieza clave para abrir la perspectiva feminista a la totalidad de la experiencia humana, tanto por la apertura de la esfera de lo privado, como nuevo ámbito de investigación y de politización, como por el asombroso carácter interdisciplinar de su impugnación crítica a la cultura patriarcal. Legado no menor, sobre el que estableceremos algunas derivas.

Las primeras "hijas legítimas" de Beauvoir surgieron en la década de los sesenta, Kate Millett, entre ellas.[380] En síntesis muy apretada, Millett (1934-2017), estudió Licenciatura en Lengua Inglesa en la Universidad de Minesota, se graduó con honores en 1956 con una tesis titulada *Sexual Politics*; y poco tiempo después realizó su posgrado en Literatura Inglesa en la Universidad de Oxford. A Millett (1968) le debemos la primera caracterización precisa de la noción de patriarcado. Siguiendo la línea teórica de Beauvoir, entiende al patriarcado como un sistema básico de dominación

---

379   De Miguel, Ana. "El legado de Simone de Beauvoir en la genealogía feminista: la fuerza de los proyectos frente a *La fuerza de las cosas*" en *Investigaciones Feministas*, 2009, vol 0, pp. 121-136

380   Millett, Kate, *Sexual Politics* [1960], London, Verso, 1970; Puleo, Alicia, "Lo personal es político: el surgimiento del feminismo radical en EE.UU". en Amorós, Celia y Ana de Miguel (comps.) *Teoría feminista de la Ilustración a la Globalización*, vol. 2. Madrid, Minerva Ediciones, 2005, pp. 35-67.

del colectivo de los varones, en su conjunto, sobre el colectivo de las mujeres, también en su conjunto. No se trata –sostiene– de relaciones de dominación solo individuales, sino estructurales. Por eso, Millett asienta sobre la dominación primaria de los sexos, otros sistemas de dominación como el racista y el clasista, y genera una desigualdad fundante en todas las relaciones entre varones y mujeres, con independencia de las características propias de cada individuo. Millett elabora este reconocimiento de la dimensión estructural del problema de modo afín a la dominación de clase, y es claramente de origen ilustrado en su variable marxista.[381]

Millett define al patriarcado como un conjunto de estrategias para mantener la subordinación de las mujeres y el libre acceso a sus cuerpos porque, en términos de Engels, son reproductoras; conceptualización que Millett retoma y extiende a otros aspectos de la cultura. Dado el carácter estructural y global del patriarcado, Millett lo considera una constante sociopolítica, que se manifiesta y modela en todas las sociedades y formas económicas posibles, aunque de diferentes modos. De ahí que pueda haber diversos modelos históricos de patriarcado. Justamente, retomando las aún vigentes concepciones de la superioridad *natural* del varón respecto de la mujer, desveló en toda su extensión su carácter de constructo político legitimador del orden social vigente. A pesar de sus diferentes modelizaciones históricas, sostuvo como Beauvoir, que el patriarcado es la figura vertebral de todas las formas políticas de Occidente. A partir de una respuesta afirmativa a la pregunta sobre si la relación entre los sexos puede ser entendida como política, Millett redefinió la política como "el conjunto de relaciones y compromisos estructurados de acuerdo con el poder en virtud

---

381   Femenías, *op.cit,* 2019b, pp. 16.

del cual un conjunto de personas queda bajo el control de otro".[382] De aquí en más, la relación entre los sexos se conceptualizó como de dominación y de subordinación, en la línea de la concepción beauvoiriana de "opresión infligida". Para Millett, este orden dependía de ciertos modos de "colonizar" a las mujeres, debido a la educación y un entorno social ideológicamente patriarcal, lo que implicaba la aceptación a la par que la invisibilización de la dominación sexual. Millett desvincula la dominación de los conceptos de poder al uso, que la escinden en las esferas de lo público y de lo privado como independientes y excluyentes. Como había advertido Beauvoir, desarticula algunas contradicciones propias del patriarcado y sella el *dictum* "lo personal es político". Distingue además entre sexo y género, donde define "género" de modo feminista por primera vez como "una construcción cultural" que se inicia con la incorporación del lenguaje, porque la sexualidad es una función moldeada por la cultura. Examinando ambos ámbitos, Millett afirma que no hay inevitabilidad o necesidad biológica entre el sexo y el género sino —en la línea de Beauvoir— modos culturales de relacionarlos. El género es una suerte de "profecía de autocumplimiento" que se anuncia culturalmente ya en el sexo del recién nacido.[383]

La creciente internalización de lo social y su análisis es importante para comprender cómo se concibieron las relaciones mujer/varón a partir de los años sesenta, cuando las feministas estadounidenses comenzaron a introducir el término "género" de la filosofía francesa en el discurso militante y teórico, identificando a Beauvoir como su figura anticipatoria. La sociedad se organiza

---

382 Femenías, *Itinerarios* 2019b, p. 29.

383 Salvo los casos en que las personas se constituyen, en términos de Freud, en *perversas*, lo que al igual que Beauvoir critica severamente.

sexualizadamente tanto por medios legales como por actividades más sutiles y abarcadoras.

Unos diez años más joven, se destaca la canadiense Shulamith Firestone (1945-2012), quien expresamente se reconoció deudora de la filósofa de la francesa.[384] De familia judía ortodoxa, Shulamith Bath Shmuel Ben Ari Feuerstein nació en Ottawa y falleció en Nueva York. Fue una de las principales figuras del denominado Feminismo Radical y de la Segunda Ola. En su *Dialéctica del Sexo* (1970), Firestone esbozó, como sabemos, utopías feministas, en base de la dimensión política de la vida personal, porque ante todo, es necesario cambiar la propia vida.[385] Co-fundadora, junto con Pan Allen, del grupo New York Radical Women (1967-1969), se definió como *radical* en el sentido de "tomar de raíz" los verdaderos problemas de las mujeres, en términos de su situación de opresión. Se autodefinió como anti-capitalista, anti-racista y anti-hegemonía masculina e, influenciada por el freudomarxismo y la escuela de Frankfurt, alegó como punto de partida, para romper el círculo de la opresión patriarcal, la toma de conciencia. Marcó una diferencia entre "concientizar" (término utilizado por el marxismo y el existencialismo) y "concienzar" que aplica al feminismo. Como producto social, el patriarcado se extendía –a su juicio– mucho más allá del capitalismo, posición que la llevó (junto a Pan Allen) a minimizar o ignorar las diferencias entre las mujeres, a las que entendió como una "clase biológica" definida por la opresión sexual de los varones y por el capitalismo, aunque no sólo por este.

---

384 Mi *Itinerarios*; Amorós, Celia "La dialéctica del sexo" de Shulamith Firestone: modulaciones feministas del freudomarxismo" en Amorós, C. y de Miguel, A. *Teoría feminista: de la Ilustración a la globalización. Del feminismo liberal a la posmodernidad*, Madrid, Minerva Ediciones, 2005, pp. 69-106

385 Firestone, S. *The Dialectic of sex: A case for Feminist Revolution*, Paladin, Albans, 1971. Traducción: *La dialéctica del sexo*, Barcelona, Kairós, 1976.

Ajena a la filosofía y a las sutilezas teóricas, la obra de Firestone recoge, sin embargo, las conceptualizaciones beauvoirianas más significativas sobre el cuerpo de las mujeres, y las radicaliza al punto de convertirlas en el eje de sus reflexiones sobre el dimorfismo sexual. Siempre apoyándose en la biología, centra su interés en la capacidad reproductiva de las mujeres y la entiende como una esclavitud de la que hay que liberarse. Su propensión a posiciones radicalizadas, la lleva a conjeturar programas utópicos de neutralización cultural de las diferencias sexuales a fin de liberar a las mujeres de "su esclavitud a la especie". A tal efecto, no sólo llegó a propugnar una suerte de modelo andrógino —ampliamente difundido durante los años setenta, y recogido por la moda unisex—, sino que anticipó los avances técnicos de la inseminación *in vitro*. Sólo la liberación de las mujeres de la carga del embarazo y de la maternidad podrían permitirles disfrutar de autonomía e igualdad. Más cauta al respecto, Adrianne Rich acuñó en 1980, el concepto de "heterosexualidad obligatoria", uniéndolo al de "existencia lesbiana", pero dejando cierto margen a las mujeres que clamaban por su derecho a la maternidad y a su vida heterosexual. Firestone aplicó la noción de "dialéctica" —como Beauvoir— a las relaciones sexuales estructurales e individuales varón/mujer, trasponiendo al plano de los sexos categorías de comprensión marxistas. Justamente, los términos en que tensa esa dialéctica sexual, constituyen el sustrato que conforma su concepto "clase de las mujeres", que responde a una psicología del poder regida por la lógica del dominio y de la agresión, más que la del cuidado y la cooperación, concepciones a las que las contrapone. Distanciándose de Beauvoir, Firestone considera que la explicación biológica es suficiente para dar cuenta de la opresión de las mujeres. La familia, en su concepción tradicional, supone —a su juicio— la implícita distribución sexual del trabajo y el control patriarcal de la sexualidad de las mujeres. Por ello, apela a la noción freudiana de perversidad polimórfica del niño, realizando una suerte de llamamiento marcusiano a la abolición de toda represión sexual y, por tanto, a la pansexualidad y a la indiferenciación sexual. Su propuesta deriva en una negación de la biología y hasta en su abolición gracias a la técnica. Considera esta respuesta del feminismo radical, inevitable gracias al desarrollo de nuevas tecnologías, que pueden liberar a las mujeres de las servidumbres reproductivas. Denuncia las terapéuticas freudianas, porque las entiende como generadoras de conductas adaptativas, que denomina "terapia de la resignación".[386] Algunos ecos de estas propuestas radicales, aunque en clave narrativista, pueden oírse en los primeros trabajos de la obra de Judith Butler, como veremos más adelante.

Las "hijas" francesas

El "feminismo materialista" en general es muy amplio y abarca activistas y teóricas de muchos idiomas y países. A partir de los sesenta del siglo pasado, el feminismo teórico aparece diversificado en varias corrientes, tales como los feminismos liberal, negro, clasista, radical, lésbico, y el feminismo materialista. Ahora bien, lo que se entiende más propiamente por "feminismo materialista" incluye fundamentalmente corrientes marxistas, con perspectiva de "lucha de clases", que históricamente se opusieron al feminismo "radical" estadounidense, considerado burgués. Sobre esa base, podría decirse que las materialistas francófonas ocupan una posición entre las marxistas ortodoxas y las "radicales".

---

386   *Itinerarios, op.cit.* p. 18.

La historia particular del marxismo francés les permite una perspectiva teórica original y consolidada. La mayoría de las feministas materialistas francófonas invitan, por un lado, a no desconocer las condiciones materiales de la existencia y, por otro, a no dejarse atrapar ni por el esencialismo ni por el utopismo de una revolución social total.[387] Coinciden en sostener que "ser mujer" no es un dato natural, sino un hecho que se enmarca en un sistema de poder patriarcal, racista y clasista. "Ser mujer" no depende causalmente de la biología, y no nos constituye como inferiores, débiles, o víctimas. Por el contrario, "ser mujer" se define como *un lugar* en el entramado social, en el que "no hay nada natural".[388] El núcleo más influyente de la primera generación de discípulas de Beauvoir incluye a Christine Delphy, Colette Guillaumin, Emmanuelle de Lesseps, Nicole Claude Mathieu, Monique Plaza, Paola Tabet y Monique Wittig, todas reunidas en torno a la revista *Questions Féministes*, fundada en 1977, y dirigida por Beauvoir. El eje central de su pensamiento radica en que ni los varones ni las mujeres son un grupo natural o biológico, no poseen ninguna esencia específica ni identidad que defender y no se definen por la cultura, la tradición, la ideología, o las hormonas. Varones y mujeres se definen por una *relación social*, material, concreta e histórica.[389] Esta relación social es una relación de clase, que definen de modo peculiar, ligada al sistema de producción, al trabajo y a la explotación de una clase por otra. Esa relación social constituye la clase social de las mujeres

---

387 *Itinerarios, op.cit.* p. 28.

388 Wittig, Monique "La marca del género" en *El pensamiento heterosexual y otros ensayos*, Madrid, Egales, 2006, pp. 31-32.

389 Para más detalles, ver: Bolla, Luisina "La naturaleza del sexo: Relecturas sintomáticas del feminismo materialista" Tesis de doctorado (inédita), dirigida por María Luisa Femenías. Facultad de Humanidades y Ciencias de la Educación (UNLP). Tesis defendida el 4 de marzo de 2020.

frente a la clase social de los varones, en una relación antagónica por oposición de intereses, cuya resolución supone el fin de la explotación y la desaparición de las mujeres y de los varones como clase. Esta definición se formuló por primera vez en 1970 y, como se ve, no remite a ningún biologicismo o naturalismo. Poco conocido en nuestro medio, se puede retrotraer su punto de partida a la obra de Beauvoir, y confronta con las lecturas tradicionales del materialismo histórico, Analiza, en especial, *El origen de la familia, la propiedad privada y el Estado* (1884), de Engels pero sin limitarse a esa obra. Se organiza mayormente en torno a su peculiar definición de "mujeres", y resiste aún hoy los embates teóricos tanto del narrativismo como de la posmodernidad. Luego de algunas deserciones, en 1981 la revista comienza a llamarse *Nouvelles Questions Féministes*, y con ese nombre se publica hasta hoy día.[390] Su punto de partida –siguiendo a Beauvoir– es la materialidad.[391] Ahora bien, en sentido estricto, lo que se conoce como feminismo materialista francés, es un pensamiento bastante complejo, fecundo, original y radical, que se desarrolló a partir de la conjunción marxismo-feminismo a partir de finales de los sesenta y principios de los años setenta, vinculándose con el Movimiento Liberación Femenino y el Mayo de 1968. Se nucleó alrededor de un pequeño grupo de feministas de tendencia "radical" y por primera vez, se explicó la opresión de las mujeres "en cuanto clase social", no biológica, como en Firestone, elaborando una teoría totalmente anti-naturalista.

Incluso, la mayoría de estas teóricas, *mujeres* blancas, occidentales, de clase media culta y urbana, tanto por su historia personal

---

390 Falquet, Jules "Nouvelles questions féministes: 22 años profundizando en una visión feminista, radical, materialista y anti-esencialista" en *Estudos Feministas,* Florianópolis, 12 (N.E.), 264, setembro-dezembro, 2004, pp. 63-74.

391 Fuertemente influenciada por los textos de Alejandra Kollontai.

como por su práctica militante y su formación intelectual (en sociología y antropología), trabajaron cuestiones vinculadas al racismo, las opciones sexuales, la diversidad cultural y la clase.

El modo de producción doméstico

Tres son las líneas de análisis fundamentales de esta corriente. La primera está representada por Christine Delphy. Delphy (1941) heredera directa de Beauvoir; militante feminista histórica, pionera y protagonista destacada de la segunda ola del feminismo francés, cofundadora en 1970 del *Mouvement de liberatión des femmes* (MLF), investigadora del Centre National de la Recherche Scientifique de París y teórica feminista con proyección internacional. Suele considerarse su artículo "El enemigo principal" (1970), el punto de partida teórico de esta corriente.[392] Afirma que la clase de las mujeres se produce debido a la explotación del trabajo doméstico de las esposas –y de los/las menores– a manos de maridos (y otros varones adultos), fundamentalmente en el marco del matrimonio y de la explotación familiar. Para Delphy, "El ser humano es social o no es; es el mundo que encontramos al nacer y no hay otro". No hay nada "por debajo" de la construcción social que tenga efectos sobre la realidad misma más que las relaciones sociales: estas son la realidad. Lo demás –como afirma Jules Falquet– son "trampas" o, en palabras de Beauvoir, enmascaramientos de mala fe. Su análisis de lo que denominó el "modo de producción doméstico" y su tesis de que el género precede al sexo constituyen sus dos contribuciones fundamentales

---

392   Más tarde, recogido en una compilación que lleva el mismo nombre Delphy, Christine, ([1975] *L'ennemi principal. Économie politique du patriarcat; Penser le genre.* Paris, 2001. Traducción parcial: *Por un feminismo materialista. El enemigo principal y otros textos.* Barcelona, LaSal-Edicions de les dones, 1985; Femenías, *op.cit.* 2019b, pp. 51 y sig.

al pensamiento feminista del último tercio del siglo XX, y responden a su interés por desmontar las explicaciones naturalistas de la opresión de las mujeres, mostrando que se trata de un fenómeno puramente social. En 1977 fundó, junto con Simone de Beauvoir y otras importantes teóricas, la primera revista de estudios feministas en lengua francesa, *Questions Féministes*. Como socióloga, Delphy emprende su investigación sobre las mujeres trabajadoras durante la década de los setenta. Marxista crítica, quiere diferenciarse de otras feministas que también se denominan marxistas (sobre todo en EEUU), identificando su posición como "feminismo materialista". La distinción más importante entre ambas corrientes, más allá de sus semejanzas, radica en el modo en que resuelven la llamada "contradicción original". Para Delphy en tanto las clases están atravesadas por los sexos, las mujeres tienen intereses propios que no se verían satisfechos aún cuando triunfara la revolución proletaria. Desde su punto de vista, Delphy considera que las "labores domésticas" son clave para la subordinación de las mujeres. En efecto, en la época en que Delphy comienza a estudiar el tema de las "tareas" o "labores" domésticas, aún se las entendía como una actividad natural de las mujeres, que no merecía la denominación de "trabajo". Delphy muestra cómo en Francia gran parte de la producción realizada por las mujeres agricultoras en los hogares rurales se transfería al mercado y adquiría "valor de cambio". Su conclusión fue que el trabajo doméstico es no-remunerado porque lo realizan las mujeres en el marco de un modo de producción autónomo, que denominó doméstico, enmarcado en la sociedad patriarcal.[393]

En consecuencia, Delphy rechaza también la distinción entre trabajo productivo (activo), propio de los varones, y labores domésticas como

---

393   Delphy, [1970] 2013; Bolla *op.cit.*

meramente reproductivas (y pasivas), propias de las mujeres. Para ella, el ser humano es un ser productivo; porque el trabajo no es otra cosa que la transformación de la realidad para la satisfacción de sus necesidades que, al mismo tiempo, lo transforman. Sin embargo –apunta Delphy– los primeros reciben remuneración y las segundas, no. Por tanto, es necesario "desbordar el materialismo histórico" y entrecruzar "familia, clase, medio y raza", para situar a las mujeres más allá de la lectura del patriarcado capitalista heterosexual y normativo, entendido como sistema hegemónico.[394]

En suma, desplazado del mundo del valor y anclado en el del uso, el trabajo doméstico queda invisibilizado como tal. Los análisis materialistas de Delphy retoman un conjunto de temas propios de la tradición marxista, pero desde otro ángulo de mira. Redefine a las mujeres como clase subordinada al conjunto de los varones, y denuncia además que su trabajo se considera no calificado, improductivo e indigno de reconocimiento. Es decir, no se reconoce el producto ni quien lo realiza; y esa es la base de la opresión de las mujeres. De modo que la primera actividad de una feminista materialista debe ser la concienciación para alcanzar la autopercepción y la percepción colectiva de un "nosotras mujeres *también* trabajadoras".

El trabajo impago e invisible de las mujeres (no figura en las estadísticas ni cotiza en el mercado de valores), no es reconocido como tal. Sin embargo, sumando el trabajo impago y el trabajo remunerado, la cuota laboral de las mujeres en el mundo excede significativamente la de los varones, aunque el estereotipo acuñado en el siglo XIX, siga viendo al varón como "proveedor".[395]

---

394 Delphy, 2001: 11-12.

395 Nuño Gómez, Laura, *El mito del varón sustentador*, Barcelona, Icaria, 2010; Soza Rossi, Paula, "La violencia de la desvalorización del trabajo doméstico y de cuidado. Aportes a su visibilidad", en Colanzi, I., Femenías, M. L. y Seoane, V. *Violencia contra las mujeres: la subversión de los discursos*. Rosario, Prohistoria, 2016.

El sexaje

La segunda corriente está representada por Colette Guillaumin (1934-2017), y avanza más allá del trabajo doméstico para afirmar que las mujeres constituyen una clase "apropiada"; es decir que ha sido apropiada, no sólo individualmente sino colectivamente por la clase de los varones, en las relaciones que denomina de "*sexaje*". En *Sexo, raza e idea de la Naturaleza*, Guillaumin traza un paralelo entre la situación de las mujeres, apropiadas físicamente, cuerpo y espíritu, por los varones, y la de las esclavas de las plantaciones del siglo XVIII, apropiadas por sus amos como herramientas de producción y de reproducción.[396] Se trata de un paralelismo que se enraíza en la "apropiación", con todas sus consecuencias ideológicas, económicas y morales.

Guillaumin muestra además cómo la construcción de esa "ideología naturalista" la legitima y cosifica mediante la "sexización" y/o la "racialización" del polo subordinado, inscribiéndola en un "destino biológico".[397]

Para la segunda mitad del siglo XX, Guillaumin distinguió cuatro efectos fundamentales del feminismo. El primero, que la relación entre ambos sexos ya era considerada una relación social, criticándose además hechos que hasta entonces se consideraban incuestionables, como por ejemplo la división sexual del trabajo o el acceso desigual a los recursos materiales y económicos. El segundo, que las ciencias sociales alcanzaron poco a poco una visión dialéctica de los sexos, considerando a varones y mujeres "fruto de

---

396 Curiel, O. y J. Falquet, *El patriarcado al desnudo*. Buenos Aires, Brecha lésbica, 2005.

397 Oliva Portolés, Asunción, "La teoría de las mujeres como clase social: Christine Delphy y Lidia Facón", en Amorós y de Miguel, *op. cit.* pp. 107.

esa relación" de dominación, superándose el punto de vista naturalizado en el que se inscribía "el problema de la mujer" y, algo más tarde, los otros géneros. Constata además que se deja de hablar de la "condición de la mujer" para iluminar la compleja trama de relaciones sociales que sostiene a los sexos, creándose conceptos teóricos que permitieron comprender ciertos rasgos específicos de la dominación; por ejemplo, el trabajo doméstico como trabajo gratuito de las mujeres, entre otros. El tercer aporte, fue el develamiento de la presencia potencial y real constante de la violación, como forma de control social que limita y recorta la libertad de las mujeres. Por último, Guillaumin reconoció que el feminismo aportó a las ciencias sociales un conocimiento sistemático y documentado de redes de solidaridad en los distintos niveles sociales. Un plus no menor fue la expansión de la realimentación entre lo concreto y lo teórico, permitiendo abordar análisis enriquecidos de los conflictos de clases, el imperialismo dominante y/o las relaciones entre sexo y raza.

Mientras Guillaumin, analizaba la relación intrínseca entre racismo y sexismo, Nicole Claude Mathieu, por su parte, teorizó la opresión transcultural y lo que denominó transclase de las mujeres. Paola Tabet trabajó sobre la discriminación racista y el modo en que sexo y raza se entrecruzan operando en la opresión de modo conjunto. Esta teóricas consideraron además que el marxismo es solo una de las tantas formas históricas –superables– del materialismo, razón por la que son muy críticas frente a sus lecturas dogmáticas.[398] Esto las diferencia de las denominadas feministas comunistas, o socialistas, aunque, como se sabe, los usos de los términos no se corresponden estrictamen-

---

398 *Idem*, p. 113.

te ni en los diversos círculos académicos ni en los movimientos feministas.[399]

La envidia del útero

Ya mencionamos que Delphy fue cofundadora, en 1970, del *Mouvement de liberatión des femmes* (MLF). Otra de sus figuras fundadoras fue precisamente la psicoanalista Antoinette Fouque (1936-2014), cuyo texto más importante fue *Psychanalyse et Politique*, (1968), constituyéndose en una de las cabezas más visibles del movimiento feminista francés de la década de los sesenta y setenta. Fouque, más que rechazar –como había hecho Beauvoir– los descubrimientos freudianos los profundizó en su línea teórica, enriqueciendo su pensamiento y extremando la marcación de las diferencias entre el sexo masculino y el femenino. Así afirmó la existencia de una libido femenina e instaló como contribución teórica el concepto de "envidia del útero", punto de origen, a su juicio, de la misoginia. En efecto, los varones envidiarían la capacidad de gestación de las mujeres y todas aquellas funciones vinculadas a la procreación, incluyendo el amamantamiento y el cuidado. Este sistema de explicación psicológica paralelo es una de las bases de los desarrollos posteriores de los derechos políticos y representacionales paritarios, que –según Fouque– debería obligar a la firma de un nuevo "contrato social".

---

399 Para extenderse sobre estos temas, cf. Bolla, Luisina (2018). "Cartografías feministas materialistas: Relecturas heterodoxas del marxismo" en *Nómadas* (48), 2018, pp. 117-134; Femenías, M.L. y Bolla, Luisina " Narrativas invisibles: Lecturas situadas del Feminismo Materialista Francés " en *La Aljaba*, Segunda época, Volumen XXIII, 2019, 91-105.

En este orden de cosas, Fouque negó ser feminista y rehusó el existencialismo de Beauvoir a favor del estructuralismo y del marxismo libertario, más próximo a Herbert Marcuse.

En 1995, Fouque publicó una compilación titulada *Il y a deux sexes. Essais* de *féminologie*,[400] obra en la que destaca la capacidad creativa de las mujeres, su *libido creandi*, su genialidad (concepto que retoma Kristeva) y que constituye un desafío permanente al falogocentrismo. Contraria a las conceptualizaciones de Beauvoir y sus seguidoras, en constante debate con ellas, considera que la primera experiencia de cada ser humano es su cuerpo, vivo, hablante; si bien es cierto que "no se nace mujer", tampoco se nace varón. Por tanto, es necesario abolir la hegemonía de los órdenes simbólicos, evitar los dogmas, las ilusiones de las religiones, detener la especulación y la mercantilización de la vida. Es preciso "comenzar a pensar" sobre la gestación, la hospitalidad psíquica y la carnal, porque el cuerpo es el paradigma de la ética, de la responsabilidad y de los dones. En la obra, Fouque recuerda también su experiencia de ser la primera mujer en dirigir una editorial y publicar a autoras que estaban amenazadas en sus países de origen, como Taslima Nasrin o Nawal El Saadaoui.[401]

En sus exploraciones teóricas examina su propio concepto de "feminología" a la par que celebra el progreso que las mujeres alcanzaron en las últimas cuatro décadas. No obstante, advierte sobre la tendencia a la "contraliberación", la feminización de la

---

400   Fouque, Antoinett, *Il y a deux sexes. Essais de féminologie*, [1995] Paris, Gallimard-Folio, 2015. Traducido al inglés como: *Essays in Feminology*, Foreword by Jean-Joseph Goux. Edited by Sylvina Boissonnas. Translated by David Macey and Catherine Porte, 2016.

401   Asimismo fue diputada en el Parlamento Europeo.

pobreza, la persistencia de la violencia sexual y la expansión de los fundamentalismos.

Cuando el 14 de abril de 1986, falleció Simone de Beauvoir, Fouque publicó, al día siguiente, en el diario *Libération* un artículo considerado por la crítica "disonante".[402]

Mientras todas las notas periodísticas homenajeaban a la "madre del feminismo", el artículo de Fouque titulado "Moi et elle" considera la muerte de Beauvoir como una liberación y una vuelta de página, tras la que el feminismo al fin entraría al siglo XX.[403]

Allí explica que Beauvoir personificó un feminismo igualitario, un universalismo intolerante, asimilacionista a la figura del varón, odioso, esterilizante, reduccionista de todo lo otro, y que frena toda reflexión sobre las mujeres, en particular, sobre sí misma.

No podemos ahora extendernos en estas consideraciones, pero encontraremos ecos de estas palabras en otras de las "hijas rebeldes" de Beauvoir.

La revolución lingüística

Una tercera corriente, también derivada del pensamiento de Beauvoir, puede identificarse en la obra de Monique Wittig (1935-2003) escritora, y teórica que se inició con el grupo de las feministas materialistas y, después, se apartó, viajando a EEUU, donde hizo sus aportes fundamentales en lo que denominó lesbofeminismo. A ella debemos también la propuesta de que es necesaria una

---

402   Rodgers, Catherine, "Elle et Elle: Antoinette Fouque et Simone de Beauvoir" *MLN, French Issue*, vol. 115, n° 4, Sep. 2000, pp. 741-760. Disponible en https://www.jstor.org/stable/3251314

403   Fouque, Antoinette, "Beauvoir est morte" *Libération*, 15 de avril de 1986, pp-1-5.

revolución lingüística para poder hacer efectivamente *una revolución feminista*. Como veremos, Wittig se convierte en el puente necesario entre la filosofía de Simone de Beauvoir y, posteriormente, la de Judith Butler.

El debate sobre la relación entre feminismo y lesbianismo estuvo muy presente en los años setenta del siglo pasado; buen ejemplo de ello son los movimientos del lesbianismo "negro" liderados por Angela Davis. Diversas posturas giraron en torno a la importancia del lesbianismo como instrumento político para el feminismo. Definido de diversas maneras, tanto se afirmaba su relevancia en el movimiento de mujeres como se lo consideraba una práctica exclusivamente privada, carente de capacidad para la transformación social. Esta polémica sigue vigente, y pone en evidencia las dificultades de aceptar un sujeto feminista plural. De algún modo, en el entramado político-cultural las singularidades quedaron asfixiadas, y se exhibía un grado infructuoso de incomprensión y de exclusión. Sin embargo, tanto la pluralidad como la defensa de la libertad son fundamentales para el feminismo.[404] El caso de Monique Wittig muestra con claridad ambas aristas. Si bien originalmente, como dijimos, formó parte del grupo del feminismo materialista francés, se distanció trasladándose a Berkeley donde trabajó intensamente hasta su temprana muerte. Wittig es el enlace entre el pensamiento beauvoiriano, el materialismo y los desarrollos posteriores, vinculados al feminismo de la diferencia y el giro lingüístico. Por un breve período, próxima a Fouque y al *MLF*, Wittig toma del materialismo francés la concepción de que toda idea y toda categoría es cultural; es decir, que está construida

---

404   del Olmo Campillo, Gemma " El desafío violeta. Un camino de libertad " en *Investigaciones Feministas*, 10. 1, 2019, pp. 45-59.

socialmente. En ese sentido no hay categorías neutrales ya que están determinadas por relaciones de poder. Es por eso que también ni mujeres ni varones son grupos biológicos sino clases sociales que la legua perpetúa porque está a disposición del masculino hegemónico. En varias publicaciones desarrolla su crítica al sistema tradicional hegemónico heterosexual, que es el marco simbólico que permite interpretar y dar sentido al mundo, organizado según esa lógica binaria. Como varones y mujeres se definen a partir del pensamiento heterosexual y su entramado conceptual, quienes no responden a él (es decir a la heterosexualidad) no son ni varones ni mujeres. De ahí su famosa conclusión "las lesbianas no son mujeres".

Experta en lingüística, en 1969 publicó *Les Guérrillères*[405] y en 1973, en la misma editorial, *Le corps lesbien*.[406] En ambas obras rastrea propuestas alternativas al binarismo sexual y la obligatoriedad de lo que denomina "el contrato heterosexual". En una línea próxima a Adrianne Rich, Wittig cree en "dos revoluciones": la revolución lingüística y la revolución social. Considera que estas dos revoluciones, se entrelazan, y van unidas para subvertir el "contrato social heterosexual", que es un régimen político, y no una práctica sexual, ya que la discriminación de sexo se produce debido a un entramado político y lingüístico que exige y presupone el binarismo sexual.[407]

---

405   *Les Guérrillères*, París, Les éditions de Minuit, 1969. Hay traducción castellana Disponible en : https://dokumen.tips/documents/wittig-monique-las-guerrilleraspdf.html

406   *Le corps lesbien*, París, Les éditions de Minuit, 1973. Disponible en : https://www.caladona.org/grups/uploads/2017/01/wittig-m-el-cuerpo-lesbiano.pdf

407   Cano Abadía, Mónica "Reflexionando sobre Wittig: *Las guerrilleras* y *El cuerpo lesbiano*" *Thémata. Revista de Filosofía* Nº 46, 2012, pp. 345-351.

Quienes no se inscriben en ese entramado textual-político *no son* mujeres, pero tampoco *varones*, en sentido estricto. Las dos revoluciones en las que cree Wittig, tienen como objetivo subvertir el orden del contrato social heterosexual, pero desde diferentes caminos. La revolución lingüística es fundamental porque el lenguaje es una parte importante del contrato heterosexual, configurador de realidades. En palabras de la propia Wittig: "El lenguaje proyecta haces de realidad sobre el cuerpo social, lo marca y le da forma violentamente".[408] Esta revolución es necesaria en la gramática y en el vocabulario; según Wittig hay que destruir el discurso del sexo y de la gramática que instaura el género, "desde dentro" porque los nuevos conceptos no son completamente ajenos al lenguaje común, en tanto deben ser comprensibles en el mismo lenguaje que pretenden cambiar. De manera afín, en *Les Guérrillères* Wittig propone una subversión del lenguaje, para transformar las categorías binarias de sexo y de género.

Ahora bien, desde el punto de vista literario, Wittig utiliza palabras alusivas, y el especial hilo narrativo que adopta pretende introducir una revolución en los conceptos. Apela a significados imaginarios, trata de visibilizar aquello que "es un fantasma en los marcos de referencia heterosexuales" y fuerza el lenguaje para instaurar un nuevo espacio lingüístico, pues "la homosexualidad no aparece más que de forma débilmente fantasmática y, en ocasiones, no aparece en absoluto".[409] Es fundamental revolucionar los pronombres personales, porque en ellos se inscribe el género. Además,

---

408 Wittig, M. "La marca del género" en *El pensamiento heterosexual y otros ensayos*, Madrid, Egales, 2006, p. 105 ; Cano Abadía, *op.cit*, p. 346.

409 Wittig, *op.cit*. p. 67.

[...] son la única instancia lingüística que designa a los hablantes en el discurso, y sus situaciones diferentes y sucesivas en relación con este discurso. Por tanto, son también el camino y el medio de entrada en el lenguaje. Y por eso –porque representan personas– nos interesan.[410]

Es decir, Wittig propone un camino para llegar a una sociedad sin sexos; una sociedad en la que la verdadera personalidad de cada quien, pueda aflorar sin contextos opresores binarios. La obra de Wittig tiene una gran fuerza subversiva; propone nuevas formas de lenguaje para nombrar aquello que aún no tiene nombre en el marco social heterosexual y nuevas formas de comunidades de afectos que aún no se han gestado debido a la estructura social binaria.

En 1980, Wittig publica, a partir de la fórmula de Beauvoir "No se nace mujer, se llega a serlo" (*On ne naît pas femme, on le devient*), un artículo titulado *On n'est pas femme* (No se es mujer).[411] El artículo se propone volver sobre la noción de "devenir femme" (devenir mujer; llegar a ser mujer)[412] y así rendir cuentas con Beauvoir. Wittig también rompe con la consideración de que varones y mujeres son clases naturales, y a la vez muestra cómo Simone de Beauvoir no logró sustraerse de las categorías binarias de sexo debido, por un lado al lenguaje que no da lugar a inscripciones alternativas y, por otro, a la elaboración normativa del sistema social de la heterosexualidad.[413] Analizar y comparar el texto de Beauvoir y el de Wittig permite

---

410   *Idem,* pp. pp. 105-106.

411   Wittig, Monique, "On ne naît pas femme" en *Questions Féministes*, n° 8, mayo 1980, pp. 75-84. Disponible en: https://www.jstor.org/stable/40619199

412   Ya hemos comentado las dificultades de traducción de estas expresiones en el capítulo 3.

413   Cuestión retomada por Adrianne Rich en *Compulsory Heterosexuality and Lesbian Existence.* The University of Chicago Press, 1980, p. 631-660.

preguntarse por los preconceptos que rigen aún la diferencia de los sexos, como modelo de conocimiento. Asimismo, por el modo en que persisten, en los estudios de género, miradas normativas de heterosexualidad y homosexualidad. Wittig denuncia que la conquista del estatuto de ser humano se alcanza o bien a partir de la "masculinización" como modo de tomar distancia de los condicionamientos de la mujer, o bien como redefinición del principio de alteridad, desnaturalizando el sexo y el género. En suma, Beauvoir se había quedado corta en sus análisis, y era hora de superarla.

Hasta cierto punto, como Irigaray y como Cixous, rompe la sintaxis de la lengua y hasta su estructura visual, como es fácil ver en *Las guerrilleras*: alteraciones gráficas, diversas tipografías no simétricas, páginas en blanco, círculos u otras figuras geométricas alterando ¿la armonía? de la estructura y el diseño. Todo ello para contribuir a la revolución lingüística y, en paralelo, a la revolución social.

Es fácil ver cómo sus obras impactaron en la producción de Judith Butler.

Capítulo 10

La lectura girotrópica de Butler

Sin más trámite, las "hijas rebeldes" de Beauvoir enfrentan tanto su filosofía como sus soluciones a la "cuestión de la mujer". Negaron los modos de ilustrados de comprensión en clave existencialista y homologaron la noción de "sujeto" con "sujeto masculino". Es necesario –sostuvieron– rechazar la lógica de la identidad y profundizar en la línea de la diferencia.[414] No es posible hacerse cargo de la herencia patriarcal con la voz del *lógos*; en cambio hay que poner en evidencia la diferencia, la disidencia y subvertir el lenguaje elaborando una voz nueva, una lógica nueva, un nuevo orden simbólico y una nueva ética.

Un interesante número de teóricas optaron por el camino del "giro lingüístico". En general, entendemos por "giro lingüístico",[415] el modo de hacer filosofía a partir de la toma de conciencia de la

---

414   Para una fuerte crítica al modelo de universalidad ilustrada en Beauvoir, Cf. Agacinski, *op.cit.* "El universal masculino". Nótese la homologación de "igualdad" con "identidad".

415   "Linguistic turn" es una expresión de Gustav Bergmann (1953) que da cuenta de la manera de hacer filosofía iniciada por Ludwig Wittgenstein en su *Tractatus logico-philosophicus*.

arbitrariedad y la opacidad del lenguaje; razón por la que se lo asume como "objeto de estudio" en tanto mediador y/o conformador de la realidad. Podemos incluir en esta corriente a Luce Irigaray, Hélenè Cixous, Monique Wittig, hasta cierto punto Audre Lorde y, por supuesto, a Judith Butler. Por eso, en el título se alude a este giro trópico de invertir el orden lógico-ontológico del objeto de estudio y desplazarlo de los entes, a los hechos y de los hechos al lenguaje, comenzando por este último, cuando el existencialismo, Beauvoir incluida, comenzó por estudiar los hechos. Precisamente este giro trópico permite una interpretación como la que Butler hace de Beauvoir, alentada por los estudios pioneros de Wittig al respecto. Probablemente no leyera a Fouque, pero en todo caso, a través de Wittig pudo haber tenido conocimiento de sus críticas a Beauvoir.

Revisemos brevemente la lectura que Butler hace de Beuvoir.

Cruzar el Atlántico (del norte)

Recordemos que no nos ocuparemos de la filosofía de Judith Butler –hay mucha literatura al respecto en nuestro idioma– sino sólo de aquellos aspectos que retoman la obra de la filósofa francesa y hacen una lectura propia de algunos aspectos de su filosofía. Butler lee *El segundo sexo* –con las dificultades que ya señalamos en nuestro capítulo sobre traducción– desde un paradigma ajeno a la filósofa francesa, por lo tanto, su crítica cabe en lo que se denomina "crítica externa".

Ahora bien, a mediados de los ochenta, Judith Butler necesita todavía confrontar con Beauvoir y mostrar las insuficiencias del pensamiento de la francesa para asentar el suyo propio. En 1986 –año de la muerte de Beauvoir– publica un artículo titulado "Sex and Gender in Simone de Beauvoir",[416] que acusa sin duda la influencia de Wittig, de las corrientes de la diferencia europeas y del pensamiento foucaultiano y postfundacionalista. Por un lado, le concede a Beauvoir el mérito de haber acuñado *avant la lettre* la noción de género pero, al mismo tiempo, le critica haberse quedado corta en su aplicación.[417] Asimismo la acusa de mantener un residuo ontológico que, en su concepción de sujeto, genera tanto una homologación con el sujeto masculino como una circularidad insostenible, que analiza en términos del *cogito* cartesiano y el ser-en-sí de Sartre.[418] Al mismo tiempo, examina la noción de cuerpo en Beauvoir, quien habría basado sus análisis en cuerpos masculinos. Paralelamente, la acusa de aceptar una concepción de sujeto universal abstracto, también masculino, esencialista, biologicista y binario. Obviamente, Butler concluye que, en primer término, es necesario abandonar el paradigma beauvoiriano y su noción de género, luego, es preciso desontologizar, y desensencializar el sujeto y consecuentemente construir una agencia no-subjetiva.

Según acabamos de ver, Butler le atribuyó a Beauvoir no solo una teoría implícita de género sino la formulación misma del concepto y hasta del propio término, aunque los argumentos con que Beauvoir defiende su interpretación no son —a su juicio— suficientes.

La lúcida, original y controvertible interpretación de Butler ancla directamente en su afirmación de que la contribución más importante de Beauvoir es precisamente su *Teoría de Género*. En

---

416   Cf. Butler, J. (1986) "Sexo y género en Simone de Beauvoir" En: *Mora,* 4, 1998.

417   Nicholson, L. "Gender" In Jaggar-Young (1998) pp. 289-297. En castellano y otras lenguas latinas el uso de "gender" tiene una raíz no feminista y sólo en los 80s. comenzó, por influencia norteamericana, a utilizarse en ese sentido. En Francia, por ejemplo, es bastante resistido.

418   Este capítulo es deudor de Femenías [2000], 2013, *op.cit*; y de *Judith Butler: Introducción a su lectura*, Buenos Aires, Catálogos, 2003, Cap. 2.

efecto –según Butler– Beauvoir parte de la famosa pregunta "¿Qué es una mujer?" a la que responde afirmando "no se nace mujer, se llega a serlo". Para Beauvoir –según Butler– todo sujeto se realiza concretamente a través de sus proyectos como una trascendencia y no alcanza su libertad sino por su continuo sobrepasar las libertades de los otros.[419] Es decir que "ser es llegar a ser", donde el drama de las mujeres es el conflicto que se genera entre sus reivindicaciones esenciales como sujeto y el mundo de los varones que pretende fijarla en la inmanencia, como a un objeto.[420] Entonces, en su facticidad se construye como inesencial.

Ahora bien, este construirse depende –siempre según Butler– de una teoría voluntarista de género, que le adscribe a Beauvoir. Butler parece emprender su lectura de *El segundo sexo* basándose en el supuesto de que Beauvoir distingue sexo, lo biológicamente dado, de género, lo que constituye *qua* mujeres. De modo que, la estrategia de Butler es criticar la conceptualización que Beauvoir hace de la categoría mujer y de la teoría de la representación sobre la que la sustenta y le da fundamento –en palabras de Butler– configurando una teoría política del cuerpo. De ahí que la afirmación "no se nace mujer, se llega a serlo" presupone –siempre según Butler– una construcción fuertemente voluntarística de género (¿mujer?). En su interpretación, Butler parece desdeñar la fuerza de los mandatos sociales y de la situación, tan estudiada por Beauvoir. Consecuentemente, Butler concluye que "ser mujer" implica un acto de voluntad cultural, una construcción que designa la variedad de modos en los que puede adquirirse significado cultural (a partir de una inteligibilidad binaria) del proceso de autoconstrucción del género "mujer" que se

---

419   *Qu'est-ce qu'une femme?* Beauvoir, *op.cit.* pp. 13, 31. Quizá debería decirse "con" los otros.

420   *Idem,* p. 31.

llega a ser. Ahora, si como sostenía Wittig, sólo se consigue el estatuto de ser humano por vía de la masculinización o de la ruptura y desmontaje del binarismo que define la alteridad *qua* mujer, no queda claro por qué las mujeres elegirían constituirse en mujeres, rechazando sin más alcanzar el estatuto de humano. Como fuere, concedida la interpretación de Butler, la estadounidense sostiene que solamente un cierto sexo llega a ser congruentemente un cierto género. Caben aquí dos observaciones: ¿Presupone Butler que en Beauvoir el "llegar a ser" se limita por la biología o por los mandatos sociales? Y, además, si nada designa –como afirma Beauvoir– una identidad fija de las mujeres como aquello que las hembras (*female*) llegan a ser, "ser una mujer" es, entonces, una interpretación cultural del cuerpo-hembra. Esto conlleva, según Butler, por un lado, a sostener que el cuerpo hembra es sólo un *locus* arbitrario de ser mujer, entendido como una interpretación cultural. Por otro, que Beauvoir acepta un fuerte determinismo biológico y que toda su construcción genérica fue sólo una mera y vacía expresión de deseo.[421] Butler concluye que ambas alternativas se sostienen por el "principio dimórfico de inteligibilidad cultural".

Desde este punto de mira, Butler afirma que "llegar a ser mujer" es un proceso propositivo de auto-construcción y de apropiación de un conjunto de actos y de habilidades, que encuadra arbitrariamente en el concepto de proyecto sartreano, a la manera de la asunción de un cierto estilo y de ciertos significados corporales, en un trabajo consciente de incardinamiento (*embodyment*).[422]

Como otras estudiosas estadounidenses, Butler no se detiene a examinar las diferencias entre las posiciones de Sartre y de Beauvoir,

---

421 Butler (1986), p. 37.
422 *Idem*, p. 36.

y utiliza las categorías del primero para fundamentar su interpretación de la posición teórica de la segunda, resignificándolas como una especie de tarea consciente de *hacerse* el propio sexo-género. Según su concepción voluntarística, el género es un proceso auto-reflexivo, previamente determinado por el propio sistema político representacional que incluye como una de sus posibilidades el feminismo de la igualdad en la versión de Beauvoir. Para Butler, la sexualidad (no el sexo), debe reivindicarse rompiendo los moldes de la representación política binaria tradicional que sólo busca prescribirla, circunscribirla y normativizarla. Por tanto, a su juicio, los análisis que efectúa Beauvoir ignoran el carácter performativo del género sobre el sexo, que se construye excluyendo ciertas posibilidades, invisibilizando otras, capturando la variabilidad en un sistema dimórfico socialmente inmune a los prejuicios raciales, heterosexuales, y de clase. De ese modo, Beauvoir contribuye, aunque involuntariamente, a estructurar y sostener el *statu quo*.[423] Entonces, este *llegar a ser* el propio género debe ser entendido como un proceso tanto de aculturación como de elección que –a juicio de Butler– sólo lleva allí donde siempre se estuvo. En conclusión, para Butler la circularidad del razonamiento de Beauvoir es manifiesta.

En consecuencia, como para Wittig, la crítica feminista de Beauvoir, se queda corta. Su concepción de género es ambigua: ignora los aspectos performativos y citacionales que sólo favorecen una falsa alternativa. El sistema criticado por Beauvoir y su propia crítica, ambos, conforman un todo hegemónico que sólo puede ser rechazado en su totalidad. A juicio de Butler, precisamente ese todo está unilateralmente instituido por el discurso falogocéntrico

---

423 Butler (1990), p. 4 ss. Cf. Chanter, T. In Jaggar & Young (1998), p. 265. Ya en Irigaray (1974) aparece esta idea.

(en términos de Irigaray) que debe ser rechazado: las mujeres sólo se liberarán efectivamente cuando se reconozcan como el lugar de la apertura y de la permanente resignificación desde lo a-lógico. Ni reconoce Butler que Beauvoir da cuenta del peso social de la construcción de la autonomía del *moi*, ni de que las mujeres son sujetos en situación. En este sentido, *El segundo sexo* sería sólo una investigación orientada a describir la existencia de mujeres en la sociedad patriarcal: una existencia degradada que exhibe la opresión y la frustración en cuanto infligida a la mujer por el varón; opresión sólo superable en casos particulares y concretos, pero cuya supresión debe constituirse en la razón de un postfeminismo por hacer.

Hemos visto que cuando Butler examina la noción de *género* que atribuye a Beauvoir supone también una crítica a la noción de "mujer". En efecto, Butler entiende que Beauvoir define a las mujeres como poseyendo una unidad de significado esencial. En *Gender Trouble* (1990) sugiere que es posible trazar un paralelo entre el modo en que la filósofa francesa piensa el sexo y la tendencia que tiene a naturalizar o a proponer, fundamentos biológicos inmutables a la categoría *ficcional* y *discursiva* de "mujer". La idea de que una mujer es una unidad ficcional al servicio de un régimen opresivo falogocéntrico, lleva a Butler a sugerir que esa categoría es una unidad de significado que coacciona al individuo para que cumpla con un cierto comportamiento dado, tal que exhiba en su conducta el significado del nombre que porta. En otras palabras, la idea de "mujer" como una unidad opera a la manera de una fuerza de control social (*policing force*) que regula y legitima ciertas prácticas y experiencias a la par que deslegitima otras. Incluso, la idea de "mujer" como unidad situada en oposición al "hombre" (varón) funciona como una suerte de soporte del *statu quo,* junto con la norma de la heterosexualidad compulsiva, en palabras de

Adrianne Rich, que Butler retoma. Las ideas de mujer y de varón, en la medida en que poseen unidad (pseudo)ontológica y significado unitario, una en oposición excluyente de la otra, disciplinan también –a juicio de Butler– el deseo sexual que conceptualiza como atracción (binaria) de los opuestos. Dado que para ella no hay cuerpo sexuado anterior a la construcción falogocéntrica de los significados, el proyecto feminista de Beauvoir, que Butler supone que asume tal unidad binaria originaria, acaba por reproducir el orden social sexista y heterosexual, solidificando la opresión de las mujeres a las que paradójicamente pretende liberar.

De este modo, Butler le reprocha a Beauvoir haber bloqueado los análisis de género al aceptar un estatus ontológico fijo del cuerpo de las mujeres. Esta interpretación, le permite sostener además que se llegan a ser los géneros desde un lugar previo a la cultura, lo que implica atribuirle a Beauvoir un supuesto ontológico fuerte, interpretación esencialista que seguramente hubiera rechazado enérgicamente.

Si bien, como sostiene Butler, en *El segundo sexo* pueden verse los esfuerzos por radicalizar la teoría sartreana de una libertad incardinada, habría que tener en cuenta que precisamente de este instrumental existencialista –como advierte Amorós– se deriva la indistinción de sexo/género, subsumidos en la noción de "cuerpo vivido"; es decir, sólo experimentado "el cuerpo que yo soy".[424] Esto significa que Butler interpreta a su manera la noción de "hacerse", en el sentido de que el género sería un proyecto, una elección impregnada de resabios cartesianos del sujeto intencional sustantivo, tributario a su vez de un modelo humanista que Butler rechaza.[425] Es decir, Butler reconstruye el problema en términos de

---

424 Amorós (1999), p. 14.
425 *Ibidem.*

¿cómo es posible que el género sea a la vez una construcción cultural y una elección desde un lugar previo no-generizado? Pregunta que a todas luces es ajena a la concepción beauvoriana, tal como la hemos visto en los capítulos anteriores. Por eso, ante los ojos de Beauvoir, esa pregunta carecería de sentido. En efecto, las mujeres son existencia, abertura, el "eterno femenino" es una mera construcción de la cultura patriarcal dominante, producto de un mundo masculino que las heterodesigna y pretende que, siendo libertad autónoma en tanto que humanas, queden definidas como inesenciales, inmanentes y polo cerrado de alteridad.

Si, como cree Butler, las mujeres beauvoirianas agotaran su proyecto en la performatividad genérica, habrían antepuesto su identidad *qua* mujeres a su identidad *qua* humanas, lo que a todas luces sería inconcebible para Beauvoir, quien considera que la búsqueda de una identidad *como mujer* es un aspecto más de una mitología construida por los varones. Por consiguiente, es deber de cada una verse e identificarse a sí misma como el ser humano que es, cuya situación difiere de la de los varones, lo que constituye una mengua ilegítima de su libertad. Para Beauvoir, priorizar la función de la sexualidad (no el sexo) sobre cualquier otra para definir lo humano, es reducirla, y limitarla.[426] Están falsamente representadas, y esa falsedad del significado pone de manifiesto una estructura de representación por completo inadecuada, que responde al poder masculino.

En la interpretación de Butler, Beauvoir aplica menguadamente la categoría analítica de género y acepta, al mismo tiempo, la noción de sexo binario en términos de varón y de mujer como sexos pre-dados;

---

426   Heinämaa, S. " ¿Qué es una mujer? Butler y Beauvoir sobre la diferencia sexual", *Mora* 4, 1998.

es decir, anteriores a sus interpretaciones culturales. Entonces, Butler interpreta el "llegar a ser mujer" como un proceso activo de apropiación, de interpretación y de reinterpretación de las posibilidades culturales en una autoconstrucción de la propia identidad. Por tanto, supone un conjunto de actos propositivos y apropiativos, la adquisición de ciertas habilidades, la adopción de un cierto estilo corporal y de su significado. Por eso también, en la medida en que Butler entiende el "llegar a ser" como sinónimo de asumido o encarnado propositivamente, le critica a Beauvoir que apele a una explicación voluntarística del género. Porque en la interpretación que hace Butler, los sexos ya están, en algún sentido, dados o preelegidos ¿Qué significa entonces el género como la construcción cultural que recibimos? Ve en Beauvoir no sólo cierta ambigüedad sino, incluso, una contradicción que parte de su propia interpretación: por un lado, concibe al género como pasivamente determinado, construido por un lenguaje falogocéntrico que determina al sujeto y, por otro, lo acerca a la noción de proyecto activo y voluntarístico.

Butler considera, sin embargo, que la explicación que atribuye a Beauvoir respecto de "llegar a ser un género" reconcilia la ambigüedad interna que le atribuye al género como proyecto y como constructo. Porque –aclara– cuando *llegar a ser un género* se entiende tanto en términos de elección como de aculturación, la relación usual de oposición entre ambos queda socavada. Conservando la ambigüedad de "llegar a ser", Beauvoir habría formulado al género –siempre en la interpretación de Butler– como el "locus corpóreo de las posibilidades culturales tanto recibidas como innovadas". Tal teoría del género, entonces, desembocaría en una reinterpretación de la doctrina existencial de la elección. En efecto, "elegir" un género debería entenderse –en la interpretación de Butler– como el incardinamiento de ciertas posibilidades dentro de una red de profundas e intricadas normas culturales.

Así las cosas, Butler considera que la concepción de que elegimos nuestros géneros supone un rompecabezas, e implica un *residuo ontológico* ineludible que sitúa a Beauvoir en la misma línea que Descartes, Sartre y, hasta cierto punto, Merleau-Ponty. Porque, – sostiene– es imposible ocupar una posición fuera de un género desde el cual elegirlo. Si siempre estamos generizados, es decir, inmersos en un género, entonces, ¿Qué sentido tiene decir que elegimos lo que ya somos? Butler concluye que la tesis de Beauvoir no sólo es tautológica, sino que implica una estructura egológica que vive y crece con anterioridad al lenguaje y a la vida cultural. En la misma línea argumental, sugiere que si es verdad que llegamos a ser nuestros géneros, por medio de un cierto conjunto de actos apropiativos, entonces Beauvoir se debe haber referido a algo semejante a un "yo cartesiano" dual no posicionado. Que la agencia personal sea un prerrequisito lógico para asumir un género no implica simplemente que esté descorporalizada porque, en verdad, llegamos a ser nuestros géneros y no nuestros cuerpos.[427] Ya vimos que, para Beauvoir, los seres humanos no coinciden nunca consigo mismos, y esa es una peculiaridad propia de su modo de ser; pero en la interpretación de Butler, ese *locus* pre-generizado es el punto de partida desde el que se construye el propio género. Esto significa que Beauvoir –siempre en la lectura de Butler– habría considerado necesaria una especie de sujeto auto-contituyente (agente) anterior al mismo cuerpo generizado. Esta curiosa interpretación es lo que Butler identifica –parafraseando a Gilbert Ryle– como el "fantasma cartesiano en el cuerpo sartreano".[428] Por tanto, a su criterio, el "llegar a ser un

---

427   Cf. [1986].

428   Ryle, G. *The concept of mind*, new York, Barnes & Noble, 1949. En el primer capítulo, Ryle denuncia "el fantasma en la máquina" refiriéndose a la división cartesiana mente/cuerpo.

determinado género" sería una especie de extensión y de concretización de la fórmula sartreana del proyecto. Pero, al traspasar esa fórmula a la dimensión del cuerpo sexuado, Beauvoir habría recogido en términos de paradoja lo natural (es decir el sexo) y lo cultural (es decir el género) donde la tensión entre ambos encontraría su lugar en el propio cuerpo.[429] Por tanto, Butler concluye que la tesis de Beauvoir es tautológica, en la medida en que es necesario que exista un *ego* antes del discurso que constituye su conciencia y antes aún que el cuerpo, con lo que Beauvoir no habría eludido la concepción dualista del ser humano propia de la filosofía de Rene Descartes.

Para Butler, que elijamos o construyamos nuestros géneros lleva a la perplejidad, o al menos a la paradoja ontológica que implica su interpretación. Butler parte de la noción de género-mujer caracterizándolo como "un modo contemporáneo de organización de las normas culturales pasadas y futuras, un modo de situarse uno mismo con respecto de esas normas y al cuerpo", para finalmente definir al "género" como "un estilo activo de vivir el propio cuerpo en el mundo". Aplica a la obra de Beauvoir esta última definición con el interés, por un lado, de refutar el residuo cartesiano que ve en su filosofía y, por otro, de alcanzar la configuración de un agente real cuyo género sea paródico y performativo, como los que propone en *Gender trouble*. Refutar el cartesianismo de Beauvoir implica para Butler superar las contradicciones que se generan cuando afirma que el género se construye a partir de un *cogito* que de alguna manera adquiere o se apropia del género.

Tal y como Butler plantea la cuestión, la controversia sobre el significado de la construcción del "género" parece fundarse en una polaridad filosófica tradicional entre voluntad libre y determinismo; donde el cuerpo aparece tradicionalmente como un medio pasivo,

---

429   Butler (1986), p. 39.

biológicamente determinado, en el que se inscriben los significados culturales. Para Beauvoir —en la versión de Butler— el cuerpo es entonces el instrumento a través del cual una voluntad interpretativa y apropiativa determina su significado cultural en sí mismo ("género"). En ambos casos, el cuerpo se configura como el mero instrumento, o el medio, de un conjunto de significados que se relacionan con él sólo externamente. De ahí que siguiendo con la interpretación de Butler, Beauvoir pueda concebir a las mujeres como "lo Otro". De ahí también que Butler rechace la división sexo/género, e intercambie ambos conceptos en sus obras posteriores. Porque, ¿si no hay un sexo natural —se pregunta Butler— para qué mantener la distinción entre sexo y género?[430] Si Beauvoir no extrajo todas las consecuencias posibles de su concepción de cuerpo, Butler lo hace a partir de los trabajos de Monique Wittig y de Michel Foucault.[431] En efecto, Wittig desarrolla extensamente la idea de Beauvoir de la *apropiación* del género, como vimos, negando que las mujeres sean una clase natural. Como en Wittig, el pilar de la crítica de Butler radica en que la opresión de las mujeres se basa en su aceptación de la heterosexualidad como fundamento de la sociedad humana, negando a las no-heterosexuales inscripción y, consecuentemente, reconocimiento.

La crítica a la crítica

Hay muchas formas de leer. Desde la lectura placentera, cercana al divertimento, hasta las académicas, altamente regladas y

---

430 *Gender Trouble,* pp. 20.

431 Wittig, M. *Les guerrillères,* Paris, Les Editions de Minuit, 1969; *Le corps lesbien,* Paris, Les Editions de Minuit, 1973 ; "The category of sex" *Feminist Issues,* 2.2, 1982; Cf. también la introducción de Foucault a su edición de *Herculine Barbin dite Alexina B,* Paris, Gallimard, 1978.

metódicamente rigurosas. Hay lecturas que se pueden saciar con una ojeada y otras que obligan a releer una y otra vez un mismo texto, concentrándose en una actitud parecida al ensimismamiento. Sabemos, además que las prácticas lectoras cambian con el tiempo y que los desarrollos económicos, los avances tecnológicos, el tipo de lector, y los contextos de lectura las alteran. Fundamentalmente incide el punto de mira de quien lee y su objetivo al leer. Es decir, cuál es la grilla de preconceptos de quien lee y para qué lo hace. Ese lector/a comprende, critica, examina, refuta, derrota... En suma, leer implica poder hacerlo de muchas maneras. En consecuencia, no toda lectura es exegética, tratando de aclarar o establecer el punto de mira del autor/a. Hay lecturas que, como Butler, prefieren desafiar los marcos conceptuales de su autora, en este caso Simone de Beauvoir, y utilizar sus afirmaciones como fuente inspiradora (estimuladora, disparadora) del propio pensamiento a establecer. Hasta cierto punto, Beauvoir utiliza a Hegel en ese sentido: no hizo exégesis de la dialéctica del amo y el siervo, sino que aplicó esa dialéctica a los sexos, favoreciendo una explicación filosófico-conceptual de la situación de las mujeres en la sociedad, totalmente ajena a Hegel que aún hoy los hegelianos se resisten a aceptar: Beauvoir no supo leer a Hegel; Butler no supo leer a Beauvoir. O Quizá no quisieron leer para "ponerse en los zapatos" de sus referentes polémicos sino, simplemente, polemizar con ellos. Si es válida la lectura exegética, porque ayuda a comprender puntos de sutura y de disidencia no siempre evidentes para el lector/a común, es válida la lectura inspiradora porque abre a lo novedoso.

Por todo esto, cuando Butler lee a Beauvoir en la línea de Monique Wittig, puede sostener que el uso del "llegar a ser mujer" de Beauvoir implica un conjunto de actos intencionales y apropiativos. Es decir, la adquisición general de ciertas destrezas y de un "proyecto", en términos sartreanos, para asumir un estilo y una significación corporales culturalmente preestablecidos.[432] Es decir, pone el acento en lo que considera una intencionalidad voluntarística de *elección* (como carga sartreana) en la que se elegiría el género en consonancia con el sexo. Claro, a partir de esta interpretación (cuya pertinencia es muy discutible)[433] surgen al menos dos críticas fundamentales a Beauvoir, que Butler gusta tensar. Por un lado, el género se elige voluntariamente pero es a la vez una construcción social. Por otro, se elige el género del sexo "que ya se es", por lo que toda elección "cruzada" queda inmediatamente descalificada o negada, generándose lo que denomina –siguiendo a Hegel– "una tautología sin movimiento".[434] Subraya así, tal como Wittig arguye (a quien cita extensamente), que "la heterogeneidad y la capacidad de respuesta sexual del cuerpo se restringe por la institucionalización de la diferencia sexual binaria". Engloba dentro de lo que denomina "las doctrinas esencialistas de la feminidad" a la propia Beauvoir, en tanto que sostiene la existencia de un cuerpo biológico como dato, hasta cierto punto independiente y lógicamente previo, al discurso y a las construcciones socio-histórico-culturales de los sexos. Por eso también, puede afirmar con Beauvoir (estoy parafraseando a la filósofa francesa) "he leído a Beauvoir de esta forma, pero podría haberlo hecho de otra". El cómo dependerá precisamente de la grilla conceptual de la que se parta y los objetivos que guíen esa lectura.

Sin embargo, por rica que haya parecido la lectura que Butler hace de Beauvoir, no todas las estudiosas están dispuestas a aceptarla. Por

---

432 Cf. entre otras, las numerosas críticas de Judith Butler, por ejemplo, en Butler (1990): 193-211.

433 Femenías (2003).

434 Especialmente, pp. 193-194. Sobre críticas a la interpretación de Butler, cf. nota 2.

ejemplo, Sara Heinämaa considera errónea su interpretación y sugiere que no comprendió los objetivos de Beauvoir.[435] Si bien Butler representa una alternativa importante e interesante en la recepción anglo-americana de Beauvoir, comparte con sus compatriotas una lectura equívoca, basada en el presupuesto de que se trata de un trabajo sobre la relación sexo/género.[436] La filósofa francesa no trató de explicar hechos, sucesos o estados de cosas sino de revelar, develar o descubrir los significados de "mujer", "hembra" y "femenino". En lugar de una teoría de género, Beauvoir presentó una descripción fenomenológica de la diferencia sexual. Por tanto, la conclusión butleriana de que Beauvoir propone una *teoría performativa de género* también es errada. Erróneamente también Butler ve en Beauvoir a una voluntarista sartreana y, desde su propio punto de vista sobre el sexo y la sexualidad, cuestiona los conceptos básicos de Beauvoir, sobre todo respecto de las ideas de libre voluntad y de conciencia separada. En general, la presentación de Butler de *El segundo sexo* es incorrecta: el texto de Beauvoir no es voluntarista ni en el sentido cartesiano ni en el sartreano. Tal como también sostiene Pardina, la noción de sujeto en Beauvoir no se identifica ni con el *cogito* cartesiano ni con el ser-para-sí de Sartre, acercándose en todo caso al sujeto-corporal entrelazado con el mundo de Merleau-Ponty. Las decisiones que toma tal sujeto no deben concebirse, por tanto, como actos de una voluntad absolutamente libre. Por el contrario, se trata de posturas o actitudes corporales que se adoptan en situaciones específicas. Si bien en otros escritos, Butler hace una lectura más ajustada de Beauvoir, donde la ubica dentro de la tradición fenomenológica y la compara con Merleau-Ponty —sostiene Heinämaa— su

---

435 Heinämaa, *art.cit.* También Pardina disiente de la lectura de Butler, posición que compartimos.

436 Simons, M. *Beauvoir and* The Seconde Sex, New York, Rowman & Littlefield, 1999.

presupuesto básico es el mismo, creer que Beauvoir desea desarrollar una teoría de género.[437] Incluso, la apreciación de Butler sobre el carácter específico del interés de Beauvoir en la significación de la experiencia sexual es errónea. Coincidiendo con la mayoría de las académicas europeas para quienes la mejor lectura de Beauvoir es afirmar que somos parte de un orden biológico interpretado culturalmente, Heinämaa ratifica que *El segundo sexo* es un estudio fenomenológico del complejo y multifacético fenómeno de la *diferencia sexual*. En ese sentido, acuerda con Michèlle Le Doeuff en que Beauvoir acaba con "la imagen de una opresión sin causa".[438] Y agrega que, en tanto el cuerpo-sexuado es un hecho irreductible; como hecho biológico y social sólo es pensable a partir de su empiricidad. Para Heinämaa, así entendido, es un límite, un hecho primitivo que no se transforma por el voluntarismo performativo, como parece sostener Butler.[439]

En síntesis, Butler reconoce la fuerza radical con la que Beauvoir enfrentó el *status quo*, pero encuentra su marco filosófico-existencial antropológicamente *naïve*.

Desde luego, a su juicio, sería sólo relevante para unos pocos existencialistas que ensayasen traspasar las fronteras del sexo "normal", como la propia Beauvoir hiciera.

---

437 Butler, Judith, "Performative Acts and Gender Constitution" en Case, S-E. (ed) *Performing feminism: Critical theory and theatre*, Baltimore, John Hopkins, 1990.

438 Le Doeuff, M. "Simone de Beauvoir and Existencialism" *Feminist Studies*, 6.2, 1980.

439 Fraisse, G. *La diferencia de los sexos*, Buenos Aires, Manantial, 1996. pp. 61 y ss.; Héritièr-Augé, F. Masculin / Féminin: la pensée de la différence, Paris, Odile Jacob, 1996.

Conclusiones

Hace poco más de diez años, *Le Nouvel Observateur* presentaba a Beauvoir como una "Vanguardista y radical, venerada y refutada, admirable y quizá detestable".[440] Todas esas adjetivaciones, aún las contradictorias, le caben a ella y a su obra. Ni ella ni su obra pasaron desapercibidas, promoviendo gran debate entre las (y los) jóvenes de su generación y las siguientes. La lectura de sus libros aún interpela críticamente las estructuras sociales que legitiman y ocultan las exclusiones, la inautenticidad y la monotonía. Quizá uno de los motivos de su vigencia sea precisamente la coherencia que mostró entre acción, ensayo filosófico y literatura, hasta constituirse en una voz autorizada, que denunció que los espacios de la libertad se configuran históricamente, son móviles, se ganan y se pierden, porque obedecen a condiciones mutables; nunca se consiguen de una vez y para siempre. Por eso también hay que estar constantemente alertas para no perderlos.

Los diccionarios de filosofía incluyeron tardíamente a Simone de Beauvoir, cuya obra es particularmente valiosa para la cultura francesa, aunque se nos revele hoy como una de las figuras principales del pensamiento del siglo XX. Sus novelas y sus ensayos afirman que toda libertad se inscribe en la ambigüedad irreductible de la realidad humana y en un cuerpo encarnado que es, ante todo, un cuerpo vivido en situación. Ese cuerpo es *desde donde* la libertad se limita y se ejerce a la vez.[441] Su afirmación de lo que parece obvio: "Yo soy mujer", reafirma la condición fáctica de la existencia, tanto como los dispositivos sociales que la constituyen como tal. Beauvoir logró redescubrir ante el mundo

---

440   *Le site littérer de NouvelObs.com.* 2008.
441   Amorós, 1999, pp. 113.

que "ser mujer" no es un dato menor de la situación, aunque –según afirmó– ella misma nunca se había sentido ni excluida ni discriminada. Sin embargo, percibió que su experiencia no era mayoritariamente compartida, entonces, observó, analizó, interrogó y rastreó históricamente esa "condición mujer", para denunciar cómo se había limitado su libertad, que es decir la libertad de la mitad de la especie.

A esa constatación fáctica, le dio voz argumentativa. Por un lado, en base a un profundo conocimiento de la filosofía existencialista, sin plegarse acríticamente a los desarrollos de sus figuras más relevantes: Sartre, además su compañero de vida, y Merleau-Ponty. Por otro, dándole encarnadura a los tradicionales pedidos reivindicativos, no escribió un *"cahier de doléances"* como las francesas que elevaban a Luis XVI sus quejas. Por el contrario, mérito de *El segundo sexo* fue exhibir argumentativamente los modos históricos y presentes de la exclusión de las mujeres de los derechos naturales e inalienables de la humanidad: así dejaba al descubierto, sin espacio a dudas, que la "humanidad" era masculina. Tal vez, si sus estudios hubieran quedado encerrados en los libros académicos, no hubiera habido demasiadas consecuencias. Pero, sus novelas, sostenidas por los mismos principios que su obra ensayística o teórica, llegaron a una multitud de mujeres, más allá de las aulas y más allá de los textos eruditos.

Sin embargo, la acogida que tuvieron sus escritos en los medios intelectuales franceses fue absolutamente negativa. Tanto la Iglesia de Roma, que incluyó *El segundo sexo* en el *Index librorum prohibitorum*, como la izquierda comunista –en plena época de políticas de repoblación y de las medallas a la Maternidad (creadas por Stalin en 1944)– lo condenaron por su crítica a la familia y a la maternidad como mandato socio-político.

Fueron las mujeres, las verdaderas destinatarias de su obra, las protagonistas de sus investigaciones, quienes apreciaron –y apreciamos aún hoy– su auténtico valor. *El segundo sexo* se convirtió en un clásico. Las mujeres se encontraron explicadas y comprendidas en el libro, al punto de que desde Norteamérica (cuando se tradujo al inglés en 1954) como desde toda Europa, le escribían dándole las gracias por haberles explicado su situación, por haberles permitido encontrar las claves de su opresión y de su liberación. Así, el ensayo fue cobrando, para su autora, el valor feminista que realmente tiene. Se transformó ante sus ojos de un ensayo crítico sobre la situación de las mujeres, al libro de referencia de todo el feminismo posterior: el más importante ensayo filosófico del feminismo del siglo XX, como se repite con frecuencia. Quizá porque Beauvoir asumió su facticidad de ser un "cuerpo vivido mujer", franqueando los límites y el cerco que la cultura le imponía. Esa ruptura y ese distanciamiento le dio la perspectiva necesaria para elucidar cómo las mujeres eran/estaban en una "situación", que se propuso examinar en sus modos históricos para comprender cómo habían llegado a ser lo que en ese momento eran.[442] Constató así, cómo los espacios de libertad se fueron conformando, cerrando, abriendo y vuelto a cerrar, según una dinámica histórica fluctuante pero sostenida: la persistente limitación y bloqueo de los espacios de libertad de las mujeres. Cada época tuvo —a su juicio— figuras de apertura y figuras de cierre: Poulain de Barre o Condorcet ejemplificaron las primeras; Kierkegaard y Freud, las segundas. En esa puja conceptual, y en la densa trama social de costumbres y aceptaciones pasivas, las mujeres quedaban encasilladas, etiquetadas, significadas "desde afuera", reducidas (salvo excepciones) a la inmanencia. La lectura no-convencional de los clásicos, que propone —Marx, Freud, Lacan, Levi-Strauss— invita a romper estereotipos generando otro punto de mira. Reinterpreta a voluntad, la dialéctica del amo y el siervo en Hegel en términos de Uno-Otra, y a partir de ahí, analiza los

---

442   Femenías, María Luisa, "Simone de Beauvoir: hacer triunfar el reino de la libertad" en *Oficios Terrestres* XIV. 23, 2008, Facultad de Periodismo y Ciencias de la Comunicación (UNLP), pp. 32-45.

mecanismos por los que el "sentido común" modela sus formas "naturales" de exclusión. Exploró las posibilidades y límites de la moral de las acciones humanas y desarrolló un conjunto de ideas propias que le permiten a Teresa López Pardina descartar la hipótesis de que su obra fuera un mero apéndice de los escritos sartreanos. Pergeñó figuras de fuga, de encubrimiento, de huida de la libertad tanto en *El segundo sexo* como en su obra literaria.

"Las palabras tienen un inmenso privilegio: las llevamos con nosotros" escribió Beauvoir en *Final de cuentas*. No se presenta como filósofa sino como intelectual, literata y, sobre todo, escritora. Como advierte Adrián Ferrero, educada según los códigos de una época que le devolvía versiones devaluadas de sí misma,[443] Beauvoir no se hizo cargo de "la víctima" que las imágenes representaban en la cultura de su época: la madre sacrificada, la cuidadora, la protectora, la sumisa, la que todo lo entrega por su hogar, imágenes consistentes con las políticas *back to home* que Beauvoir rechazó y, cuyo rechazo tuvo un sorprendente eco al otro lado del Atlántico. Durante la guerra, las mujeres habían puesto a prueba sus capacidades y no iban a volver a encarnar la sumisa ama de casa decimonónica tan fácilmente.[444]

Al instalar una mirada alternativa, se develan las estructuras de opresión implícitas, históricas y universales que dieron lugar a las relaciones de subordinación varón/mujer, contribuyendo a abrir camino a otras formas sociales, siempre en búsqueda de mayor libertad y autenticidad. Beauvoir no aceptó convertirse en una cómplice funcional del patriarcado, y reconfiguró el "sujeto mujer" desde un lugar crítico. Como sostiene Ferrero, en obras como *La Invitada* (1943), cuestiona

---

443 Ferrero, Adrián "Narrar el feminismo: Teoría feminista y transposición literaria en Simone de Beauvoir" en Femenías, María Luisa *Feminismos de París a La Plata*, Buenos Aires, Catálogos, 2006; pp.17-38.

444 Femenías, *Itinerarios* pp. 19-20.

el *statu quo* cultural de su época, discute categorías como "inautenticidad", "ambigüedad" y "mala fe". En *La mujer rota* anticipa modos deconstructivos y fragmentados de concebir el sujeto, que proliferaron más tarde con la postmodernidad. Narrar y narrarse en primera persona la lleva a "atreverse a construirse", y "emerger más allá del mundo dado". Al hacerlo, incide sobre su situación y la expande, diseñando el espacio de su propia libertad en la de algunos de sus personajes. Cuando escribe en primera persona, alienta a sus lectores a identificarse con ese estado de reflexión, tribulación y novedad, hasta alcanzar el derrotero elegido, que siempre implica una toma de conciencia, un apartamiento de los mandatos convencionales y una profunda apuesta al futuro. Muestra cómo la introspección lleva a la toma de conciencia de sí y de la situación, para modificarla haciendo estallar sus rutinas *naturalizadas*. En las novelas en las que encara los procesos de disolución de la vida femenina atada a los mandatos de la sociedad, siempre perfila caminos de salida, para alcanzar una mirada auténtica con la que enfrentar la dislocación y la angustia; porque el vacío de la existencia siempre se sortea cuando se establecen las condiciones de un proyecto diferente.

En síntesis, compromiso, filosofía y literatura aparecen conformando una profunda red creadora y original en cuya trama, al narrar y narrarse, amplía los horizontes de su propia libertad y, al hacerlo, ofrece un punto de apoyo para las búsquedas de otras libertades, de mujeres y de varones. Así, Beauvoir constituye siempre al sujeto como un "sujeto moral", núcleo de imputación de unas acciones que se consideran libres, aunque los vínculos de opresión sigan existiendo y aunque constituyan un acto moralmente condenable, en tanto merman los espacios de libertad de los seres humanos, en particular de las mujeres, pero también de los varones. En tal sentido, en todas sus novelas muestra cómo la situación arrastra a la complicidad, al encubrimiento y al artificio, porque

> Todo hombre tiene algo que ver con los otros hombres; el mundo
> con el cual se compromete, es un mundo humano, donde cada
> objeto se halla penetrado por significaciones humanas; es un mundo
> hablante, solicitante, [...] sólo a través de ese mundo cada individuo
> puede darle contenido concreto a su libertad [...] y, en todas las
> circunstancias, [...] a la de todos...[445]

Cuando hagamos el balance de los logros sociales conseguidos por las mujeres y las alternativas sexuales en nuestro país desde –digamos– la recuperación de la democracia desde comienzos de los años ochenta hasta ahora, tengamos presente a Simone de Beauvoir, y sus planteos fundamentales. Obviamente, ella no acompañó de modo directo nuestros reclamos y nuestras reivindicaciones. Pero, sin duda, su palabra escrita tanto como la de quienes la continuaron o hasta la de quienes la rechazaron, siguen siendo marcas indelebles hacia la libertad y la dignidad de las personas.

Pensándolo detenidamente, se trata de una compleja obra que sigue dando sus frutos, tanto en el terreno socio-político como en el académico, donde su pensamiento filosófico y su compromiso intelectual comienzan a analizarse. Mucha de la obra circulante, deriva de sus propuestas para continuar o para refutar. No en vano, el suyo, fue un texto que sentó las bases de los desarrollos posteriores del feminismo y anticipó un conjunto de conceptos tales como "patriarcado", "opresión", "género", entre otros, aún sin un vocabulario técnico-conceptual preciso a su disposición.

Sobre todo, apuntó al peso de la sociedad como enmascaradora de las formas de reproducción de las figuras de evasión de la libertad: los puntos

---

445   Beauvoir, Simone, *El Segundo Sexo*, traducción de Pablo Palant, Buenos Aires, Siglo XX, 1987, 72-73.

de fuga de la responsabilidad de hacerse cargo de la propia libertad. Camino menos explorado, incluso hoy. Simone de Beauvoir, escritora, avanza sobre la filósofa entretejiendo su filosofía en los hilos de la literatura, al denunciar en sus novelas los modos en que la existencia humana mujer, se torna algunas veces cómplice involuntaria de sus propias cadenas. Filosofía y literatura aparecen con anverso y reverso de un proyecto escritural que se propone favorecer la toma de conciencia de la sociedad: de las mujeres para sacudirse el peso de la inmanencia; de los varones para que vean en toda su profundidad cómo contribuyen a la opresión aun siendo ellos mismos oprimidos: clase, sexo, raza entretejidos para menguar libertades: la apuesta de Beauvoir es que, dado ese entrelazamiento, se convierta en la fuerza de un proyecto para la libertad.

Retomo, para cerrar, palabras de la investigadora española Ana de Miguel:

> La niña de la que su padre decía "Simone es como un chico" porque parecía inteligente, la escritora famosa que confiesa que si llegan a decirle que iba a terminar escribiendo sobre las mujeres se hubiera irritado, y bastante, es ahora reconocida, con toda justicia, como madre intelectual del feminismo contemporáneo. Un nuevo proyecto. Y así quiero sintetizar su gran legado teórico y práctico a las mujeres: frente a "la fuerza de las cosas", con todo el sentido trágico de la existencia a cuestas, la señora de Beauvoir nos ha legado "la fuerza de los proyectos".[446]

Proyectos, sin duda, para abrir más y más espacios de autoconciencia y libertad.

---

446   De Miguel Álvarez, Ana "El legado de Simone de Beauvoir en la genealogía feminista: 'la fuerza de los proyectos' frente a 'La fuerza de las cosas'" *Investigaciones Feministas*, 2009, vol 0, 121-136

Este libro está organizado sobre la base de un conjunto de artículos de mi autoría, ya publicados en diversas revistas, cuyos datos se consignan en la bibliografía. He agregado un número significativo de investigaciones y de reflexiones inéditas. A Beatriz Cagnolati, y equipo, le agradezco que me autorizaran a utilizar partes de nuestro trabajo colectivo de investigación sobre las traducciones de Simone de Beauvoir al castellano. A Magda Guadalupe dos Santos le agradezco nuestros recurrentes intercambios electrónicos sobre la filosofía de la teórica francesa. A María Spadaro y Graciela Vidiella, colegas y amigas, les agradezco su paciencia y haber leído versiones previas de algunos capítulos de este libro.

Bibliografía

Obras de Simone de Beauvoir

(1943) *L'invitée*. Paris: Gallimard. (1953) *La invitada*. Trad. de Silvina Bullrich. Buenos Aires, Emecé.

(1944) "Pyrrhus et Cinéas", en *Pour une morale de l'ambigüité*. Paris : Gallimard.

Para qué la acción, Trad. Juan José Sebreli, Buenos Aires, Siglo Veinte, 1965.

(1945) *Le sang des autres*. Paris: Gallimard. (1955) *La sangre de los otros*. Trad. de Hellén Ferro. Buenos Aires: Schapire.

(1945) *Les bouches inutiles*. Paris: Gallimard. (1957) *Las bocas inútiles*. Trad. de Floreal Mazia. Buenos Aires: Ariadna.

(1946) *Tous les hommes sont mortels*. Paris: Gallimard. (1951) *Todos los hombres son mortales*. Trad. de Silvina Bullrich. Buenos Aires: Emecé.

(1946) " Littérature et métaphysique". *Les Temps Modernes*, Nº 7, abril 1946, p. 1153-1163. (1947) "Literatura y metafísica". Trad. de María Rosa Oliver. *Sur*, nº 147-149, p. 287-301.

(1947) *Pour une morale de l' ambiguïté*. Paris: Gallimard. (1956) *Para una moral de la ambigüedad*. Trad. de Francisco Jorge Solero. Buenos Aires: Schapire.

(1948) *L'Amérique au jour le jour*. Paris: Gallimard. (1964) *Norteamérica al desnudo*. Trad. de Juan José Sebreli. Buenos Aires: Ediciones Siglo Veinte.

(1948) *L'existentialisme et la sagesse des nations*. Paris: Gallimard. (1965) *El existencialismo y la sabiduría de los pueblos*. Trad. de Juan José Sebreli. Buenos Aires: Siglo Veinte. (2008) Trad. Horacio Pons. Edhasa.

(1949) *Le deuxième sexe*. Paris: Gallimard, v. I. (1954). *El segundo sexo*. Trad. de Pablo Palant. Buenos Aires: Psique. *v. 1 y 2*. (2007) *El segundo sexo*. Trad. de Juan García Puente Buenos Aires: Sudamericana. Primera edición 1999.

(1954) *Les Mandarins*. Paris: Gallimard. (1958) *Los mandarines*. Trad. de Silvina Bullrich. Buenos Aires: Sudamericana.

(1958) *Mémoires d'une jeune fille rangée*. Paris, Gallimard. (1959) *Memorias de una joven formal*. Trad. de Silvina Bullrich. Buenos Aires: Sudamericana.

(1960) *La force de l'âge*. Paris, Gallimard. (1966) *La plenitud de la vida*. Trad. de Silvina Bullrich. Buenos Aires: Sudamericana.

(1960) *La force des choses*. Paris: Gallimard. (1964) *La fuerza de las cosas*. Trad. de Ezequiel de Olaso. Buenos Aires: Sudamericana.

(1964) *Une mort très douce*. Paris: Gallimard. (1965) *Una muerte muy dulce*. Trad. de María Elena Santillán. Buenos Aires: Sudamericana.

(1966) *Les belles images*. Paris: Gallimard. (1967) *Hermosas imágenes*. Trad. de José Bianco. Buenos Aires: Sudamericana.

(1967) *La Femme rompue*. Paris: Gallimard. (1968) *La mujer rota*. Trad. de Dolores Sierra y Néstor Sánchez. Buenos Aires: Sudamericana.

(1970) *La vieillesse*. Paris : Gallimard. (1970) *La vejez*. Trad. de Aurora Bernárdez. Buenos Aires: Sudamericana.

(1972) *Tout compte fait*. Paris: Gallimard. (1972) *Final de cuentas*. Trad. de Ida Vitale. Buenos Aires: Sudamericana.

(1981) *La cérémonie des adieux suivi d'Entretiens avec Jean-Paul Sartre (Août - septembre 1974)*. Paris: Gallimard. (1983) *La ceremonia del adiós seguido de "Conversaciones con Jean-Paul Sartre, agosto-septiembre de 1974"*. Trad. de J. Sanjosé Carbajosa. Buenos Aires: Sudamericana.

(1997) *Lettres à Nelson Algren: Un amour transatlantique (1947-1964)*, Paris, Gallimard. (*A transatlantic love affair*) Trad. traducida del inglés por Miguel Martínez-Lage. *Cartas a Nelson Algren: un amor transatlántico, 1947-1964*, edición y prólogo Sylvie Le Bon-de Beauvoir, Barcelona, Lumen, 1999.

Beauvoir, Simone de

———*El segundo sexo*. Traducido por: Pablo Palant. Buenos Aires: Psique, 1954. Título original: *Le deuxième sexe*.

———*El segundo sexo*. Traducido por: Alicia Martorell. Madrid: Cátedra, 2011. 1 tomo.

Beauvoir, Simone de, *Memorias de una joven formal*, versión de Silvina Bullrich, Sudamericana, 1967.

Beauvoir, Simone de, *Brigitte Bardot e a síndrome de Lolita & outros escritos,* (traducción, edición y notas de Magda Guadalupe dos Santos), Belo Horizonte, Quixote+Editorias Associadas, 2018.

Bibliografía general

A

Abellón, Pamela (M), "Feminismo, filosofía y literatura. Simone de Beauvoir, una intelectual comprometida" en *Mora*, n° 19, 2013.

Abellón, Pamela (M), "Las nociones de 'existencia humana' y de 'sujeto' en las filosofías de Simone de Beauvoir y Judith Butler a partir de sus recepciones de la *Phänomenologie des Geistes* (1807) de Hegel" Repositorio de la Facultad de Filosofía y Letras de la Universidad de Buenos Aires, 2017, Disponible en: http://repositorio.filo.uba.ar/handle/filodigital/10002

Agacinski, Sylviane. *Política de los sexos*, Madrid, Taurus, 1998.

Agencia EFE, "Se cumplen 70 años de 'La invitada', el debut literario de la humanista Simone de Beauvoir", Disponible en: https://www.20minutos.es/noticia/1887314/0/cumplen-70-aniversario/la-invitada-debut-literario/simon-beauvoir-humanista-francesa/#xtor=AD-15&xts=467263 /

Agra, María Xosé, "Fraternidad: un concepto político a debate" en *Revista Internacional de Filosofía Política*, 3, UNED, 1994, pp.143-166.

Altamirano, Carlos y Myers, Jorge. *Historia de los intelectuales en América Latina*. Buenos Aires: Katz, 2008.

Álvarez González, Eduardo. "La ambigüedad de la existencia en Merlau-Ponty". *Estudios Filosóficos*, 43, 2011, pp.149-177.

Amorós, Celia. "Simone de Beauvoir: un hito clave de una tradición", *Arenal*, 6.1, 1999, pp. 113-134.

——y de Miguel, A. *Teoría feminista: de la Ilustración a la globaliación. Del feminismo liberal a la posmodernidad*, Madrid, Minerva Ediciones, 2005, pp. 69-106

—— "Etica sartreana de la ayuda y ética feminista del ciudado." *Investigaciones Fenomenológicas*, 4, pp. 57-85. Sitio: www.uned.es/dpto_fim/invfen/invFen4/celia/pdf

—— (coord.), *Feminismo y filosofía*. Madrid, Editorial Síntesis, 2000.

——*Mujeres e imaginarios de la globalización*, Rosario, Homo Sapiens, 2008

——*Tiempo de feminismo*, Madrid, Cátedra, 1997.

——*Hacia una crítica de la razón patriarcal*, Barcelona, Anthropos, 1985.

—— *Tiempo de feminismo*, p. 120.

—— "El método en Simone de Beauvoir: Método y psicoanálisis existencial" *Agora. Papeles de Filosofía*, n° 28.1, 2009.

—— *Sören Kierkegaard o la subjetividad del caballero*, Barcelona, Anthropos, 1987.

—— Investigaciones Fenomenológicas, 4, Consulta: 10 de febrero 2008. Sitio: www.uned.es/dpto_fim/invfen/invFen4/celia/pdf

———"Simone de Beauvoir: hito clave de una tradición" En: *Arenal* Vol. 6 Núm. 1 (1999), pp 113-134.

———"Ética sartreana de la ayuda y ética feminista del cuidado" *Investigaciones Fenomenológicas, 4*, 2005, pp. 57-85.

———"'La dialéctica del sexo' de Shulamith Firestone: modulaciones feministas del freudomarxismo" en Amorós, Celia y de Miguel, Ana, *Teoría feminista: de la Ilustración a la globalización. Del feminismo liberal a la posmodernidad*, Madrid, Minerva Ediciones, 2005.

Anzoátegui, Micaela, Bolla, Luisina y Femenías, María Luisa, *Antropología Filosófica (para no filósofos)*, Buenos Aires, Waldhuter, 2016, pp. 216-247.

Augé, Claude y Augé, Paul. L*arousse Classique Illustré. Nouveau Dictionnaire Encyclopédique.* Paris, Librairie Larousse, 1951.

B

Bachofen, Johann Kakob, *El matriarcado*, [1861], Madrid, Akal, 1987.

Badinter, Elizabeth «Mujeres, le deben todo» en *Pág./12*, Suplemento RADAR, 6 de enero de 2008.

Bauer, Nancy, *Simone de Beauvoir, Philosophy and Feminism*, New York, Columbia University Press, 2001.

Björk, Ulrika, *Poetics of Subjectivity Existence and Expressivity in Simone de Beauvoir's Philosophy*, Helsinki, Helsinki University Print, 2008, pp. 52-53.

Blackham, H. J. *Objections to humanism*, London, Constable, 1961;

Bolla, Luisina "La naturaleza del sexo: Relecturas sintomáticas del feminismo materialista" Tesis de doctorado (inédita), Facultad de Humanidades y Ciencias de la Educación (UNLP). Tesis defendida y aprobada el 4 de marzo de 2020.

—— (2018). "Cartografías feministas materialistas: Relecturas heterodoxas del marxismo" en *Nómadas* (48), 2018, pp. 117-134

Bullrich, Silvina. *Mis Memorias*. Buenos Aires: Emecé, 1980.

Butler, Judith. "Sexo y género en El segundo sexo de Simone de Beauvoir". *Mora*, nº4, Editorial de la Facultad de Filosofía y Letra-UBA. Traducido por: María Luisa

—— [1986] "Sexo y género en Simone de Beauvoir" En: *Mora*, 4, 1998.

——Buenos Aires: UBA, 1998. Título original: "Sex and Gender in Simone de Beauvoir's Second Sex"(1986).

—— "Variaciones sobre sexo y género: Beauvoir, Wittig y Foucault" en Benhabib, Seyla y Cornell, Drucilla. *Teoría feminista y Teoría crítica*, Valencia, Alfons el Magnànim, 1990.

——*Subjects of Desire*, New York, Columbia, 1987.

—— "Performative Acts and Gender Constitution" en Case, S-E. (ed) *Performing feminism: Critical theory and theatre*, Baltimore, John Hopkins, 1990.

Borges, Jorge Luis (1997) *Textos recobrados 1919.1930*, Buenos Aires, Emecé ediciones, 1997, pp. 256-259

C

Cagnolati, Beatriz, Femenías, María Luisa y Smaldone, Mariana. "Le deuxième sexe: des marques épocales dans la traduction de « travestie »". En: Corbí Sáez, M. I. y LLorca Tonda, M. A. (ed.). *Simone de Beauvoir. Lectures actuelles et regards sur l'avenir // Simone de Beauvoir. Today's readings and glances on the future.* Bern: Peter Lang, 2015.

—— Femenías, María Luisa (eds.) *Simone de Beauvoir: Las encrucijadas de* El Segundo Sexo, La Plata, Edulp, 2000

——Vucovic, Jovanka y Femenías, María Luisa, "Simone de Beauvoir en Argentina: el rol de las editoriales y de las traducciones en la recepción de su obra" en *Belas Infiéis*, v. 8, n. 2, 2019, p. 31-49. Disponible en: https://doi.org/10.26512/belasinfieis.v8.n2.2019.2.

——Forte Mármol, Amalia; Gentile, Ana María y Vieguer, Fabiana. "De la Argentina al mundo hispanoamercano: las traducciones con acento porteño de Simone de Beauvoir". En: Cagnolati, Beatriz y Femenías, Ma. Luisa (comps.). *Las encrucijadas de «el otro sexo»*, La Plata: Edulp, 2010. pp. 13-15.

Casale, Rolando, "Algunas coincidencias entre Beauvoir y Sartre sobre el método progresivo-regresivo" en Cagnolati-Femenías, *op.cit.* p. 47-54

Castro Santiago, Manuela "La filosofía y la literatura como formas de conocimiento" *Diálogo Filosófico*, 60, 2004, pp. 491-500.

Cano Abadía, Mónica «Reflexionando sobre Wittig: Las guerrilleras y El cuerpo lesbiano» *Thémata. Revista de Filosofía* nº 46, 2012, pp. 345-351.

Chaperon, Sylvie, "Simone de Beauvoir et la bisexualité" en *«Perturbation, ma soeur» : Actualité de la pensée beauvoirienne, Journée d'études interdisciplinaire*, Université de Toulouse Jean Jaurès, 20 novembre 2017.

Chaperon, Sylvie. "El Segundo Sexo 1949-1999: Cincuenta años de lecturas feministas" *Travesías*, 8, 2000, pp. 55-64.

Corbí Sáez, María Isabel. "Simone de Beauvoir: sus obras traducidas y su recepción en la prensa". *Feminismo/s*, nº 15, pp. 165-191, 2010.

Correas, Carlos. *Operación Masotta: cuando la muerte también fracasa*. Buenos Aires: Interzona, 2007.

Curiel, O. y J. Falquet, *El patriarcado al desnudo*. Buenos Aires, Brecha lésbica, 2005.

D

De Miguel, Ana. "El legado de Simone de Beauvoir en la genealogía feminista: la fuerza de los proyectos frente a La fuerza de las cosas" en *Investigaciones Feministas*, 2009, vol 0, pp. 121-136

Degoy, Lucien "Entrevista a la historiadora Sylvie Chaperon: Simone de Beauvoir, palabra de mujer" (Tradución de Caty R), en *Per Se*, enero 19, 2008.

del Olmo Campillo, Gemma "El desafío violeta. Un camino de libertad" en *Investigaciones Feministas,* 10. 1, 2019, pp. 45-59.

Delphy Christine et Chaperon, Sylvie, "Cinquantenaire du Deuxième Sexe", *Colloque International Simone de Beauvoir*, Paris, Syllepse, 2002.

Delphy, Christine, *l'Ennemi Principal,*

Descombes, Vicent *Lo mismo y lo otro*, Madrid, Cátedra, 1979. p. 27 y sig.

E

Engels, F. *El origen de la propiedad privada, la familia y el Estado*, Madrid, Fundación Federico Engels, 2006

Even-Zohar, Itamar (1999) "La posición de la literatura traducida en el polisistema literario" http://www.tau.ac.il/~itamarez/works/papers/trabajos/EZ-Posicion-Traduccion.pdf

F

Falquet, J. "División sexual del trabajo militante: reflexiones en base a la participación de las mujeres en el proceso revolucionario del Salvador (1981-1992)" en Femenías, M, L. *Perfiles del pensamiento iberoamericano*, Buenos Aires, Catálogos, 2007, vol. 3

——— "Nouvelles questions féministes: 22 años profundizando en una visión feminista, radical, materialista y anti-esencialista" en *Estudos Feministas*, Florianópolis, 12 (N.E.), 264, setembro-dezembro, 2004, pp. 63-74.

Femenías, M.L., *Ellas lo pensaron antes*, Buenos Aires, Lea, 2019, pp. 221-237.

——— "Butler lee a Beauvoir: fragmentos para una polémica en torno del 'sujeto'", *Mora*, 4, Buenos Aires, IIEGe, FFyL. (UBA), 1998.

——— *Sobre Sujeto y Género: Lecturas feministas de Beauvoir a Butler* [2000], Rosario, Prohistoria, 2013.

———"Imitación e insubordinación de género". *Revista de Occidente*, n° 235, pp. 85-109, 2000.

—— *Judith Butler: Introducción a su lectura*, Buenos Aires, Catálogos, 2003.

—— y Bolla, Luisina "Narrativas invisibles: Lecturas situadas del Feminismo Materialista Francés" en *La Aljaba*, Segunda época, Volumen XXIII, 2019, 91-105.

—— *Itinerarios de teoría feminista y de género. Algunas cuestiones histórico-conceptuales*. Bernal, Editorial de la Universidad Nacional de Quilmes, 2019. Disponible en: http://www.unq.edu.ar/advf/documentos/5cf00faf7c05d.pdf

—— "La cuestión del trabajo: Dos filósofas, dos miradas" en *Nomadías* (Santiago de Chile), n° 26, Diciembre de 2018: 69-83.

—— "Sororidad: Un pacto entre mujeres" en *El Atlas de la revolución de las mujeres*, Buenos Aires, Le monde diplomatique - Capital Intelectual, 2018: 14-17.

——*Judith Butler: Una introducción a su lectura*, Buenos Aires, Catálogos, 2003.

—— "Apuntes sobre la violencia a las mujeres", *Debats*, 89 verano, 2005, Valencia, Alfons el Magnánim.

——"Simone de Beauvoir: hacer triunfar el reino de la libertad" en *Oficios Terrestres*, Revista de la Facultad de Periodismo y Ciencias de la Comunicación, Universidad Nacional de La Plata, n° 21, 2008.

—— "Simone-Simone: De la praxis obrera a la intelectual marxista" *Actas de las Primeras Jornadas CINIG de Estudios de Género y Feminismos:* Facultad de Humanidades y Ciencias de la Educación (UNLP), octubre 29 y 30 de 2009.

———*Itinerarios de teoría feminista y de género. Algunas cuestiones histó-rico-conceptuales.* Bernal, Editorial de la Universidad Nacional de Quilmes, 2019b. eBook, Disponible en: http://www.unq.edu.ar/advf/documentos/5cf00faf7c05d.pdf

———y Herrera, María Marta, «El desafío de seguir pensando a Beauvoir» en *Concordia (Internationale Zeitschrift für Philosophie-Revista Internacional de Filosofía)*, Aachen-Paris-Avila, 2008, 54, pp. 57-77.

Firestone, S. *The Dialectic of sex: A case for Feminist Revolution*, Paladin, Albans, 1971. Traducción: *La dialéctica del sexo*, Barcelona, Kairós, 1976.

Ferrero, Adrián. "Narrar el feminismo: Teoría feminista y transpo-sición literaria en Simone de Beauvoir" Femenías, María Luisa (comp.), *Feminismos de París a La Plata*, Buenos Aires, Catálogos, 2006; p.17-38.

——— "De la teoría por otros medios: Simone de Beauvoir y sus ficcio nes", *Clepsydra* 4, 2005; p. 9-21.

Foucault, Michel "Nietzsche, la genealogía, la historia" en: *Microfísica del poder*, Madrid, La Piqueta, 1980.

——— "El ojo del poder. Entrevista con Michel Foucault" en *Bentham*, 1989: 12-13.

——— *Yo, Pierre Rivière, habiendo degollado a mi madre, mi hermana y mi hermano... Un caso de parricidio del siglo XIX* (Traducción de Joan Viñoly) Barcelona, Tusquets, 1976.

——— *Herculine Barbin dite Alexina B*, Paris, Gallimard, 1978.

Fouconnier, B. "Sartre et Beauvoir: le dialogue infini", *Le Magazine Litteraire*, 471, 2008, p. 42.

Fraisse, Geneviève, *Le Privilège de Simone de Beauvoir*, France, Actes Sus, 2008.

—— *La diferencia de los sexos*, Buenos Aires, Manantial, 1996.

Freud, S. *Obras completas*, Buenos Aires, Amorrortu, 1997, vols. XVIII, pp. 116 ss; XXI, pp. 175 ss.

G

Garay Becerra, Johana "El pensamiento de Simone de Beauvoir: la mujer como sujeto histórico y filosófico" en *Indocilidad reflexiva*, pp. 61-72. Disponible en: https://doi.org/10.2307/j.ctvn5tzs8.8

Gideon Toury (1995) "The Nature and Role of Norms in Translation" en *Descriptive Translation Studies and Beyond*. Amsterdam-Philadelphia: John Benjamins, 1995, 53-69.

Gilligan, Carol. *In a different voice*, Harvard University Press, 1982. (Hay traducción castellana con el título de *La moral y la teoría*, México, FCE, 1983).

Guadalupe dos Santos, Magda, "A ambigüidade ética da aventura humana em Simone de Beauvoir" en *Cuadernos de Filosofia, F.F. y L* (UBA), 52, 2009: 57-88.

——*Brigitte Bardot e a síndrome de Lolita & outros escritos*, Belo Horizonte, 2018, p. 43-62.

——"Recepção e leitura dialógica na história. A interlocução entre Kate Millett, Simone de Beauvoir e o Feminismo atual" *Sapere Aude*, Belo Horizonte, v. 2, n. 3, 1º semestre 2011, p. 97-103.

H

Hegel, G. W. G. *Fenomenología del Espíritu* (trad. de W. Roces). México: FCE, 2004.

Héritièr-Augé, F. *Masculin / Fémenin: la pensée de la différence*, Paris, Odile Jacob, 1996.

Heinämaa, Sara, *Toward a Phenomenology of Sexual Difference, Husserl, Merleau-Ponty, Beauvoir,* Lanham, Rowman y Littlefield editores, 2003.

—— "¿Qué es ser una mujer?: Butler y Beauvoir sobre los fundamentos de la diferencia sexual" *Mora*, 4, Buenos Aires, IIEGe, FFyL. (UBA),1998.

Hue, J. L. "Un come-back" *Le Magazine Litteraire*, 471, enero de 2008, p. 3.

Husserl, Edmundo, *La crisis de las ciencias europeas y la fenomenología trascendental,* (Trad. de Julia Iribarne) Buenos Aires, Prometeo, 2008.

I

Irigaray, Luce, *Espéculo de la otra mujer,* [1974]) Madrid: Akal, 2007.

K

King, John. *Sur: estudio de la revista literaria argentina y de su papel en el desarrollo de una cultura, 1931-1970.* México: Fondo de Cultura Económica, 1989.

Kruks, Sonia. "Gender and Subjectivity: Simone de Beauvoir and Contemporay Feminism", *Signs*, 18.1, 1992.

L

Lamas, Marta (1999). "Una no nace, sino que se convierte en mujer". *La Jornada Semanal,* 24 de enero de 1999. Disponible en: www.jornada.com.mx/1999/01/24/sem-lamas.html Último acceso: 15 de julio 2018.

Larose, Robert. *Théories contemporaines de la traduction.* Québec: PUQ, 1989.

Leciñana Blanchard, Mayra, "Simone de Beauvoir: Aproximaciones a la (auto) construcción del sujeto mujer", *Mora,* 8, FFyL. (UBA), 2002, pp.73-79.

Le Doeuff, Michelle, "Simone de Beauvoir and Existencialism" *Feminist Studies,* 6.2, 1980.

—— L'étude le rouet. *Des femmes, de la philosophie, etc.,* Paris, Seuil, 1989.

Levinton Dolman, Nora, "Llegar a ser Simone de Beauvoir", *Investigaciones Feministas,* 2009, vol 0, pp. 77-97.

López Pardina, Teresa (1998); *Simone de Beauvoir,* Madrid, Ediciones del Orto, 1999.

—— "Simone de Beauvoir y Sartre: coincidencias y diferencias" *Jornadas en Homenaje a Simone de Beauvoir en el Cincuentenario del Segundo Sexo,* IIEG (UBA), Buenos Aires, 1999.

—— "Introducción" en *El segundo sexo,* Madrid, Cátedra, 1998.

—— "El feminismo de Simone de Beauvoir", C. Amorós, (Coordinadora) *Historia de la teoría feminista,* Madrid, Universidad Complutense, 1994.

———— "La concepción del cuerpo en Simone de Beauvoir en relación con Sartre y Merleau-Ponty" en *Mora*, n° 7, 2001.

———— "Perfiles del existencialismo de Beauvoir, una Filosofía emancipatoria y humanista" en Cagnolati & Femenías Edulp

———— (1994) "El feminismo de Simone de Beauvoir", En: Amorós, C. (coord), (1994), *Historia de la teoría feminista*. Madrid, Editorial de la Universidad Complutense de Madrid, pp. 105-124.

———— "De Simone de Beauvoir a Judith Butler: el género y el sujeto" en *Pasajes: Revista de pensamiento contemporáneo*, n°. 37, 2012, pp. 101-107.

———— "Simone de Beauvoir y Sartre. Consideraciones hermenéuticas en torno a El segundo sexo" en *Agora*, vol. 28, n° 1, 2009.

———— *Simone de Beauvoir: una filósofa del siglo XX*, Málaga, Instituto Andaluz de la Mujer, 1998.

Loreaux, N. *Maneras trágicas de matar a una mujer*, Madrid, Visor, 1989.

Lugones, María Cristina y Spealman, Elizabeth, "Have We Got a Theory for You!: Feminist Theory, Cultural Imperialism, and the Demand for «The Woman's Voice" en *Women's Studies International Forum*, Vol. 6, No. 6, 1983.

M

MacKinnon, Catherine, *Are Women human?* Massachusetts: Harvard University Press, 2006.

Martínez, Pablo. *La verdad sobre la igualdad sexual*, Editorial Planeta Alvi, 2014. Disponible en: https://books.google.com.ar/books?isbn=1502383683 Último acceso: 15 de julio 2018.

Merleau-Ponty, Maurice, *Sentido y Sin Sentido*, Barcelona, Península, 1977.

Millett, Kate. *Sexual Politics* [1969], London, Virago, 1993, traducción castellana en: Madrid, Cátedra, Colección feminismos.

Moser, Susanne, *Freedom and Recognition in the Work of Simone de Beauvoir*, Vienna, Peter Lang, 2008, p. 40.

Moi, Toril, *Simone de Beauvoir: The making of an intellectual woman*, Blackwell Publishers, Cambridge, 1994

——— *Feminist theory and Simone de Beauvoir*, Oxford, Basil Blackwell, 1990.

Mucci, Cristina. *La gran burguesa. Una biografía de la escritora Silvina Bullrich*. Buenos Aires: Editorial Norma, 2003. Disponible en: www.cristinamucci.com.ar/descargas/La-Gran-Burgesa-E-Book-Revisado.pdf Último acceso: 15 de julio 2018.

Muñoz, Jacobo, *Marx*, Barcelona, Península, 1988: 135s.

N

Nancy, Jean-Luc, *¿Un sujeto?*, Buenos Aires, La Cebra, 2014.

Nari, M. A. "No se nace feminista, se llega a serlo: Lecturas y recuerdos de Simone de Beauvoir en la Argentina (1950-1990)", *Mora*, 8, Buenos Aires, IIEGe, FFyL. (UBA), 2002

Nicholson, Linda, "Gender" en Jaggar-Young, *Companion to Feminist Philosophy*, (1998) pp. 289-297.

O

Oliver, María Rosa. *Mundo, mi casa*. Buenos Aires: Falbo Librero Editor, 1965.

P

Pateman, Carole *El contrato sexual*, Madrid, Ménades, 2019.

Paraire, M. *Femmes philosophes, femmes d'action*, Pantin, Le Temps des Cerises, 2004.

Parodi Lisi, María Cristina. *El proyecto cultural de la revista Sur (1931-1970) en la obra literaria de Victoria Ocampo*. Berlín: Darmstadt, 1987.

Piossek Prebisch, Lucía. *De la trama de la experiencia*, Tucumán, Reedición de autora, 1994. (Publicación original: "La mujer y la filosofía", *Sur*, 326-328, 1973.)

—— *La mujer y la filosofía*. Sur, n°326-328, pp. 95-101, 1970-1971.

Platón, *Sofista*, 258c-259d.

Poullain de la Barre, François, *La educación de las damas*, Madrid, Cátedra, 1993.

Puleo, A. "El feminismo radical de los setenta: Kate Millett" en: Amorós, Celia y de Miguel, Ana, *Teoría feminista: de la Ilustración a la globalización. Del feminismo liberal a la posmodernidad*, Madrid, Minerva Ediciones, 2005.

Puleo, Alicia (ed.) *La Ilustración Olvidada*, Barcelona, Anthropos, 1993.

Santa Cruz, M.I. "Sobre el concepto de igualdad: algunas observaciones" en *Isegoría* 6, 1992, pp.145-152.

R

Real Academia Española y Asociación de Academias de la Lengua española. *Diccionario de la lengua española Edición del Tricentenario*. Madrid: Espasa, 2014, actualización 2017. Disponible en: http://dle.rae.es

Renau, Dolores, "Simone Weil, pensadora de la paz" y Fernández Buey, Francisco, "Simone Weil y la comprensión de la desdicha" y Miyares, Alicia, "Hacia una nueva espiritualidad: misticismo contra feminismo", en Valcárcel, Amelia, Rosalía Romero (eds.), *Pensadoras del siglo xx*, Instituto Andaluz de la Mujer, 2001, pp.145-156, 157-172 y 173-186.

Revilla, Carmen, "Introducción" C. Revilla (ed.) *Simone Weil: Descifrar el silencio*, Madrid, Trotta, 1995.

—— *Simone Weil: nombrar la experiencia*, Barcelona, Trotta, 2003, pp. 217-225.

Rich, Adrianne "Compulsory Heterosexuality and Lesbian Existence" Chicago, The University of Chicago Press, 1980, pp. 631-660.

Rodgers, C. (1998) *Le Deuxième Sexe. Un héritage admiré et contesté*. Paris, L'Harmattan, p.190.

Ryle, Gilbert, *The concept of mind*, New York, Barnes & Noble, 1949.

S

Sanchez Domínguez, Juan Pablo, "Una crítica de la racionalidad científica acerca del abordaje del parricidio" en *Civilizar. Ciencias Sociales y Humanas,* 16. 31, 2016, pp. 263-280.

Sánchez Mora, Ana María. *La ciencia y el sexo.* México: UNAM, 2004. Disponible en: https://books.google.com.ar/books/about/ La_ciencia_y_el_sexo.html?id=Zdtl-KigGmIC&redir_esc=y .

Santa Cruz, María Isabel "Sobre el concepto de igualdad" en *Isegoría,* 6, 1992, pp. 145-152.Sahagun, Lucas, Antropologías del siglo XX, Salamanca, Sígueme, 1983.

Sartre, Jean Paul, *El existencialismo es un humanismo,* Buenos Aires, Sur, [1957], 1978.

— – *El ser y la nada.* Barcelona, Editorial Altaya, 1993. p.459 y 464.

——*Crítica de la razón dialéctica,* Buenos Aires, Losada, 2004. 2 vol.

——*Critique de la raison dialectique,* Paris, Gallimard, 1960.

——*L´être et le neant,* Paris, Gallimard, 1943.

Schleiermacher, Friedrich (1813) *Sobre los diferentes métodos de traducir* (versión castellana de Valentín García Yebra), Madrid, 2000.

Simons, Margaret, y Todd, Jane Marie "Two Interviews with Simone de Beauvoir" *Hypatia*, December, 1988, Disponible en: https://doi.org/10.1111/j.1527-2001.1988.tb00185.x.

———*Beauvoir and the Second Sex: Feminism, Race, and the Origins of Existencialis*m, New York, Lanham, Rowman & Littlefield, 1999.

Smaldone, Mariana. "Una tesis innovadora en la Argentina de los sesenta: fenomenología de la maternidad". Diálogo con Lucía Piossek Prebisch. *Mora*, nº19, Editorial de la Facultad de Filosofía y Letra-UBA, pp.127-136, 2013.

——— "Las traducciones rioplatenses de *Le deuxième sexe* de Simone de Beauvoir: marcas de época en torno a la enunciación de identidades generizadas". *Mutatis Mutandis,* nº8 (2), pp. 394-416, 2015. Disponible en: https://aprendeenlinea.udea.edu.co/revistas/index.php/mutatismutandis/article/view/24117

———*Representaciones "femeninas" en la producción literaria de escritoras argentinas entre los años 50' y 60'. Aproximaciones desde la intersección de género, clase y etnia como aporte a la educación en géneros y sexualidades.* Tesis de Especialización en Educación en Géneros y Sexualidades, dirigida por Beatriz Cagnolati. Secretaría de Posgrado de la Facultad de Humanidades y Ciencias de la Educación, La Plata: Universidad Nacional de La Plata, 2017. Disponible en: http://sedici.unlp.edu.ar/handle/10915/66037

——— *Conciencia y concienciación en Simone de Beauvoir: Entrecruzamientos de género y clase y la recepción inmediata en Argentina.* Tesis de Licenciatura, dirigida por María Luisa Femenías. Departamento de Filosofía, Facultad de Filosofía y Letras, Universidad de Buenos Aires, 2016. Inédito.

Soria Torres, Hilda, "Aborto, ligado a la existencia humana: Simone de Beauvoir" en *Cimanoticias*, México, 2 de junio, 2009.

Stravro-Pierce, E. "Transgreding Sartre: embodied situated subjects in The second sex". en *Labyrinth*. Vol. 1, Number 1, 1999.

T

Trabilcot (comp), *Mothering: Essays in Feminist Theory*, New Jersey, Rowman & Allenheld, 1983.

Tarducci, Mónica, "¿Pero lo leíste en los cincuentas, o más adelante?: Memorias de la primera edición argentina de *El Segundo Sexo*" en *Doxa. Cuadernos de Ciencias Sociales*, Año X, N° 20. 1999.

—— "Todas queríamos ser como Simone: Las primeras lecturas de *El Segundo Sexo* en Argentina" en *Cadernos de Pagu* (56), 2019, e195608.

Toury, Gideon. "Los estudios descriptivos de traducción y más allá. Metodología de la investigación" en *Estudios de Traducción*. Traducido por: Rosa Rabadán y Raquel Merino. Madrid: Cátedra, [1995] 2004. pp. 94-107. Título original: *Descriptive Translation Studies and Beyond*.

V

Vieira Borges, Joana. *Trajetórias e Leituras feministas no Brasil e na Argentina*. Tesis de Doctorado. (Portaria n° 006/PPGH/2013), Centro de Filosofia e Ciências Humanas, Programa de Pós-Graduaçao em História. Universidade de Santa Catarina, Florianópolis, 19 de marzo de 2013. Inédito.

Von Flotow, Luise (2007). "Gender and Translation". En Kuhiwczak, P. y Littau, K. (ed.). *A Companion to Translation Studies*. Clevedon, Reino Unido: Multilingual Matters Ltd.

W

Weil, Simone, *OEuvres*, Paris, Quarto-Gallimard, 1999, pp. 11-93.

———. "Expérience de la vie de l'usine" en *Economie et Humanisme*, 2, 1942.

——— "La experiencia de la vida en la fábrica" en Weil, S. *Escritos históricos y políticos*, Madrid, Trotta, 2007: 129-144.

Willson, Patricia. *La constelación del sur, traductores y traducciones en la literatura argentina del siglo XX*. Buenos. Aires: Siglo XXI, 2004.

———"Traductores en el siglo", *Punto de vista*, n° 87, pp. 19-25, 2007.

Wittig, Monique, *Les Guérrillères*, París, Les éditions de Minuit, 1969.

——— *Le corps lesbien*, París, Les éditions de Minuit, 1973.

——— "La marca del género" en *El pensamiento heterosexual y otros ensayos*, Madrid, Egales, 2006.

——— "On ne naît pas femme" en *Questions Féministes*, n° 8, mayo 1980, pp. 75-84. Disponible en: https://www.jstor.org/stable/40619199

Y

Young, Iris M. "Is Male Gender Domination the Cause of Male Domination?" en Joyce Trabilcot (comp), *Mothering: Essays in Feminist Theory*, New Jersey, Rowman & Allenheld, 1983, pp. 129-147.

Z

Zerilli, Linda G. "Un proceso sin sujeto: Simone de Beauvoir y Julia Kristeva, sobre la maternidad", en Tubert, Silvia (ed.) *Figuras de la madre*, Madrid, Cátedra, 1996.

Índice